体育与健

Sports & Health

TIYU YU JIANKANG

◎ 主编 王颖

◎ 副主编 童丽珍 林智明 蔡腊香 左利亚

质检

（第二版）

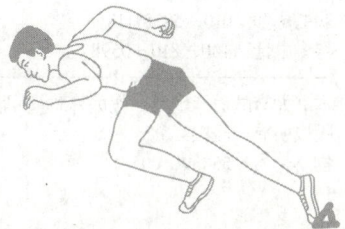

高等教育出版社·北京

内容提要

本书以高等职业院校体育教学实践为出发点，结合体育运动发展趋势及学生职业规划前景，致力于提升学生的体质健康水平与终身体育意识。在内容的选取上，根据当前高等职业院校体育工作现状，着重突出实用性和普遍性，力图使学生通过对本书的学习能够迅速掌握运动技能，进而产生对体育的浓厚兴趣。本书共九章：体育文化概述、体育运动与健康促进、体育健身常识、终身体育与职业发展、竞技健身技能、健体防身技能、健美塑形技能、户外休闲技能、小型运动竞赛的组织与编排。另于书后附《国家学生体质健康标准（2014年修订）》，以供参考。

本书可作为高等职业院校体育课程教学用书，也可作为大众从事体育锻炼的参考资料。

图书在版编目（CIP）数据

体育与健康 / 王颖主编. -- 2版. -- 北京：高等教育出版社，2020.10
ISBN 978 – 7 – 04 – 055059 – 7

Ⅰ. ①体… Ⅱ. ①王… Ⅲ. ①体育 – 高等职业教育 – 教材 ②健康教育 – 高等职业教育 – 教材 Ⅳ. ① G807.4 ② G717.9

中国版本图书馆 CIP 数据核字（2020）第 178903 号

策划编辑	郭润明	责任编辑 郭润明 李伟楠	封面设计 姜 磊	版式设计 王艳红
插图绘制	邓 超	责任校对 胡美萍	责任印制 存 怡	

出版发行	高等教育出版社	网 址	http://www.hep.edu.cn
社 址	北京市西城区德外大街4号		http://www.hep.com.cn
邮政编码	100120	网上订购	http://www.hepmall.com.cn
印 刷	鸿博昊天科技有限公司		http://www.hepmall.com
开 本	787mm×1092mm 1/16		http://www.hepmall.cn
印 张	19.75	版 次	2015年9月第1版
字 数	440千字		2020年10月第2版
购书热线	010 – 58581118	印 次	2020年10月第2次印刷
咨询电话	400 – 810 – 0598	定 价	37.80元

本书如有缺页、倒页、脱页等质量问题，请到所购图书销售部门联系调换
版权所有 侵权必究
物 料 号 55059 – 00

第二版前言

根据《中共中央国务院关于深化教育改革全面推进素质教育的决定》《学校体育工作条例》和《关于全面提高高等职业教育教学质量的若干意见》的精神,以《全国普通高校体育课程教学指导纲要》为基础,落实《高等学校体育工作基本标准》,我们编写《体育与健康》(第二版)就是为了全面贯彻党的教育方针,促进高职高专学生身心和谐发展,造就具有高技能、高素质的应用型社会主义建设人才,更好地加强职业院校体育课程建设工作,提高体育课程的教学质量。

《体育与健康》自出版以来,已印刷多次,并且得到了教学应用实践的检验,广受好评。为了跟上高职教育改革的步伐,综合教学实际情况,我们保留了原教材的体系和风格,及其通俗易懂便于自学等优点,同时注意吸收当前教材改革中一些成功的经验,对一些内容作了适当精简和合并,使之成为更适应高职高专教育发展需要的教材,修订后的教材有如下特点:

1. 教材建设与时俱进:《体育与健康》课程承担着培养学生素质和可持续发展能力的任务,具有其他课程所不可替代的作用,我们修订的《体育与健康》教材以"贴近学生,贴近实际,贴近专业"为指导思想,贯穿"因材施教""以人为本"的理念,针对学生身体素质不断下降,肥胖人群不断增多的情况,注重教学方法的学习和引导,加强体育锻炼意识的培养,让学生掌握一到两项锻炼身体的方法,达到"终身体育"的目的。

2. 突出培养学生的改革创新能力:教材修订重点针对学生身心素质的教育,注重对于学生可持续发展的教育,培养学生改革创新的能力。

3. 特色突出:重新审定教材内容,删除了一些练习难度大的内容,增加了普及率高的气排球项目,充分体现体育课在培养学生素质教育和打造可持续发展能力的作用,不断强化为专业服务的功能。使体育与健康课程体现出"强健体魄、满足兴趣、提升素养、服务专业"的价值,在健康第一、快乐体育、终身体育思想指导下,通过高职体育教学使学生强健体魄,养成职业保健习惯、体现职业精神,增强团队合作、勇于拼搏的精神,为胜任职业岗位提供保证。

参加修订工作分工:王颖统稿(第一章、第五章第二节、第八章),刘家乐(第二章、第五章第五节),严巍(第三章、第五章第七节),刘六五(第四章),鲁浩文(第六章),左利亚(第七章、第五章第十节),林智明(第九章、第五章第九节、附录),袁九宗(第五章第一、三节),童丽珍(第五章第六节),蔡腊香(第五章第八节),占明(第五章第四节),陈亮宇(第五章第十一节)(新增)。

我们的目标是通过不断的实践探索，努力打造出一本高质量的适合高职院校学生使用的体育课程教材。

编 者

2020年6月

第一版前言

随着时代的发展,社会对高职学生不仅就专业知识、专业技能提出了较高的要求,而且对其身体素质、精神气质、意志品质等也提出了严格的要求。怎样把以健康为主题的教育新理念和终身体育锻炼的发展观贯穿到学校体育教育的全过程,是高职体育课程教学的关键。教学内容是教育目标得以实现的载体,教育目标决定教育内容的选择。现行高职院校体育课教学内容主要集中在篮球、田径、足球和武术等项目上,体育教学内容较单一、枯燥、技术性较强、趣味性不足。而具有时代性和实用性的"快乐体育""社会体育""职业体育""休闲体育"的教学内容,因各种原因难以进入体育教学内容之中,严重压抑了学生体育素质全面发展的需要,调动不了学生学习体育的积极性和主动性。为达到提升学生的综合素质,提高其就业创业能力的目的,编者从增加体育运动与职业发展的关联性,增强教材的职教性出发,落实在发展学生综合职业素质的促进作用上,力求做到知识化、趣味化,提高学生学习兴趣,增强本书的可读性和实用性。

本书具有以下特点:

(1)特色鲜明、目标明确:从以学生为本并结合高职院校的培养方向,提高高职院校学生的社会实践能力和社会适应能力,建设高职特色课程——实用性体育课程出发。使体育与健康课程体现出"强健体魄、满足兴趣、提升素养、服务专业"的作用。

(2)科学性、系统性与实用性:在健康第一、快乐体育、终身体育思想指导下,通过高职体育教学使学生强健体魄,养成职业保健习惯,增强团队合作、勇于拼搏的精神。增加了具有时代性和实用性的"快乐体育""社会体育""职业体育""休闲体育"的教学内容,保证全体学生有共同的、必要的体育基础,也为学生的自主、自立、适应未来工作和生活做好准备;既考虑体育课程的规定性,也增强课程的普适性,在保持体育学科的科学性、系统性的基础上,使课程内容更加适应不同年龄阶段学生身心发展特点,照顾学生的兴趣、爱好,加强内容的选择性。

(3)增加体育运动与职业发展的关联性,增强教材的职教性:充分体现体育课在培养学生素质和打造可持续发展的教育体系方面的作用,不断强化体育课为专业服务的功能。同时针对不同职业岗位需要发展的身体素质,即职业体能,设计与职业操作高度相关的实用体育健身方法。

(4)以学生为中心,关注学生的学习体验,激发学生自主学习意识。注重练习方法,对易犯错误进行纠正,激发学生学习兴趣。

本书主要内容:

(1)建立体育文化传承,提高学生体育文化素养。

（2）普及体育健身常识，强化大学生健康生活理念。

（3）加深终身体育与职业发展的关系，介绍不同职业岗位体育健身方法。

（4）强化竞技健身技能，传授新兴、实用运动项目知识，提高竞技运动的基本技术和实战能力。

（5）传授健美、防身技能，发扬国粹，强身健体，培养学生的审美情趣。

（6）提高户外休闲技能，培养学生团队精神、坚持、奉献、互助的健康心理品质。增强工作当中的责任感及勇于迎接挑战的信心，激发创造性思维。

（7）了解小型运动竞赛的组织与编排知识。

全书由王颖担任主编并统稿，童丽珍、林智明、蔡腊香、左利亚担任副主编。具体分工如下：王颖（第一章、第五章第二节、第八章），刘家乐（第二章、第五章第五节），严巍（第三章、第五章第七节），刘六五（第四章），鲁浩文（第六章），左利亚（第七章、第五章第十节），林智明（第九章、第五章第九节、附录），袁九宗（第五章第一、三节），童丽珍（第五章第六节），蔡腊香（第五章第八节），孔佳（第五章第四节）。

本书在编写过程中得到了高等教育出版社和黄冈职业技术学院领导的大力支持与帮助，特别是高等教育出版社曹京华和黄冈职业技术学院张克新教授为本书的出版付出了辛勤的劳动，在此一并向他们表示衷心的感谢。

由于编者水平所限，书中存在的不足之处，恳请广大专家、同行、读者批评指正。

编　者

2015年6月

目　录

第一章 体育文化概述

学习目标： 了解体育文化的含义、奥林匹克运动的意义，熟悉民族传统体育的概念、含义、性质、作用和功能，掌握体育竞赛观赏的基本知识，培养互相理解、友谊、团结和公平竞争的奥林匹克精神。

情景导入： 体育与人类的生存、发展紧密相连，人类创造了体育，也创造了体育文化。在人类文明发展的进程中，出于人类的共同需要，人类对自身生存、发展、享受的追求和关注一刻也没有停止过，其中，体育的影响最为广泛，也最为深刻，这是因为大众体育文化给人类带来快感和美感，并给社会带来健康和活力。

第一节 民族传统体育

一、民族传统体育的概念

民族传统体育，是指在中国历史上一个或多个民族内流传或继承的体育活动的总称，主要包括我国各民族传统的祛病、健身、习武和娱乐活动项目。

二、民族传统体育的含义

顾名思义，民族传统体育包含三层意思：一是体育的；二是民族的；三是传统的。

所谓体育的，是指这类活动项目或运动项目都具有体育的特性，是人类有目的有计划地按照一定的规则锻炼自己的身体，使自己身体的各个部分得到平衡、协调的发展。

所谓民族的，就是这类体育活动或体育运动具有民族性。这种民族性主要表现在它的民族文化底蕴上，这类活动或运动项目来自特定的民族，反映了该民族的文化传统和民俗习惯，为该民族广大民众所喜好，在该民族地域有着深厚的民族群众基础。

所谓传统的，就是这类体育项目具有历史继承性，是代代相传的。它们是在特定的民族文化背景下，在一定的历史阶段产生，并在历史发展过程中去其糟粕，保留其精华，而逐步发展成熟起来的，具有该民族的气派和风格，是民族传统文化的重要组成部分。

三、民族传统体育的性质

中国民族传统体育的性质是指民族传统体育这一事物或者现象区别于其他事物或者现象的质的规定性，主要体现以下几点：

（1）它是中华民族所特有的，具有民族品格。

（2）它注重对人的心理和精神的提升，不注重个体的表现。

（3）群众性。

（4）它不断获得继承（传统性），也不断变异（变异性）。

（5）多样性和地域性。

（6）季节性。

四、民族传统体育的作用

民族传统体育的作用可以分为两个方面：一是对体育实施者个体所产生的作用；二是对整个国家和社会的作用。民族传统体育对国家和社会的整体作用主要体现在以下四个方面：

（1）促进民族友谊和民族团结，增强民族凝聚力。

（2）促进民族经济的繁荣。

（3）促进民族文化的发展。

（4）推动国际体育和文化的交流与合作。

五、民族传统体育的特点及功能

（一）特点（就民族传统体育运动而言）

（1）以养生、防身和娱乐身心为目的。

（2）注重形神兼顾，尤其注重形与精、气、神的结合。

（3）个人修炼身心，注重动静结合。

（4）体育与德育、美育结合，寓德育、美育于体育活动之中。

（二）功能（指民族传统体育对个体的作用）

（1）健身功能。

（2）教育功能（对智育、德育、美育的作用）。

（3）娱乐功能。

（4）交往功能。

六、民族传统体育的项目

民族传统体育的所有项目，就其历史发展及其运动的主体功能而言，可划分为三大类：即技击壮力类运动，如武术、摔跤、射术、举重、田径等；休闲娱乐类运动，如骑戏、球戏、舞戏、舟戏、水戏、冰雪戏、棋戏等；养生健身类运动，如导引（图1-1-1）、太极、健舞等。

图 1-1-1　导引养生图
（1973年湖南长沙马王堆汉墓出土）

（一）技击壮力类运动

1. 武术

（1）拳类：长拳、太极拳、南拳、形意拳、八卦掌、少林拳、查拳、翻子拳、八极拳、通臂拳、劈挂拳、地趟拳、醉拳、螳螂拳、鹰爪拳、猴拳、绵拳、花拳、意拳、六合拳等都具有技法多元性、锻炼形式多样性特征。

（2）器械类

① 勾击类：戈、戟、钩等。

② 刺击类：枪、矛、殳、剑、铩、叉等。

③ 劈击类：刀、斧、钺等。

④ 砸击类：棍棒头、鞭锤等。

⑤ 单器械：剑、刀、枪、棍等。

⑥ 双器械：双剑、双刀、双钩等。

⑦ 软器械：三节棍、九节鞭、绳标、流星锤等由古代兵器演化而成的各种武术器械。

2. 摔跤

绊跤、搏克、且里西、北嘎、格等古代军事训练项目及民间各种习武壮力活动。

3. 射术

射箭、射柳、骑射、射弩、弹弓等。

4. 举重

举鼎、翘关、举石球、举石锁、举石担、掇石等。

5. 田径

（1）跑：贵由赤（蒙古语，指赛跑）、高脚竞速等。

（2）跳：跳骆驼、撑竿跳等。

（3）投：投石、打布鲁等。

（二）休闲娱乐类运动

1. 骑戏

赛马、走马、赛牦牛、赛骆驼、刁羊等。

2. 球戏

蹴鞠、马球、击鞠、捶丸、珍珠球等。

3. 舞戏

舞龙、舞狮、踢踏舞、摇旱船、跳竹竿、霸王鞭、铜鼓舞等。

4. 舟戏

划龙舟、龙舟竞渡、赛独木舟、赛皮筏等。

5. 水戏

游泳、潜水、游水捉鸭等。

6. 冰雪戏

滑冰、滑雪、打冰嘎等。

7. 棋戏

象棋、围棋等。

8. 其他

抢花炮、拔河、秋千、风筝、打陀螺、踢毽子、跳绳、投壶、秧歌等。

（三）养生健身类运动

1. 导引

太清导引养生经、养生方导引法、补养宣导法、马王堆导引图、赤松子导引法、彭祖谷仙卧引法、陶弘景导引按摩法、孙思邈导引法、陈希夷二十四气坐功、婆罗门导引十二法、十八罗汉导引、五禽戏、易筋经、八段锦等，都是以延年益寿为目的，以内外兼修为原则，以肢体、呼吸、意识整合运动为特征的。

2. 太极

健身太极拳、健身太极剑、健身太极扇、健身太极球、健身太极棒等。

3. 健舞

敦煌拳舞、木兰拳舞、木兰剑舞、木兰扇舞等。

七、民族传统体育与文化传承

民族文化反映了民族的人文理念和价值取向，促进了民族团结、提高了民族凝聚力。因此，民族文化是和谐文化的重要组成部分，并且以它丰富的内涵影响着和谐文化的建设。社会道德风尚在中华传统"礼文化"的影响下形成，被赋予道德和伦理关系的属性，在集中力量建设和谐社会的今天，民族传统体育文化起到了突出的伦理道德教育功能，具有极强的教育影响力和持续性，其独特的社会价值规范着人的行为，稳定着一个民族的价值取向，教化和熏陶这个民族的发展。

民族传统体育历史悠久、源远流长、内容丰富、形式独特，具有浓郁的民族风格和地域特色。由于民族传统体育集健身、防身、修身于一体，不受年龄、性别、地域的限制，简便易行，深受广大群众的喜爱。将学校体育作为弘扬民族传统体育的载体，可使民族传统体育进一步发扬光大。

（一）保护和传承民族文化

中国是一个多民族国家，在漫长的历史演变中，逐渐形成了各具特色、内容丰富的民族传统体育，从不同的角度反映了各民族的历史文化和习俗风情。它不仅是各族人民强身健体的重要方式，也为加强民族团结、活跃文化生活做出了积极贡献。

（二）增进民族文化交流，促进民族团结

在高校开设民族传统体育课程，可以促进民族间的文化交流，同时能提高学生的学习兴趣，使他们在课堂上、运动中获得无私的友谊，促进民族团结。

（三）丰富体育课程体系，提高学生参与体育活动的积极性

将民族传统体育融入体育教学中，可以丰富体育教学内容，打破传统的以现代竞技运动项目为主的教学模式；开阔学生视野，提高学生学习体育的积极性和主动性，增强其民族自豪感，树立终身锻炼的体育观。

在《全民健身计划》的倡导下，民族传统体育项目因其独有的特点已成为我国城乡居民体育锻炼的首选。快节奏的生活要求我们更加充分地去挖掘民族传统体育的健身价值，对国民强身健体起到更重要的作用。

第二节　奥林匹克运动

一、奥林匹克运动会简介

奥林匹克运动会（Olympic Games），简称奥运会，是国际奥林匹克委员会主办的包含多种体育运动项目的国际性运动会，每4年举行1次。奥林匹克运动会最早起源于古希腊（公元前776年），因举办地在奥林匹亚而得名。1896年4月6日至4月15日，希腊雅典举办了第一届现代奥运会。从1896年开始，奥林匹克运动会每4年举办1次（曾在两次世界大战中中断过3次，分别在1916年、1940年和1944年），会期不超过16天。由于1924年开始设立了冬季奥林匹克运动会，因此奥林匹克运动会习惯上又称为"夏季奥林匹克运动会"。

公元前776年至公元前388年，伯罗奔尼撒的统治者伊菲图斯（古代奥运会的创始人）努力使宗教与体育竞技合为一体。他不仅革新宗教仪式，还组织大规模的体育竞技、活动，并决定每4年举行1次。时间定在闰年的夏至之后。公元前776年举办的古代奥林匹克运动

会被正式载入史册，成为古代第一届奥运会。参加古代第一届奥运会的国家仅有3个——伯罗奔尼撒、伊斯利、斯巴达，当时仅有1个比赛项目，即距离为192.27 m的场地跑。公元511年、522年接连发生两次强烈地震，使奥林匹亚遭到了彻底毁灭，从此，顺延了1 000余年的古代奥运会不复存在，繁荣的奥林匹亚变成了一片废墟。

15世纪开始，教育家们开始提倡幸福和健康的生活方式。17世纪，英国人约翰·洛克（图1-2-1）的"绅士教育"提出发展德、智、体三种素质，法国人让·雅克·卢梭（图1-2-2）建议通过游戏进行学习。1776年，英国考古学家在勘察中发现了古代奥运会遗址。1858年，希腊发布了《奥林匹克令》，并于1859年10月1日在雅典举办了第一届泛希腊奥林匹克运动会。1875年至1881年，德国库蒂乌斯人在奥林匹亚遗址发掘的出土文物，引起了全世界的兴趣。

图1-2-1 约翰·洛克   图1-2-2 让·雅克·卢梭   图1-2-3 皮埃尔·德·顾拜旦

1889年7月，在法国巴黎召开的国际田径代表大会上，后来被人尊称为"奥林匹克之父"的法国教育家皮埃尔·德·顾拜旦（图1-2-3）首次公开了他恢复奥运会的设想。1891年1月，顾拜旦以法国田径协会联合会秘书长的身份，向全世界几乎每个体育组织和俱乐部发出邀请——参加于1894年6月16日在法国巴黎索邦神学院召开的国际体育运动代表大会，此次大会为第一届奥林匹克代表大会。会议召开一个星期后，即6月23日，大会就通过了成立国际奥林匹克委员会的决议，而6月23日也就成了"国际奥林匹克日"（International Olympic Day）。当时，顾拜旦成为首任秘书长。大会决定在1896年召开首届现代奥运会，希腊的历史名城雅典获得主办权。1896年4月6日至4月15日，希腊雅典举办了第一届现代奥运会。

二、古代奥运会

古希腊人于公元前776年规定每4年在奥林匹亚举办1次运动会（为了和平）。当时各个城邦有他们自己计算年份的方法，并没有一个通用的纪元。但是各城邦之间每年度最重要的大事就是泛希腊的大运动会。这些运动会一共有4种：奥林匹克、匹西亚、尼米亚与伊斯米亚运动会。这4个运动会以奥林匹克为首，依照顺序分别在4个地点举行，这样形成的1个4

年周期，称为奥林匹克周期，成为城邦之间计算年份的方法。

运动会举行期间，全希腊选手及附近的百姓相聚于奥林匹亚这个希腊南部风景秀丽的小镇。公元前776年在这里举行第一届奥运会时，多利亚人克洛斯在192.27 m短跑比赛中取得冠军，成为荣获国际奥林匹克运动会第一个项目第一个桂冠的人。后来，古希腊运动会的规模逐渐扩大，并成为显示民族精神的盛会。比赛的优胜者会获得由月桂、野橄榄枝和棕榈枝编织的花环等。

从公元前776年开始，到公元394年止，共举行了293届古代奥林匹克运动会，历经1 171年。公元394年，奥林匹克运动会被罗马皇帝狄奥多西一世禁止。

相关链接

古代奥运会的起源

古代奥运会的起源主要有以下两种说法：一是古代奥林匹克运动会是为祭祀宙斯（Zeus）而定期举行的体育竞技活动；二是与宙斯的儿子赫拉克勒斯（Heracles）有关。赫拉克勒斯因力大无比获得"大力神"的美称。他在伊利斯城邦完成了常人无法完成的任务，不到半天工夫便扫干净了国王堆满牛粪的牛棚，但国王不想履行赠送300头牛的许诺，赫拉克勒斯一气之下赶走了国王。为了庆祝胜利，他在奥林匹克举行了一场盛大的运动会。所以才有了古代奥运会。

三、现代奥运会

1894年6月16日，巴黎国际会议上通过了第一部由顾拜旦倡议和制定的《奥林匹克宪章》。它涉及奥林匹克运动的基本宗旨、原则及其他有关事宜。1921年在瑞士洛桑奥林匹克会议中，制定了一系列奥林匹克法规性文件，包括《奥林匹克运动会宪章》《国际奥林匹克委员会章程》《奥林匹克运动会竞赛规则及议定书》《奥林匹克运动会举行通则》《奥林匹克议会规则》等。数十年来，这些奥林匹克法规性文件曾多次修改、补充，但顾拜旦所倡导的基本原则和精神未变。

在1900年第二届巴黎奥运会上，有11名女子冲破禁令，出现在运动场上。国际奥委会经过数次争论，终于在1924年第22次会议上，正式通过允许女子参加奥林匹克运动会的决议。此后，女子项目成为奥运会不可缺少的组成部分，参赛的女运动员也越来越多。

1913年，根据顾拜旦的构思，国际奥委会设计了奥林匹克会旗，白底无边，中央有5个相互套连的圆环，分成上下两行，从左向右、从上向下看，环的颜色为蓝、黑、红、黄、绿。五环象征五大洲的团结和全世界运动员以公正、坦诚的比赛和友好精神在奥运会上相见。1914年，为庆祝现代奥林匹克运动恢复20周年，在巴黎举行的奥林匹克大会上会旗首次使用。1920年安特卫普奥运会，在运动场上升起第一面五环会旗，从此以后历届奥运会开幕式上都有会旗交接仪式和升旗仪式。为了宣传奥林匹克精神、鼓励参赛运动员，由顾拜且提议，1913年经国际奥委会批准，将"更快、更高、更强"作为奥林匹克格言。1908年伦敦奥运会，在圣保罗大教堂举行奥运会的宗教仪式上，美国宾夕法尼亚州大主教在其布道词中说，奥运会"重要的是参与，不是胜利"，顾拜旦对这句话极为赞赏，以后多次引用，因此不少人认为，这句话应该成为奥林匹克理想。从1920年第11届奥运会开始实施运动员宣誓。1968年第19届奥运会又增加裁判员宣誓。1936年第11届奥运会，国际奥委会正式规定，在主体会场点燃象征光明、友谊、团结的奥林匹克火焰。此后这一活动成为每届奥运会开幕式不可缺少的仪式之一。奥运会开始前，在奥林匹亚希腊女神赫拉（宙斯之妻）庙旁用凹面镜聚集阳光点燃火炬后，进行火炬接力，于奥运会开幕前1天到达举办城市。在开幕式上由东道国运动员接最后1棒后点燃塔上火焰，闭幕式时火焰熄灭。

四、现代奥林匹克运动

（一）夏季奥运会

1896年第一届现代奥运会只有9个比赛项目，如果划船项目没有因为恶劣的天气而被取消的话，那么第一届现代奥运会上的项目就会达到10个。此后，随着奥运会的影响力不断扩大，其规模越来越大，比赛项目也越来越多。到2008年北京奥运会，比赛项目已增至28个。2005年，国际奥委会在新加坡全会上决定，2012年伦敦奥运会只设26个大项，且今后每届奥运会最多不得超过28个大项。由此传递出一个信号：现代奥林匹克运动延续了几十年的"扩张主义"已经结束。

2007年，国际奥委会又通过1项改革决议：从2020年起，奥运会将确定25个核心项目，之后每届奥运会固定设这25个大项，另外最多可以增设3个临时项目。这意味着，继棒球、垒球被"逐出"后，现有28个奥运项目中还有一个要"离开"。

（二）冬季奥运会

正式的冬季奥林匹克运动会始于1924年。当时，在法国夏蒙尼市承办了当时被称为"冬季运动周"的运动会，两年后国际奥委会正式将其追认为第一届冬季奥林匹克运动会。冬季奥运会最初规定每4年举行1次，与夏季奥运会在同年和同一国家举行。从第二届冬奥会——1928年圣莫里茨冬季奥运会开始，冬季奥运会与夏季奥运会的举办地点改在不同的国家举行。1994年起，冬奥会与夏奥会以两年为相隔交叉举行。

项目：速度滑冰、短跑道速度滑冰、高山滑雪、自由式滑雪、越野滑雪、北欧两项、跳台滑雪、现代冬季两项、雪橇、雪车、花样滑冰、冰壶、冰球、滑板滑雪。

（三）残疾人奥运会

残疾人奥林匹克运动会（Paralympic Games）始办于1960年，是由国际奥委会和国际残疾人奥林匹克委员会主办的、专为残疾人举行的世界大型综合性运动会，每4年于夏季奥运会后举办1届，截至2018年已举办过15届。冬季残奥会自1976年举行以来，截至2018年已经举办了12届，参赛运动员总人数接近4 000人。比赛项目有高山滑雪、越野滑雪、冰上雪橇球、轮椅体育舞蹈等4个大项，每个大项中又包括若干小项。

（四）特殊奥运会

特殊奥林匹克运动，是基于奥林匹克精神，专门针对智障人士开展的国际性运动训练和比赛。特殊奥林匹克运动会包括本地、国家、洲际和世界等不同级别。其中，世界特殊奥运会每两年举办1届，夏季和冬季交替举行。截至2019年，国际特奥会共举办过15届夏季特殊奥运会、12届冬季特殊奥运会。中国上海于2007年举办过特奥会。

（五）听障奥运会

前身为世界聋人运动会，第一届于1924年在法国巴黎举行。随着参赛的国家和人数的不断增加，竞技水准也不断提升。2001年5月，国际奥林匹克委员会鉴于在国际聋人体育联合会主导之下的世界聋人运动会办得极具规模且具有聋人文化的特色，决议将世界聋人运动会更名为听障奥林匹克运动会，并于2001年7月在意大利罗马第19届起实施。中国台北于2009年举办过听障奥运会。

（六）青年奥运会

青少年奥林匹克运动会是一项专为年轻人设立的体育赛事，糅合了体育、教育和文化等领域的内容，并为推进这些领域与奥运会的共同发展而扮演着一个催化剂的角色。2007年7月5日国际奥委会在危地马拉城的第119次国际奥委会全会上同意创办青少年奥运会，运动员的年龄需14～18岁。中国南京于2014年举办第二届青奥会。

五、奥运会相关知识

奥林匹克运动有一系列独特而鲜明的象征，如奥林匹克五色环标志、格言，奥运会会旗、会歌、会徽、奖牌、吉祥物等。这些标志有着丰富的文化含义，形象地体现了奥林匹克理想的价值取向和文化内涵。

《奥林匹克宪章》规定，奥林匹克标志、奥林匹克旗、奥林匹克格言和奥林匹克会歌的产权属于国际奥委会专有。国际奥委会可采取一切适当措施使奥林匹克标志、旗、格言和会歌在各国和国际上获得法律保护（图1-2-4）。

（一）标志

奥林匹克五色环标志象征着五大洲的团结，由5环自左至右相互套接，颜色分别为蓝、黄、黑、绿、红，在实际使用中也可以是单色的。

图1-2-4　奥运会标志

（二）会旗

奥林匹克会旗于1913年由顾拜旦亲自设计，长3m，宽2m。1914年为庆祝现代奥林匹克运动恢复20周年，奥林匹克会旗在巴黎举行的奥林匹克代表大会上首次升起，于1920年在安特卫普奥运会正式采用。奥林匹克会旗上面是蓝、黑、红3环，下面是黄绿两环。五环代表五大洲的团结和全世界的运动员在奥林匹克运动会上相聚一堂。

（三）会歌

该圣歌在1896年第一届夏季奥林匹克运动会开幕式上首次演唱，但当时并未确定其为奥运会会歌。20世纪50年代后有人建议重新创作新曲，作为永久性的会歌，但几经尝试都不能令人满意。国际奥委会在1958年于东京举行的第5次奥运会上最后确定还是用《奥林匹克圣歌》（《撒马拉斯颂歌》）作为奥林匹克会歌。其乐谱存放于国际奥委会总部。从此以后，在每届奥运会的开、闭幕式上都能听到这首悠扬的古希腊乐曲。

（四）格言

1920年，国际奥委会正式确认"更快、更高、更强"（英文：Faster，Higher，Stronger）为奥林匹克格言，在1920年安特卫普奥运会上首次使用。此后，奥林匹克格言的拉丁文"Citius，Altius，Fortius"出现在国际奥委会的各种出版物上。奥林匹克格言充分表达了奥林匹克运动所倡导的不断进取、永不满足的奋斗精神。虽然只有短短的六个字，但其含义却非常丰富，它不仅表示在竞技运动中要不畏强手、敢于斗争、敢于胜利，而且鼓励人们在自己的生活和工作中不甘于平庸、要朝气蓬勃、永远进取、超越自我，将自己的潜能发挥到极限。

（五）精神

《奥林匹克宪章》指出，奥林匹克精神就是相互了解、友谊、团结和公平竞争的精神。奥林匹克精神对奥林匹克运动具有十分重要的指导作用。首先，奥林匹克精神强调对文化差异的容忍和理解。其次，奥林匹克精神强调竞技运动的公平与公正。人人平等，实现更高、更快、更强的理想。正如已故美国著名黑人田径运动员杰西·欧文斯所说："在体育运动中，人们学到的不仅仅是比赛，还有尊重他人、生活伦理、如何度过自己的一生以及如何对待自己的同类。"

（六）宗旨

《奥林匹克宪章》指出，奥林匹克运动的宗旨是："通过没有任何歧视、具有奥林匹克精神的，以友谊、团结和公平精神互相了解的体育活动来教育青年，从而为建立一个和平的更美好的世界做出贡献。"

（七）奖牌

1896年，在雅典举行的第一届现代奥林匹克运动会上，冠军获得的是一枚银质奖章和一个橄榄枝做的花冠，亚军获得的是一枚铜质奖章和一顶桂冠。此奖章是由法国艺术家儒勒·夏普朗精心设计的。

第二届奥运会在巴黎举行，竞赛规程规定要颁发"特别富有艺术意义"的奖品，结果取消了奖章，而给每个奥运会参加者发了一枚长方形的纪念章，图案是勇士手执橄榄枝。

随后几届奥运会，各自的奖章图案设计各具风格，没有形成固定的样式。直到1928年，奥运会在荷兰的阿姆斯特丹举行，奖章由意大利佛罗伦萨艺术家朱塞佩·卡西奥里教授设计，图案是象征友爱、和睦、团结的手抱橄榄枝的女塑像。这枚奖章不仅授予运动员，也授予与奥运会同时举行的艺术竞赛的优胜者。自此，以后各届奥运会奖章正面的图案保持不变，只把举办地名与届数作相应的变更。

（八）圣火

奥运圣火首次出现是在1928年阿姆斯特丹奥运会。当时是顾拜旦提出了这一想法，但仅限于在体育场附近的一个喷泉盛水盘上点燃圣火。

古代奥林匹克运动会点燃圣火的仪式，起源于古希腊人类自上天盗取火种的神话，在奥林匹亚宙斯（Zeus）神前，按宗教的仪式在祭坛上点燃火种，然后持火炬跑遍各城邦，传达奥运会即将开始的讯息，各城邦必须休战，忘掉仇恨与战争，积极准备参加奥运会的竞技比赛，因此火炬象征和平、光明、团结与友谊等意义。

1920年，安特卫普奥运会为了纪念第一次世界大战结束，点燃了象征和平的火焰；1928年，阿姆斯特丹奥运会期间在一座高塔上燃烧着于奥林匹亚山下以聚光镜取得的火焰。1934年，国际奥委会确认点燃圣火仪式并于1936年7月20日在奥林匹亚举行了取火仪式（1936年柏林奥运会）。

（九）吉祥物

在奥运史上，吉祥物第一次出现在1972年慕尼黑奥运会上。此后吉祥物就成为构成一届奥运会形象特征的主要成分。国际奥委会和历届奥运会组委会对吉祥物的设计要求都很高，每一届奥运会吉祥物的揭晓都吸引了世界的关注，成为当届奥运会的亮点。

（十）开幕式

奥运会开幕式内容包括基本仪式和富有民族特色的体操及大型体育文艺表演，其基本仪式包括以下固定程序：

（1）奥运会组委会主席宣布开幕式开始，国际奥委会主席和奥运会组委会主席在运动场入口迎接东道国国家元首，并引导他到专席就座。

（2）各代表团按主办国语言的字母顺序列队入场（但希腊和东道国代表团例外，按惯例希腊代表团最先入场，东道国最后；2008年北京奥运会则是按照简体汉字笔画顺序排列入场）。

（3）奥运会组委会主席讲话。

（4）国际奥委会主席讲话。

（5）东道国国家元首宣布奥运会开幕，奏《奥林匹克圣歌》，同时奥林匹克旗以水平展开形式进入运动会场并从赛场的旗杆上升起。

（6）奥林匹克火炬接力跑进入运动场，最后一名接力运动员沿跑道绕场一周后点燃奥林匹克圣火并放飞鸽子。

（7）各代表团旗手绕主席台形成半圆形，主办国的一名运动员登上讲台，他左手执奥林匹克旗的一角，举右手宣誓。

（8）主办国的一名裁判员登上讲台，以同样的方式宣誓。

（9）演奏或演唱主办国国歌。

上述固定程序结束后，由东道国进行大型体育文艺表演。一般而言开幕式的成败与否，在很大程度上取决于大型体育文艺表演的效果。

（十一）闭幕式

奥运会闭幕式首先由各代表团的旗手按开幕式的顺序列纵队进场，在他们后面是不分国籍的运动员队伍，旗手在讲台后形成半圆形。

国际奥委会主席和当届奥运会组委会主席登上讲台，希腊国旗从升冠军国旗的中央旗杆右侧的旗杆升起，主办国国旗从中央旗杆升起，下届奥运会主办国的国旗从左侧旗杆升起。主办城市市长登上讲台，并把会旗交给国际奥委会主席，国际奥委会主席把旗交给下届奥运会主办城市的市长。

奥运会组委会主席讲话，国际奥委会主席致闭幕词。紧接着，奥林匹克圣火在号声中熄灭，奏《奥林匹克圣歌》的同时，奥林匹克会旗徐徐降下，并以水平展开形式送出运动场，旗手紧随其后退场，同时奏响欢送乐曲，各代表团退场。

最后，进行精彩的文艺表演。由主办国把奥运会旗帜转交给下届主办国代表。缓缓熄灭圣火。

（十二）颁奖仪式

在奥运会期间，奖章应由国际奥委会主席（或由其选定的委员）在有关的国际单项体育联合会主席（或其代表）陪同下颁发。通常情况下，在每项比赛结束后，立即在举行比赛的场地以下述方式颁奖：获得前三名的运动员身着正式服装或运动服登上领奖台，面向官员席。冠军所站的位置最高，然后宣布他们的名字。冠军代表团的旗帜从中央旗杆升起，第二名和第三名代表团的旗帜分别从紧靠中央旗杆右和左侧的旗杆升起。奏冠军代表团的国歌时，所有奖章获得者都应面向旗帜。

六、奥林匹克运动的教育意义和文化传承意义

现代奥运会自诞生之日起，就以其独特的文化魅力，吸引了全世界的目光，至今已发展成以体育竞赛为形式，以教育文化交流、娱乐为主旨，以经济发展为实质，持续时间最长、涉及领域最广、参与人数最多的一项体育文化盛事。弘扬奥林匹克精神，保障奥林匹克运动健康、协调、快速发展，已成为人们关注的主要问题。纵观奥运历史，奥林匹克运动之所以能在全球范围内广泛传播，根本原因在于其蕴含着厚重的文化价值。人文关怀和奥林匹克道德代表着优秀文化特有的强烈情感。珍惜和尊重历史，与反映历史文明成果的文化遗产"约会"，是世界各民族相同的情感。"更快、更高、更强"的奥林匹克格言，体现着人类迎接挑战，创造未来，积极向上的情感。人们对奥运文化的认同和对奥林匹克理想的向往，是奥运会发展生生不息、经久不衰的根本动力。大学是弘扬奥林匹克精神的重要场所，是培养德、智、体全面发展人才的基地，是奥运冠军的摇篮。大学体育是通过教师的教学，向学生传播体育知识、技术、技能与思想道德的过程，是提倡奥林匹克精神，使学生增强体育意

识，丰富体育文化素养，培养体育锻炼习惯，掌握体育锻炼的基本知识和方法，从而达到增强学生体质，提高运动技术水平，丰富社会文化生活的目的。它与德、智、美、劳相配合，是教育的重要组成部分，是社会体育与竞技体育的基础。所以，重视和加强大学体育对奥运文化的传承作用，并把学校体育教育和奥林匹克运动的普及结合起来，是实现奥运战略的重要组成部分。

大学体育对奥运文化的继承是历史的产物。在物质文化、制度文化、精神文化三个层面中，精神文化是文化的核心内容。发源于古希腊的奥运盛会，秉承古希腊的理性精神，契合现代西方文化理念，融合东方先进文化思想，历经百年的传承与发展，已成为世界性的文化现象和精神财富。在现代奥运百余年的发展历程中，无论受到怎样的冲击，遇到怎样的变化，奥林匹克运动始终闪烁着耀眼的光芒。作为一项盛大的体育活动，其独特的文化形式和丰富的精神内涵已作为一种传统被继承保留下来。如展示承办国精美历史文化艺术舞台的开幕式文化；圣火传递与圣火点燃的文化传播与艺术再现；追求团结、友谊、和平，全世界人民共聚五环旗下追求文明进步、渴望和平自由、实现世界大同的理想；更快、更高、更强的奥运精神，鼓励着人们勇于攀登、挑战自我、创造奇迹。再如展示承办城市厚重历史文化与现代化成就的旅游文化、建筑文化、科技文化等已作为奥运会的传统被保留下来。这些文化的继承，让人们在了解承办国和承办城市悠久历史、灿烂文化和现代化发展的同时，真正体验奥林匹克思想的价值取向和文化内涵，充分享受体育文化的视觉冲击和独特魅力。

大学体育的对象是大学生，他们思想积极上进，身体健康成熟，能够把握其精髓，领略其实质。大学体育在日常教学中，应将更快、更高、更强的奥运精神融合其中，激励当代大学生追求更高的体育价值继承奥运文化，培养学生体育能力，促进学生终身体育观念的形成，培养学生运动兴趣及促进运动技能的掌握，促进学生对健康知识、医学常识的掌握，养成终身体育的习惯。

第三节　体育竞赛赏析

一、体育欣赏与美育

当今社会，竞技体育盛况空前，群众体育迅猛发展，体育运动已成为世界人民高尚的文化活动。体育的发展，促进了社会政治、经济、教育和科技的发展。现代体育在发展过程中，不断提升其审美意蕴，增强其欣赏性和娱乐性，注重美的创造与发掘，尤其是体育比赛，更是运动员创造美与观众欣赏美的过程。体育比赛的观看与欣赏，日益成为人们高雅的精神生活。对于高职学生来说，不仅要参与体育锻炼，更要懂得如何欣赏体育比赛，提高欣赏水平，从而发现美、创造美，接受美的教育。《中共中央国务院关于深化教育改革全面推进素质教育的决定》（以下简称《决定》）指出："美育不仅能陶冶情操，提高素养，而且有助于开发智力，对于促进学生全面发展具有不可替代的作用。"《决定》对美育在学校教育中的重要地位，尤其是对学校教育中的美育实施要求做出了明确而又深刻的阐述。体育欣赏是美育的重要途径，大学生欣赏体育竞赛和参与体育锻炼是体验健与美的结合，竞争与协调的融会，所欣赏的不仅仅是人体美，所锻炼的也不仅仅是身体，更是对意志与情操的锻炼，更属于学校美育的范畴。因此，在体育课堂上加入体育欣赏这一内容，对美育在体育教学中的实施有很大的帮助。

社会与科技高速发展的今天，人们不再仅仅满足于体格的强健，开始用审美的眼光对待体育，人们不仅看比分，看体格，看技巧，而且十分投入地陶醉于一种审美的感受，体验自身的升华，激励自己进行形形色色的体育锻炼。正像美学是思想认识的高级发展阶段一样，审美体育也成为人类体育史上更高级的体育阶段。谈审美，首先就要会欣赏。电视中，世界体育画面千变万化、精彩夺目；运动会上具有民族特色的团体操及其他表演竞赛项目精美绝伦、赏心悦目；我们生活的周围，形形色色的体育现象——韵律操、气功、武术、时装表演、健美比赛等像层出不穷的体育万花筒。从某种意义上说，理解和欣赏能力的提高对学生将来的发展是很重要的。至少，在学生应具有的素质结构中它不应是被忽略的一块。当然，实践与欣赏又是不可分的，从接受美学的观点看，欣赏本身就是实践中创造的一部分，是观者对某种事物进行的再创造："既要看热闹，更懂看门道。"

体育欣赏是依靠人的理解力领悟各种关系，攫取事物本质的能力。也是一种直觉审视力，这种审视力需要理论知识的支撑，是对体育本身的理解，以及丰富的情感体验和对独特价值的领悟。因而学生知识的积累，教师的博引广论，促使欣赏教育有效地进行。在欣赏的过程中，通过师生双边活动，研究分析体育运动美的物化表现，发现体育运动的魅力所在，提高欣赏能力。

二、体育欣赏的范畴与作用

（一）体育欣赏范畴

1. 人体美

法国艺术大师曾经说过："自然界中没有什么东西比人体更美。"体育运动是人体静态与动态美的完美展现。我们在欣赏健美比赛时，在舞台上灯光的照射下，随着悠扬明快的乐曲，那隆起的肌肉群、雕塑般的身躯、匀称的线条、优美的造型展现在人们面前的时候，不能不使人陶醉在美的享受之中。就人体美的本质而言，美的人体必须充分体现人类蓬勃向上的生命活力，通过运动员的表现和体态变化，表现丰富多样、纯正高尚的内心世界，人体美必须是这两个方面的和谐统一。

2. 技术美

人们在运动中合理运用身体能力和动作提高运动成绩的有效方法称为技术。运动中的技术要准确、协调而有节奏、实效和难度。

体育运动中的技术美包括技巧美、统一美、韵律美、力量美等要素。也就是指技术结构、技术流程、力量的统一。如艺术体操，只有通过巧妙编排，才能表现出优美流畅、富于韵律的特征。

竞技体操比赛也是一幅美的画面，运动员动作既要难度高，又要稳健、准确优美、节奏好、幅度大。楼云在第24届奥运会男子单杠自选动作中做了"反握向前大回环向前翻转体360°成单臂扭臂悬垂、后摆同时转体360°成反握手倒立"这一独特的绝招，把人们带入到梦幻般的境地。

球类比赛紧张激烈、高潮迭起、精彩纷呈。篮球场上运动员在进攻中的跑、跳、急停、闪、躲、传切、突分、抢篮板球。防守中的堵截、抢断球，以及恰到好处的传球、准确的投篮、精彩的扣篮，都给人们以美的享受。排球比赛的网上争夺，严密的后排防守，快速多变的战术，漂亮的背飞、快抹等绝技，让人赞不绝口。足球比赛观众最多，黑白相间的足球，牵动着世界亿万观众的心。特别是那闪电般的快速突破和千钧一发的射门更是激动人心。

我们在欣赏武术比赛时，可以看到运动员动静疾徐，刚柔虚实，组成套路，两人、多人斗智斗勇形成格斗，我们既可欣赏到其勇猛、快速、气势剽悍，又可以领略到它轻快、矫捷、富于韵律感。

3. 战术美

战术美是指在比赛中个人技术的合理运用及运动员之间协调配合，发挥己方所长、限制对方优势的比赛艺术。

在每项体育比赛中都有着对抗和竞争，这不仅是运动员的体力、技术和意志的角逐，而且也是战术水平的较量。无论是一对一的单打独斗，还是全队参加集体抗衡，在双方实力相当的情况下，谁的战术组织得好，谁就会赢得比赛的胜利。

如何去欣赏技术、战术的成功运用？首先，技术是战术的基础，又是战术的表现形式。全面、熟练、准确、实用的技术是实现战术的先决条件。其次，战术运用，必须根据比赛的具体情况，灵活机动地加以变换，任何单一的战术都不会取得良好的比赛效果。再次，比赛中的战术变化，要力争主动，避免被动，时刻以己之长攻彼之短。最后，战术水平是运动员战术意识的体现，良好的战术意识必须在发挥与反发挥、制约与反制约的实践中加以培养，才能逐渐形成。

在实际的体育比赛中，战术美的表现形式往往是极其复杂的，欣赏者必须结合具体的欣赏活动，不断地积累自己的欣赏经验。这里以网球比赛为例谈谈有关战术美的欣赏。

现代网球最先进的战术是全能型打法，球王费德勒可谓技术全面、无懈可击，在上海大师杯上遭遇罗迪克，罗迪克以强有力的发球和正反手底线技术压制费天王的反手，打得很漂亮，把比赛带入了决胜盘的抢七。罗迪克采用发球上网的打法，两次上网均被费德勒用反手直线穿越，打得罗迪克很被动，关键时刻费德勒发球局采取了发球上网打法，频频得手，最后取得了胜利。罗迪克选择了自己不很擅长的网前截击，变场上主动为被动，是失败的战术运用。费德勒关键时以其人之道还治其人之身，化被动为主动，是成功运用了战术变化而取得胜利。

4. 精神美

体育运动与竞赛蕴含其中的崇高的"体育精神"——奥林匹克精神，对于强者有"更快、更高、更强"作为格言，对于败者有"重在参与"作为激励。永恒的竞争本着公平、公正、平等的原则，运动场上不论尊卑，都站在同一起跑线上，听同一声号令，奉行不断地自我超越和团结协作精神。体现的是拼搏的精神、勇于胜利的精神和"扬国威、振民心"的爱国主义精神，因此各国人民把凯旋的奥运健儿视为民族英雄。

5. 健康美

健康的体格与运动员在场上的风采是分不开的。一支比赛的球队，一出场无论是队员的一举一动、一招一式还是场上散发的朝气都给人一种充满生机的健康美感。健康美的外部特征为：身体各部分协调、形体结构合理、肌肉发达有弹性、肤色红润有光泽。

6. 装饰美

运动员为了保持全队的统一性，一般统一着装，且颜色鲜明，搭配巧妙而得体。另外场馆设置得现代化、人性化、环境美化等都是一种体育美的烘托。

（二）体育欣赏的作用

1. 移情作用

体育比赛被称为是"没有硝烟的战场"，比赛如人生、人生如比赛，在欣赏比赛时，观众的心情与支持的球队表现紧密相关。顺境时，观众欢呼雀跃，逆境时扼腕顿足。观众把自己融入角色之中，感受竞争曲折、跌宕、富有戏剧性的比赛更是让他们终生铭记。20世纪80年代中国女排五连冠，让刚刚开放的国民自豪、兴奋，全国人民喊出了"学习中国女排精神"的口号。

2. 减压作用

现代人生活节奏快，面临着工作、生活的巨大压力，体育欣赏是人们文化消费的途径之一。欣赏比赛的过程中，人们可以尽情地欢呼、鼓掌、尖叫、跳跃，暂且忘记生活中的烦恼与压力，发泄自己的情绪，尽情地享受比赛带来的快乐。

3. 教育作用

人们在欣赏体育美的同时，心里体验着快乐的情感，精神得到满足。真善美的镜头充斥着体育的每一瞬间。同时比赛场上也夹杂着假恶丑的现象。如假球、黑哨、球迷闹事、兴奋剂、赌球等现象都是不和谐的因素，违反了体育道德，影响体育的健康发展。因此体育欣赏在陶冶情操的同时，更要分清美丑，自觉地抵制丑恶现象。

4. 交流作用

随着现代体育的发展，参与的国家和民族越来越多，各式各样的运动会、比赛成为人们观光、交流，了解不同民族文化的契机。通过不同国家运动员的同场竞技，观众可欣赏到不同风格的技术、战术，认识本国的体育发展水平。

三、竞技项目分类与欣赏指南

竞技体育比赛大致可分为三种类型，在欣赏不同类型的比赛时，应注意不同的欣赏角度，以此来提高自己的欣赏水平。

（一）对抗性比分类竞技项目

对抗性比分类竞技项目包括篮球、排球、手球、网球、曲棍球、羽毛球、乒乓球等球类项目，以及拳击、摔跤、柔道、击剑等个人项目。这类项目比赛的特点是：裁判员按规则规定的条件去判断运动员的得分与失分，并以此作为衡量成绩的依据，判断比赛的胜负。欣赏这类比赛项目，应注意欣赏比赛过程中个人技术的运用和整体战术的配合，以及运动员所表现出的那种视野开阔、豁达合群的大智大勇的精神状态。

（二）主观评分类竞技项目

主观评分类竞技项目包括体操、艺术体操、跳水、花样游泳、花样滑冰、武术等。这类项目比赛的特点是对比，主观评分类项目要求运动员按规定条件和动作质量去完成比赛的技术动作，比赛中强调动作难度、美观和富有艺术性。欣赏这类比赛项目，应注意欣赏比赛过程中的那种富有艺术的美感，即运动员能够在一定的空间和时间内，把身体翻转控制到尽善尽美的程度，使健与美得到高度的统一。再加上鲜明节奏的微妙配合，犹如抒情诗般的艺术造型，给人以强烈的美的视觉冲击。

（三）客观计量类竞技项目

客观计量类竞技项目包括田径、游泳、举重、射箭、射击、划船、赛艇等。这类项目比赛的特点是：计算成绩有客观指标，即以时间、距离、重量、命中率等具体指标作为评定运动员名次的依据。欣赏这类比赛节目，应注意欣赏比赛过程中运动员那种你追我赶的拼搏精神及勇敢坚毅、刻苦耐劳的优良品质。

四、国际重大单项赛事介绍

（一）世界杯足球赛

世界杯足球赛是由国际足联主办的反映现代足球运动最高水平的比赛。每4年举行1次，其中，因战争于1942年和1946年停办2届。经过预选赛后选出最强的队参加决赛。设冠军流动奖杯1只，用纯金制成。先后3次获冠军的队，金杯可永久性归该队所在国拥有。

（二）世界篮球锦标赛

世界篮球锦标赛是由国际篮联主办的国际性单项体育比赛，一般4年举行1次，男女分开举行。男子比赛于1950年开始，女子比赛于1953年开始。通常参加世界篮球锦标赛的球队是上届奥运会的前3名，上届锦标赛的前3名，南美洲、亚洲、欧洲、非洲、大洋洲的冠军队，东道国代表队和东道国特邀队。

（三）世界排球锦标赛

世界排球锦标赛是由国际排联主办的国际单项体育比赛，每四年举办一次，原在奥运会当年举行，现为奥运会第二年举行。冠军队可直接参加奥运会排球赛。男子排球锦标赛始于1949年，女子始于1952年。

（四）世界杯排球赛

世界杯排球赛也是由国际排联主办的国际单项体育比赛。在世界排球锦标赛的前一年举行，每4年举行1次。参加比赛的是上届杯赛冠军、上届锦标赛冠军、亚洲区（包括大洋洲）、欧洲区、中北美洲及加勒比区、南美洲区、非洲区的冠军队和东道国代表队。比赛的男子冠军队有资格直接参加下届奥运会排球赛。世界杯排球赛，男子始于1965年，女子则于1973年开始举办。

（五）世界田径锦标赛

世界田径锦标赛是由国际业余田径联合会主办。比赛在每届奥运会的第三年举行，以各国或地区田径协会为单位参加。

（六）网球四大公开赛

（1）温布尔顿网球公开赛（温网）始于1877年，地点在伦敦郊外，每年的6月末7月初举行。

（2）法国网球公开赛（法网）始于1891年，地点在罗兰加洛斯，每年5月末6月初举行。

（3）澳大利亚网球公开赛（澳网）每年1月在墨尔本公园举行。

（4）美国网球公开赛（美网）始于1881年，地点在纽约，每年8月末9月初举行。

（七）汤姆斯杯世界羽毛球男子团体赛（简称汤姆斯杯）

汤姆斯杯始于1984年，该项赛事每两年（双数年）举行一次。此赛设五场三胜制（三场单打、两场双打）。此赛分预赛、半决策和决赛三个阶段，决赛在5月进行。

（八）尤伯杯世界羽毛球女子团体赛（简称尤伯杯）

尤伯杯与汤姆斯杯同时、同地举行，赛制相同。采用七场四胜制（三场单打和四场双打）。

（九）苏迪曼杯世界羽毛球男女混合团体赛（简称苏迪曼杯）

苏迪曼杯每两年（单数年）举行一次，采用五场三胜制。即男单、女单、男双、女双和混双。它是检验各国和地区羽毛球总体水平的赛事。

复习与思考

1. 简述民族传统体育的特点及功能。

2. 简述奥林匹克运动会的格言和精神。

3. 网球四大公开赛是哪几个赛事？

第二章　体育运动与健康促进

学习目标：了解体育运动和健康的关系以及体育运动对健康促进的作用；熟悉科学健身的原则与方法；掌握运动处方的制定与实施；培养科学健身、终身运动的良好意识和习惯。

情景导入："生命在于运动"，这是法国启蒙思想家伏尔泰的至理名言。"科学的基础是健康的身体"，这是波兰科学家居里夫人的肺腑之言。"运动的作用可以代替药物，但所有的药物都不能替代运动"，这是法国医学家蒂素的科学论断。以上名人名言充分地说明了运动与健康的关系。科学的体育运动不仅能促进我们的身心健康，还能提高我们的生活水平和生命质量。

第一节　体育运动与身体健康

生命在于运动，运动有益健康。随着社会的不断发展进步，人们生活水平的不断改善，思想观念也跟着转变，人们愈来愈注重生活、生命的质量；随着自我健康意识的提高，越来越多的人更加注重自我身体的锻炼。

健康是现代文明的内涵。在现代文明的生活方式之中，健康备受关注，并被提到一个前所未有的高度，人们对健康的认识也发生了较大的改观。它的概念、本质、内容、形式被注入新鲜的血液，既体现了它的与时俱进，也体现了人们对生命的本质认识。健康第一的思想已被人们普遍接受，终身体育已成为人们的基本思想，同时健康也是素质教育的功能目标之一。

一、现代健康观

有一种理念认为"机体功能活动正常"就是健康，这是对健康的一种狭义的认识。尽管这一健康概念较客观地反映了健康在生理学方面的本质，但是它只是注意到人的生物属性，忽视了人的社会属性，未能涉及人的心理状态，因此，这是不全面的。较确切的健康观念应是世界卫生组织提出的把人的健康与机体的生理、心理状态和对社会的适应三者紧密结合在一起的三位一体的健康观念。

世界卫生组织提出的健康新概念指出：健康，并不仅仅表示身体健康，还应包括心理健康以及社会交往方面的能力。也就是说，健康是在精神上、身体上和社会交往上保持健全的状态。上述三个方面的有机结合，构成人的生命质量。在人的生命这个三维立方体中，身体、心理和社会三种属性的面积越大，则生命立方体的体积越大，在自然和社会中所占的位置也越高，与社会的接触面也越大，也显示出该个体的生命质量也越高。反之，如果这三种属性的面积越小，则个体与社会的接触面也越小，生命质量就越差。经验告诉我们，生命体的质量越高，则健康长寿的可能性就越大。相反，如果个体心理压抑和自我封闭，则极易产生疾病，缩短寿命。这也说明，一个人只有从身体、心理和社会三个方面着手，才能提高生命质量，保证健康幸福的生活。

还有人提出了一个与健康三维观相似的健康定义，即个体只有身体、情绪、智力、精神和社交等五个方面都健康（也称健康五要素），才称之为真正的健康，或称之为完美状态。

（一）身体健康

身体健康不仅指无病，而且还包括体能，后者是一种满足生活需要和有足够的能量完成各种活动任务的能力。人体具备这种能力，就可以预防疾病，增进健康，提高生活质量。

（二）情绪健康

情绪涉及对自己的感受和对他人的感受。情绪健康的主要标志是情绪的稳定性，所谓情绪稳定性是指个体应对日常生活中人际关系和环境压力的能力。当然，生活中偶尔情绪高涨或情绪低落均属正常，关键是在生活的大部分时间里要保持情绪的相对稳定。

（三）智力健康

智力健康是指在长期的学习和生活中，大脑始终保持活跃状态。有许多方法可以使大脑活跃敏捷，如听课、与朋友讨论问题和阅报刊书籍等。努力学习和勤于思考使人有成就感和满足感。

（四）精神健康

精神健康属于一种心理上的健康，它包括了一个人的人生观、世界观、意志品质、精神情感，等等。绝非一句话就能概括。

（五）社交健康

社交健康指形成与保持和谐人际关系的能力，此能力使人在交往中有自信心和安全感。与人友好相处，也会少生烦恼，心情舒畅。

健康的五个要素相互联系，相互影响。例如，身体不健康会导致情绪不健康，缺乏精神上的健康会引起身体、情绪和智力的不健康等。在人生命的不同时期，健康的某一要素可能会比另一些要素起更重要的作用，但持久地忽视某一要素就可能存在健康的潜在危险。只有当人体的每一健康要素均衡地发展，才能真正健康和幸福地生活，享受美好人生。生活态度和生活方式与健康有着直接关系。生活态度是指人在成长过程中对生活的一种精神心理状态，李开复说："有勇气去改变能改变的事物，有胸怀去接受不能改变的事物，有智慧去发现这两者之间的不同。"积极健康的生活态度一直是人们向往和追求的。记住该记住的，忘记该忘记的；改变能改变的，接受不能改变的。生活方式是指人们长期受一定文化、民族、经济、社会、风俗、家庭等影响而形成的生活习惯、生活制度和生活意识。人类在漫长的发展过程中，虽在很早就认识到生活方式与健康有关，但人们却一直认为危害人类生命的各种传染病才是人类死亡的主要原因，从而忽视了生活方式对健康的影响。直到19世纪60年代后，人们才逐步发现不良的生活方式在全部死因中的比重越来越大。例如，1976年美国年死亡人数中，50%与不良生活方式有关。可见，养成良好的生活习惯对于健康至关重要。

二、体育锻炼对健康的影响

健康是人类生存和发展的一个基本要素，没有健康就没有一切。健康既属于个人，也属于社会。体育锻炼对人体的影响是多方面的，体育锻炼使人体新陈代谢旺盛，增强各器官、系统的机能，从而达到增强体质、延年益寿的目的。

在健康的五要素中，身体健康是基础，它是其他健康要素发展的前提和保证。身体健康首先应指身体机能正常，各器官系统功能协调配合，代谢良好。较高水平的身体健康表现为体能良好，体能是一种满足生活需要和有足够能量完成各种活动的能力，它源于身体的能量物质储备器官，体育锻炼是提高体能的关键途径，是增进健康的有效方式。心理健康是身心健康的重要组成部分，是对健康全面关注的表现。它是指一个人处于自我感觉良好，并与他人和社会保持和谐的状态。良好的心理健康和体育锻炼密不可分，体育锻炼可以培养顽强的意志品质，调节心理平衡，降低心理的紧张感。社会适应能力是对健康概念的科学延伸，体现了时代发展对人的进一步要求。它是指个体与他人及社会环境相互作用，具有良好的人际关系和扮演社会角色的能力。

三、体育锻炼对身体健康的影响

人体由神经系统、循环系统、呼吸系统、运动系统、消化系统、排泄系统、生殖系统、内分泌和感觉器官等组成。体育锻炼是由人体各器官系统协调配合所完成，同时，体育锻炼又对各器官系统产生良好影响。

（一）体育锻炼与消化系统

消化系统是由消化管与消化腺组成。消化系统可把食物转化为身体所需要的营养物质和能量，将其送入淋巴和血液中，以供身体生长发育和维持生命，并将代谢过程中的残渣排出体外。经常参加体育锻炼，对消化系统的机能有良好影响，可增强胃肠的蠕动功能，增加消化液的分泌量，因而使消化和吸收的能力提高，也能增加人体对食物的欲望和需要量，有利于增强体质。人的身体发育及脑力与体力劳动都需要大量营养物质和能量；同时，体育锻炼消耗的能量增加会进一步加快新陈代谢的过程，从而促使胃肠消化机能同步加强。在这种情况下，消化系统分泌的消化液增多，消化道的蠕动加强，胃肠的血液循环得到改善，从而使食物的消化和营养物质的吸收进行得更加充分和顺利；体育锻炼能使呼吸加深，膈肌大幅度上下移动，腹肌大量活动，这对胃肠能产生一种特殊的按摩作用，对增强胃肠的消化功能有良好影响；经常参加体育锻炼对防治肠胃疾病有良好作用。例如，腹肌过分松弛无力，往往容易导致内脏下垂、消化不良、便秘等，通过体育锻炼加强腹肌力量，可以预防这些疾病。同时，体育锻炼可使人增进食欲，提高消化能力，改善肠胃的消化功能，也可作为治疗消化不良、胃肠神经官能症、溃疡等疾病的有效手段。

（二）体育锻炼与神经系统

神经系统包括中枢神经系统和周围神经系统。中枢神经系统是指挥整个机体活动的"司令部"。人体的一切活动，其本质都是神经系统的反射活动，都是经过感知、分析、判断、作出反应这个过程来完成的。按照巴甫洛夫的话说："神经系统的活动一方面使有机体各部分的活动统一合作，另一方面使有机体与外界环境发生关系，令有机体各系统与外界平衡。"神经系统在人体内起主导作用。

（1）经常参加体育锻炼可以提高神经系统的反应能力，使之思维敏捷，身体运动更加准确协调。神经系统的主导部分——大脑，虽然只占人体体重的2%，但是所需要的氧气是由心脏总血流量的20%来供应的，比肌肉工作时所需的血流量还要多。进行体育锻炼，特别是到大自然中去锻炼，可以改善神经系统，尤其是大脑的供血、供氧情况，从而一方面使中枢神经系统及其主导部分——大脑皮质的兴奋性增强，抑制加深，抑制兴奋更加集中，改善神经系统的均衡性和灵活性，提高大脑皮质的分析、综合能力，以保证机体对外界不断变化的环境有更强的适应性，另一方面，体育锻炼可以提高中枢神经系统对身体内部各器官、组织的调节能力，使各器官、组织的活动更加灵活、协调，机体的工作能力得到提高。

（2）经常参加体育锻炼能有效地消除脑细胞的疲劳，提高学习和工作效率。消除疲劳的方法有两种：一是静止性（消极）休息，静止性休息主要是通过睡眠，使大脑细胞产生广泛的抑制活动的物质，从而使已经疲劳的脑细胞恢复机能；二是活动性（积极）休息，活动性休息则是通过一定的户外活动，使大脑皮质不同功能的细胞产生兴奋与抑制过程的诱导，从而使细胞得到交替休息。这两种休息的方法和效果是不尽相同的，后者要优于前者。另外，由于体育锻炼使得血液循环加快，在单位时间内流经脑细胞的血液增多，能量物质的补充较快。由于户外空气中氧气含量要明显高于室内，因此，通过血液循环，能使脑细胞获得更多的氧气，加快新陈代谢，加快疲劳的消除，使我们的大脑更清醒、更灵活，学习和工作效率得到提高。

（3）经常参加体育锻炼可以预防和治疗神经衰弱，神经衰弱一般是由于长期、长时间用脑，不注意休息，使大脑皮质兴奋、抑制长时间失衡而引起的神经系统机能下降的一种功能性疾病。体育锻炼可以有效地预防和治疗神经衰弱。

（4）经常参加体育锻炼可以使大脑皮质的兴奋与抑制经常保持平衡状态，及时消除脑细胞的疲劳。现在国际上广泛开展的健身跑活动，对于一些患有轻度神经性失眠者来说，能起到快速进入睡眠的作用。跑步和其他各种体育锻炼，能增强体质、促进健康、使人精神振奋、精力充沛。国内外一些医学专家，经常为身患轻微神经衰弱的病人开"运动处方"，以体育锻炼代替药物，其结果也表明，经过一周的"运动疗法"，有60%~85%的病人疗效显著。大学生经常参加体育锻炼也可预防神经衰弱。

第二节　体育运动与心理健康

一、体育锻炼有助于获得良好的情绪体验

情绪状态的调控能力是衡量体育锻炼对心理健康影响的最主要的指标。个体在复杂多变的社会环境中，常常会产生紧张、压抑、忧虑等不良情绪反应，体育锻炼可以使个体从烦恼和痛苦中摆脱出来，降低应激水平，使处理应激情境的能力增强。麦克曼等人的研究表明：经常参加身体锻炼的人焦虑、抑郁、紧张和心理紊乱等消极的心理变量水平明显低于不参加身体锻炼的人，而愉快等积极的心理变量水平则明显要高一些。

体育锻炼之所以能够调节情绪，是因为体育锻炼的参与者能体验到运动带来的愉快感。生理学家发现，适度负荷的体育锻炼能够促使人体释放一种多肽物质——内啡肽，它能使人们获得愉快、兴奋的情绪体验。因此参加体育锻炼，尤其是参加那些自己喜爱和擅长的体育锻炼，可以使人从中得到乐趣，振奋精神，从而产生良好的情绪状态。

二、体育锻炼有助于形成良好的意志品质

意志品质指一个人的自觉性、果断性、坚韧性和自制力，以及勇敢顽强和独立主动的精神，是一个人行为特点的稳定因素总和。意志品质需要在克服困难的实践过程中培养，体育锻炼本身就要不断克服客观困难（气候条件的变化、动作的难度或外部障碍等）和主观困难（如胆怯和畏惧心理、疲劳和运动损伤等），才能取得成功。体育锻炼的参与者努力克服主、客观方面的困难，培养自身良好的意志品质。任务越困难，对个体意志锻炼的作用越大，而良好的意志品质对于人的活动（尤其是体育锻炼）效果具有重要的意义。

三、体育锻炼使自我概念更为清晰

自我概念是个体主观上对自己的身体、思想和情感等的整体评价，它是由许许多多的自我认识所组成的，如我是什么人、我主张什么、我喜欢什么、我不喜欢什么，它包括社会方面的自我概念和身体方面的自我概念等。其中，身体方面的自我概念包括身体表象和身体自尊。身体表象是指头脑中形成的身体图像；身体自尊则主要包括一个人对自己运动能力的评价、对自己身体外貌（吸引力）的评价以及对自己身体的抵抗能力和健康状况的评价。身体表象和身体自尊障碍在正常人群中是普遍存在的。与男性相比，女性倾向于高估身高和低估体重，而且，身体肥胖的个体更可能有身体表象和身体自尊方面的障碍。身体表象和身体自尊与整体自我概念有关，无论是男性还是女性，对身体表象的不满意会使其身体自尊变低，并产生不安全感和抑郁症状。坚持体育锻炼可使体格强壮、精力充沛，可以改善对自我身体表象和身体自尊的认知。研究表明：锻炼者比非锻炼者具有更积极的总体自我概念；体能强的人比体能弱的人倾向于具有更高水平的自我概念和更高的身体概念；肌肉力量与身体自

尊、情绪稳定性、外向性格和自信心呈正相关，并且加强力量训练会使个体的自我概念显著增强。因此，更积极的自尊心，更高水平的身体概念和自我概念与高水平的体能状况相关。

四、体育锻炼有助于形成和谐的人际关系

现代社会生活节奏的加快使人们越来越趋向封闭的状态，从而造成人与人之间感情交流缺乏，人际关系疏远。体育锻炼则打破了这种封闭，让不同职业、年龄、性别、文化素质的人相聚在运动场上，进行平等、友好、和谐的交往，使人们互相产生信任感，有效进行情感和信息的交流，同时产生一种默契和交融。研究表明，增加与社会的联系会给个体带来心理上的益处。马塞（Massie）等人1971年的调查发现，外向性格者比内向性格者的社会需要更强烈，这种社会需要可以通过跳舞、球类、做操等集体性活动来得到满足。由此可见，人们可以通过体育锻炼来认识更多的朋友，大家和睦相处、友爱互助，这种良好的人际关系将令人心情舒畅、精神振奋。

五、体育锻炼有助于消除心理疾患

社会竞争的日益激烈和生活压力的加大可能会使许多人产生悲观、失望的情绪，进而导致忧郁、孤独、焦虑等各种心理障碍的产生。人们参加某个运动项目并坚持锻炼，他的身体素质将会得到改善，也会相应掌握并发展一些运动技能和技巧。由此，个体会以自我锻炼反馈的方式传递其成就信息于大脑，从而获得自我成就的认知和情感体验，产生愉快、振奋和幸福感。因此，适宜的体育锻炼能使有心理障碍的个体获得心理满足，产生积极的心理体验，从而增强自信心，摆脱压抑、悲观等消极情绪，并消除心理障碍。许多国家已将体育锻炼作为心理治疗的手段之一。美国的一项调查显示，1 750名心理医生中，80%的人认为体育锻炼是治疗抑郁症的有效手段之一，60%的人认为应将体育活动作为一个治疗手段来消除焦虑症。临床研究表明，通过参加一些如慢跑、散步、徒手操等身体练习能有效地减轻焦虑和抑郁症状，增强自信。除此之外，有关体育锻炼的心理治疗效应还反映在对精神分裂症、酒精和滥用药物、体表体型症状的研究等方面。就目前而言，这些心理疾病的病因以及体育锻炼有助于治疗心理疾病的基本机制尚未完全清楚，但体育锻炼作为一种心理治疗手段在国外已开始流行起来。在学生中，通过体育锻炼可以减缓或消除由学习和其他方面的挫折而引起的焦虑和抑郁等症状，为不良情绪的宣泄提供一种合理有效的手段，防止心理障碍或疾病的发生。

总之，体育锻炼能有效地促进智力的发展、调节情绪、培养良好的意志品质、增强自我概念、改善人际关系，增进心理健康，使个体发挥最优的心理效能。

第三节 科学健身的原则与方法

科学健身的原则是体育锻炼客观规律的反映，也是参与者安排锻炼计划、选择锻炼内

容、运用锻炼方法必须遵循的基本准则。以下五项原则，是人们在体育锻炼实践中总结出来的经验，能为锻炼者达到理想效果而提供科学指导。

一、自觉积极性原则

自觉积极性原则是指体育锻炼者有明确的健身目标，充分认识体育锻炼的价值，自觉积极地从事体育锻炼活动。体育锻炼是一个自我锻炼、自我完善，并需要克服自身惰性，战胜各种困难的过程。同时，还要有一定的作息制度作保证，把体育锻炼当做生活中不可缺少的一部分才能奏效。

二、讲求实效原则

讲求实效原则是指选择锻炼内容、方法和安排运动负荷时，应根据个人的性别、年龄、职业、健康状况、对锻炼的爱好、要求和原有的基础，以及生活条件等实际情况来确定，按科学方法进行锻炼，以取得最佳的锻炼效果。

三、持之以恒原则

持之以恒原则是指体育锻炼必须经常性进行，使之成为日常生活中的重要内容。体育锻炼对机体给予刺激，每次刺激都产生一定的作用痕迹，连续不断的刺激作用则产生痕迹的积累。这种积累使机体结构和机能产生新的适应，体质就会不断增强，动作技能形成的条件反射也会不断得到强化。因此，体育锻炼贵在坚持，不能奢想在短时间内取得显著效果，需要长久的积累。

四、循序渐进原则

循序渐进原则是指体育锻炼必须遵循人体自然发展、机体适应的基本规律，从主客观实际出发，合理安排运动负荷，在渐进的基础上提高锻炼水平。在体育锻炼过程中，运动负荷的大小直接影响人体机能的变化，负荷是否适宜，对锻炼效果的好坏起很大的作用。运动负荷的大小因人、因时而异。即便是同一个人，在不同的机能状态、不同的时间，人体对负荷的承受能力也不尽相同。因此，进行体育锻炼时应循序渐进，随时调整运动负荷，逐步提高锻炼水平。

五、全面性原则

全面性原则是指体育锻炼必须追求身心全面和谐发展，使身体形态、机能、身体素质及心理素质等方面得到全面协调的发展。人体是由各局部构成的一个整体，各局部均按"用进废退"的规律发展，体育锻炼能提高新陈代谢的水平，使身体各系统、组织、器官和谐发展，达到身体相对的完善和健美。

科学健身方法很重要，有的人在进行了健身运动之后，不但没有达到预期的效果，反而对身体产生了危害。这是因为他们没有掌握正确的健身方法。

以下注意事项是人们在实践当中的经验总结，能为锻炼者提供帮助。

（一）必要的热身

热身不是运动前梳一下辫子、喝杯水的时间，而是在开始运动前的必要过程。当肌肉越松弛时，更容易被驾驭和扩展，做热身运动将降低受伤的可能性，因此，花上5 min的时间，使身体完全活动开，有稍稍出汗的感觉是最好的，这一步是健身锻炼的良好开端。

（二）极为必要的伸展运动

在健身练习之后的伸展运动是必不可少的。当锻炼某处肌肉群的时候，该处肌肉会变得紧绷而缩短，伸展运动可使肌肉放松，缓解肌肉酸痛感。需要注意的是：伸展运动是在健身练习之后进行，同时，持续每个动作20~30 s，这将有助于肌肉松弛，从而获得良好的健身效果。

（三）不要超负荷的举重

健身锻炼需要慢慢地开始，并循序渐进地增加运动量，健身教练会告诫你：慢慢来是锻炼的关键。因为你可能想象不到运动之后的24~48 h，将会感到怎样的痛苦，因此开始的时候需要慎重一点。另外，如果盲目地试图举起超过身体负荷的重量的物品，就有可能导致肌肉拉伤、扭伤。开始锻炼时选择3~6磅的重量会比较适合，通常重复动作15~20次，如果希望更快地获得坚实的肌肉，也可以选择稍重些的重量，但只要重复8~12次就可以了。记住不要急于求成，有节制地完成练习，才会达到好的效果。

（四）不要过激运动

既然健身的目的是为以后一直坚持下去，那么就不要期望一下就拿到"金牌"。因此，当发觉自己的心跳飞快，以至不能一口气说完一句话时，就意味着运动过激了，许多教练认为这就是大多数人半途而废的首要原因。因为一旦他们感到运动带给他们不适时，他们就很难再坚持下去了。另外，如果认为自己的体质不佳，可以选择一些较轻松的锻炼项目。不想去健身房的人，可以选择适宜的有氧操录像带，学习如何入门和提高动作的协调性。不管怎样，只要不过分给自己压力，并持之以恒，就会从中受益。

（五）逐步增加运动强度

高强度的运动不适用于健身训练之初，但对于那些已持续练习6个月或更长时间的人来讲，可能会出现以下的情况：在达到某种程度后通常进入一个停滞的状态，而大部分人可能会认为"我并没看到身体的任何变化"，于是他们会加快步伐，给自己制造更大的挑战——加大运动量，以期达到使身体有所变化的效果。然而，这是一个误区。最合适的方式应是逐步地提高运动的持续时间和强度，可以将运动时间从20 min延长到30 min，把5磅重量哑铃改换为8磅的，只是不必两者同时做到，时间和强度的增加取其一即可。过一段时间之后会发现：肌肉又开始充满新的活力。

（六）动作频率不易过快

当你正挤出时间完成你的锻炼计划时，你可能会冒险地加快动作频率，并且不顾身体的反应而坚持练习。尤其像举重之类的锻炼，如果做得太快，剧烈的动作会使肌肉超出负荷，从而容易受到伤害。因此，这里有一个简单的规则：2 s举起，4 s放下，有节奏的动作起落，做得越慢，收到的效果会越好。

（七）动作要规范

不规范的动作会给关节、肌肉、韧带带来意外的损伤。比如，练杠铃深蹲时，若含胸弓腰，不但影响训练质量，而且会造成腰椎损伤。因此，动作规范是预防运动损伤的重要因素。

（八）状态不佳时降低运动量或停止锻炼

人体的运动机能有高峰期和低谷期，身体状态不佳时就要降低运动量，或休息一两天，以做调整。千万不要勉强去做运动，受伤往往是在状态不佳或精力不济时造成的。

（九）情绪低落时更换健身方式或场所

情绪低落时更换健身方式或健身场所对情绪的调节能起积极作用。忌讳"身随而心违"和心带杂念的训练。

（十）大负重时请伙伴或教练保护帮助

大负重或完成难度大的动作时，要请健身伙伴或教练保护或帮助，做到有备无患。

（十一）注意力集中，加强自我保护

注意力集中既可提高训练质量，又能防止意外受伤。锻炼过程中身体出现不适征兆（如疼痛）时，应适当降低运动量，或停止锻炼，加强自我保护。

（十二）保证休息

健身锻炼后身体透支，肌肉细胞大量损伤，需要充分的休息，以促进肌体恢复和肌肉生长。休息包括充足的睡眠和其他有利身心健康的娱乐活动。休息不好不但影响肌体的恢复，而且易造成训练过度和运动损伤。

（十三）合理的饮食

合理的饮食是促进身体快速恢复，消除肌肉酸痛的重要因素之一。食物的搭配要均衡多样，切忌偏食。夏天出汗多时应适量补充淡盐水或运动饮料。要注意保持食物的酸碱平衡，蛋白质过高会使酸性物质增多，降低碱储备，不利于机体恢复。

（十四）水分的必要补充

运动时，身体会因流汗而迅速丧失水分，身体容易出现脱水的现象，会感到口渴难耐。所以，在运动的过程中要注意补充水分。此外，充足的水分有助于减少饥饿感，可消减摄食欲望。

（十五）检查运动器械，佩戴不同护具

检查器械是否安全是防止运动意外的重要措施，切不可大意。再就是要注意运动着装，适时佩戴护腰、护腕、手套等护具。此外，根据自身的身体状态、年龄、性别选择安全有效的项目也很重要。

（十六）运动后的必要"冷却"

如同健身之前，身体需要时间"预热"一样，身体在锻炼之后，也需要时间恢复平静，让心率重归正常。可以缓缓地放慢动作，直到心跳还原至每分钟120次以下。当感到自己的心跳趋于缓和，呼吸也逐渐平稳时，就完成了最后的"冷却"工作。

第四节 运动处方的制定与实施

一、制定运动处方的原则

（一）因人而异原则

运动处方必须因人而异，切忌千篇一律。要根据每一个参加锻炼的人或病人的具体情况，制定出符合个人身体客观条件及要求的运动处方。不同的疾病，运动处方不同；同一疾病在不同的病期，运动处方不同；同一人在不同的功能状态下，运动处方也应有所不同。

（二）有效原则

运动处方的制定和实施应使参加锻炼的人或病人的功能状态有所改善。在制定运动处方时，要科学、合理地安排各项内容；在运动处方的实施过程中，要按质、按量认真完成训练。

（三）安全原则

按运动处方运动，应保证在安全的范围内进行，若超出安全的界限，则可能发生危险。在制定和实施运动处方时，应严格遵循各项规定和要求，以确保安全。

（四）全面原则

运动处方应遵循全面身心健康的原则，在运动处方的制定和实施中，应注意维持人体生理和心理的平衡，以达到促进"全面身心健康"目的。

二、运动处方的实施流程

（一）全面了解处方对象的体质和健康状况

要全面了解处方对象的身体情况，判断是否有运动禁忌症。一般而言，急性病或者慢性病急性发作是参加体育活动的绝对禁忌。不稳定性心绞痛病人也不能参加运动，否则易发生运动猝死。老年人，在参加运动时要特别当心，尤其不宜参加竞技性很强的运动。大多数的慢性病患者在疾病得到控制的情况下，可以参加体育活动。高血压病人，只有定期服药、血压控制在正常水平时，才能参加体育运动。糖尿病患者，只有血糖控制在正常水平时才能参加锻炼，而且活动时要随身携带糖果，尽可能与他人结伴锻炼，以防止低血糖的发生。冠心病人在确保心绞痛不发作的条件下或经过介入性治疗后，在医生的指导下，才可以参加运动。

（二）确定运动处方的目的

首先要明确处方的目的是为了疾病的康复还是为了健身。其次确定处方的目的是为了提高心肺功能、增强肌肉、提高柔韧性，还是为了减肥。目的不同，采用的运动方式和原则就不相同。

（三）进行相应的运动功能评定

运动功能评定是制定运动处方的依据，主要是检查运动相关器官系统的功能状况。如果处方的目的是为了提高心肺功能或控制体重、血压、血糖、血脂等，应做心肺功能检查评定。如果目的是为了增强肌肉力量，需要做肌力的测试。如果目的是为了提高柔韧性，则需要做关节活动幅度的测定。

（四）制定运动处方

制定运动处方时要因人而异。除了考虑功能的评定结果外，还要考虑处方对象的性别、年龄、健康状况、锻炼基础和女性的生理周期等客观条件，安排适当的锻炼内容和锻炼时间。

（五）如何执行运动处方

按照运动处方开始锻炼之前，应帮助处方对象了解处方中各项指标的含义，对如何执行处方提出要求。第一次执行运动处方时，应当在制定处方者的监督指导下进行，让锻炼者通过实践掌握如何执行处方。有时需要根据锻炼者的身体情况，对处方进行适当的调整。

（六）监督运动处方的执行情况

执行运动处方的时候，要让运动者养成写运动日记的习惯。通过检查运动日记、定期到锻炼现场观察、定期对运动者进行相应的运动系统器官功能的测试，对运动处方的执行情况进行监督。实际情况表明，在他人监督下能达到较好的预期效果。

（七）定期调整运动处方

按照运动处方进行锻炼，一般在6～8周后可以取得明显效果。此时，需要再次进行功能评定，检查锻炼的效果，调整运动处方，以进一步提高锻炼的效果。

相关链接

健身名人：总统也爱运动

做一个国家的总统肯定比谁都累，因此更得有副好身体。实际上，不少总统不仅治理国家有方，"管理"起自己的身体时也很有一套。

南斯拉夫前总统铁托：击剑、摔跤、滑雪、举重、网球、打猎、钓鱼、骑马、游泳、爬山、体操、下棋、自行车等样样都行。他曾在士官学校获得全团击剑冠军以及奥匈全军击剑锦标赛银牌。50岁时还经常游泳。

美国前总统吉米·卡特：经常参与地滚球、钓鱼、打猎、篮球、射击、跳水、划皮艇等运动，特别喜欢网球和长跑，1979年9月他同750名长跑家一起，参加戴维营所在地举办的10 km赛跑。

美国前总统里根：热爱棒球，擅长游泳，喜欢美式足球。在大学时里根担任游泳教练和救生员，曾救起77个落水者。他竞选州长成功举行就职典礼时，为了不误看棒球赛，竟将就职典礼时间定在午夜12点。

　　西德前总统卡尔·卡尔斯藤斯：为了强健身体，激发全体国民积极开展体育活动，于 1979 年 10 月 11 日从北部的弗伦斯堡开始徒步旅行，沿波罗的海海岸往东南方向行进，先后穿越 238 个州府和城市，于 1980 年 10 月 4 日到达慕尼黑，历时两年，行程 1 129 km。

　　法国前总统德斯坦：是一位滑雪能手，曾获法国冬季滑雪锦标赛铜牌，他也是个球迷，经常身穿球衣，脚踏球鞋，活跃在绿茵场上。

　　芬兰前总统吉科宁在 20 世纪 20 年代初是一位杰出的运动员。1924 年，他获全国比赛三项冠军，其中跳高成绩达 1.85 m，令人赞叹。

复习与思考

1. 为什么说体育运动能促进身体健康？
2. 为什么说体育运动能促进心理健康？
3. 科学健身的原则是什么？
4. 制定运动处方的原则是什么？

第三章　体育健身常识

学习目标：了解体育健身常识，熟悉体育运动技能形成原理，掌握运动损伤的预防与处理基本知识，培养学生体育健身的爱好和运动特长，获得科学健身的方法，养成文明健康的生活方式。

情景导入：一切体育运动都是依据人体解剖和生理的规律，由一定的动作组成。人们只有根据规律去做，才能达到增强体质的功效。合理地发挥技术作用，创造优异的运动成绩，动作正确即是符合规律，可以充分获得预期的效果。动作不正确，不符合规律，效果就不会好，甚至还会引起身体的损伤。掌握运动规律，才能科学健身，预防运动损伤。

第一节　体育运动技能形成原理

在体育教学过程中，影响学生运动技能形成的因素很多，如教师的知识面、教学方法、经验、事业心和教学环境以及学生的身体素质、文化知识水平、学习兴趣和意志品质等。如何使学生从不会到会，从不熟练到熟练，掌握技术动作，达到动作技能的自动化，是体育教学中值得探讨的课题。在体育教学过程中必须根据运动技能形成的规律和学生的生理、心理特征制订教学计划，采用适宜的教学方法进行教学，这是体育教学的关键。

俄国著名生理学家巴甫洛夫认为，运动技能的形成是以高级神经活动的基本规律为基础的，根据这一高级神经活动学说，各种运动的活动技能都属于"随意动作"，而条件反射生理机制又是形成随意动作的基础，随意动作只有在动作技能达到自动化程度时才能产生。然而，动作技能的形成绝非一次或者几次就能达到熟练程度，而是要经过多次反复不断的练习逐渐日益完善。从生理机制讲，它是大脑皮质中兴奋与抑制的过程在空间和时间关系上逐渐精确协调的结果；根据生理、心理学观点分析，在整个动作技能形成过程中它是有阶段性的，各个阶段又有着不同的生理、心理特征，采取符合客观实际的教法与措施，才能使教学建立在科学的基础上。该研究对提高教学质量、提高运动技术水平有着积极的促进作用和重要的指导意义。

一、泛化阶段——学习和初步掌握技术动作

初学动作的时候，总是不够协调、精确和连贯，而且往往动作僵硬或出现多余动作，在

练习后也常常不能以语言来说明动作完成情况。这是因为运动条件反射刚刚建立，各种条件抑制还未建成，大脑皮质中相应中枢的兴奋不集中，而是向周围部位扩散，所以引起多余的肌肉紧张，使动作显得不协调，有时还出现多余动作，而且从空间、时间上看，动作也完成得不够精确和连贯。此外，因为两个信号系统间的暂时联系尚未接通，所以练习后不能用语言来表示自己的动作完成情况。在这个阶段，应采用直观性教法，就是让学生的感官通过各种形式获得生动的表象，主要是用眼看、耳听来丰富自己的感性认识和直接经验，从而掌握运动技术。常用的方式有：教师的示范、挂图、模型、生动形象的语言等。特别是讲解与示范要结合起来，在获得语言刺激的同时，感受到直观的运动形象，以促进其较快地形成运动表象。学生不但要用眼看、耳听来感知动作的形象、空间与时间的关系，还要多模仿，用身体肌肉的本体感觉来感知动作的要领、肌肉用力的方法和程度、合理的用力顺序和动作意图。可以进行分解教学法，把运动条件反射连接的各环节拆散开来，先分散，后连贯地进行教学。对不能细分的动作，可以降低要求，先做到形似。在这个阶段中切忌过于强调细节，可先掌握动作的基本部分。另外，还应要求"想练结合"，促进运动技能的形成。

二、分化阶段——改进和提高技术动作

在不断学习的过程中，学生已初步掌握该运动技能。此时，由于条件抑制的发展，大脑皮质各中枢的兴奋和抑制过程逐渐集中，由泛化进入分化。因此，练习过程中的大部分错误动作已得到纠正，并能以语言表达自己所做的动作，就表明两个信号系统间联系已经接通，可以用语言说明动作完成情况，比较顺利地完成整套技术动作。这时可以认为，学生初步建立了动力定型，但定型尚不巩固，遇到新异刺激，多余动作和错误动作可以重新出现。在此过程中，应提高练习的条件和难度，把简化了的动作复杂起来，通过完整或分解练习，逐步克服动作僵硬和不协调现象，使技术动作完善起来。要保证学生的练习时间和次数，不断提高对动作质量的要求，使学生完成整套动作以获得正确的本体感觉，使正在学习的运动技能得到强化，而对不正确的动作一定不强化，并让学生体会动作细节，精雕细刻，提高技术动作的质量，促进分化抑制进行发展的完善，使动作日趋准确。还应该特别注意纠正错误动作，否则动力定型一经巩固，再想改正错误动作就比较困难了。

三、巩固阶段——提高和完善技术动作

通过进一步的反复练习，运动定型已经巩固，达到了运动技能的巩固阶段，大脑皮质的兴奋和抑制在时间和空间上更加集中和精确。此时，不仅动作准确、优美，而且某些环节的动作不必有意识地控制也能完成，即运动技能的自动化。这一过程动力定型虽已趋巩固，但仍应经常练习，不断提高动作质量，否则定型还会消退，愈是难度大、复杂性高的动作及掌握不牢的动作，愈易消退。教学中应进一步要求学生对动作技术理论和力学分析的探讨，加深对技术动作内在联系的认识，反复进行完整技术练习，针对每个学生的特点，结合技术评定，提出进一步完善动作的要求和方法，改变练习的条件，增加练习的难度，组织教学比赛或测验等，提高对技术动作的应用能力。还要把掌握技术和掌握锻炼身体的方法结合起来，

使技术动作成为学生锻炼身体的有效手段。

以上三个阶段，是体育运动技术教学的基本阶段，是互相联系的统一教学过程，彼此之间并没有明显的界限。在教学过程中，教师应根据教学过程的技能知识，结合项目特点和学生实际，合理安排教学进程，为完成运动技术教学任务创造良好的条件。

四、自动化阶段——灵活自如地运用技术动作

（一）自动化阶段技术动作形成的特征

随着动作技能的巩固和提高，大脑皮质兴奋与抑制的暂时联系达到非常稳固的程度后，动作技能可出现自动化现象。所谓自动化，就是在做某一个动作时，可以在无意识的条件下完成。其特征是对整个动作或者是对动作的某些环节，暂时变为无意识的。如技术熟练的篮球运动员在比赛中运球、传球等动作往往也是自动化动作，又如走路时可以自动化地谈话、看书，而不必有意识地想该如何迈步，如何维持身体平衡，这些都是无意识动作。

根据生理学观点分析自动化的生理机制原理，即人类的一切随意动作都必须在大脑皮质的参与下才能实现，但在大脑皮质参与下所实现的机体反应活动并不一定都是有意识的，也就是说，在无意识完成动作时，仍必须在大脑皮质的参与下才能实现；在大脑皮质参与下所实现的有机体反应，有的是有意识的，有的则是无意识的。

当运动技能达到自动化程度后，动作各环节的条件反射已逐步达到巩固程度。凡是巩固的动作可以由大脑皮质的抑制区或者兴奋性较低的区域来完成，此时，第一和第二信号系统之间的联系，已经成为运动动力定型的统一机能体系。第一信号系统的活动已经从第二信号系统的影响中相对地"解决出来"，完成自动化动作时，第一信号系统的兴奋不向第二信号系统传递，或者不完全传递，这时动作就是无意识的，或者意识不完全。

然而，自动化动作也并不是永远无意识的进行，当接收外界异常刺激时，大脑皮质的兴奋就会提高，对自动化动作又会产生意识。如篮球运动员在比赛中快速运球前进时，突然遇到防守的阻挠，这时运球的动作就变成有意识了，随机改变运动的方向或者继续传球。

在运动技能自动化后，第二信号系统的活动就可摆脱第一信号系统的束缚，随着外界环境的复杂变化，能更加灵活地调整全身活动。如篮球运动员在熟练掌握各种基本技术动作后，根据比赛的复杂变化，第二信号系统的活动可以专注于战略战术的变化，此时，运动员常能将各种已熟练的单个技术组成综合技术动作，来适应当时比赛条件的要求。

（二）自动化阶段体育教学的手段与方法

根据自动化这一特征，体育教学的主要任务是：巩固发展已形成的动作动力定型，提高自动化动作的运用和应变能力，使学生能够熟练、省力、轻快地完成技术动作，又能在各种复杂变化的对抗情况下，灵活自如地运用技术动作。在教学手段上应以完整技术练习为主，同时采取变换练习、综合练习、对抗练习等方法进行系统训练，还可以根据学生的不同情况，适当改变练习的环境、条件、器材以及动作的组合、运动负荷、运动强度等。有目的、有针对性进行科学训练，严格要求，使学生能够承受较大的生理负荷，在不同的环境和条件下，正确熟练地完成技术动作，提高技术动作的运用、应变和对抗能力，使已形成的动力定

型、运动技能的自动化程度得到提高和发展。

第二节　体育健身的生理学基础

一、有机体反应和适应规律

人类生活的内外环境是在不断变化的，但在一定的范围内，人体可通过体内调节机制，产生一定反应和适应能力以应付环境的变化。所谓反应，是指内外环境发生变化时，人体各种生理机能所发生相应的暂时变化，以保持与环境的平衡；适应，是指在某些环境变化的长期影响下，人体的功能和形态所发生相应的持久变化，从而使之具有更高的适应环境变化的能力。例如，外界环境温度高时可达40℃，低时可达0℃或更低，人的体温始终维持稳态而不随气温变化。体育活动时，人体代谢加强，二氧化碳产生剧增，内环境的酸碱度向酸性方向偏移，内环境的理化性质发生变化，内脏系统活动也发生相应的变化，使之不过分偏移。

研究在不同运动条件下人体机能的适应规律，是运动生理学的主要任务之一。体育锻炼和运动训练的效果，也主要是通过训练前后，身体反应特征和适应水平的变化来评价。但反应是一种暂时变化，即通过一次体育锻炼，一节体育课，一次跑步等所出现的反应，在运动停止后短时间内便消失。如果长时间地、反复地多次进行同样的练习或训练所引起的持久机能和形态的变化，则为适应。适应的出现，使人体的机体能力得到了提高，再完成上述练习时则显得容易、轻松。对于非竞技项目的学校体育、群众体育来说，这一规律仍具有重要的参考意义。这也是体育的功能得以实现的生理学基础及终身体育的生理机制所在。所以，只要有计划地、系统地坚持体育活动或锻炼，选择适合自己的体育项目和运动负荷，并不断改变运动负荷的强度和量，都会使每一位锻炼者在原有的基础上提高体能、增强体质。

二、运动与神经肌肉

神经基本分为感觉神经和运动神经两种。感觉神经也叫传入神经，它将信息从外周传到中枢（脑和脊髓），运动神经又叫传出神经，将信息从中枢传到效应器（腺体和肌肉）。人体的肌肉分三种：平滑肌、心肌和骨骼肌。在此，我们仅介绍骨骼肌。

（一）神经的工作

1. 神经的结构

神经的基本结构和功能单位是神经元，也称神经细胞。一个神经元包括细胞体、树突（即一些短的神经纤维）、轴突（即一根长的神经纤维）。虽然树突和轴突都是神经纤维，但是，我们通常所说的神经纤维是指轴突。树突将神经冲动传到细胞体，轴突将神经冲动向外传出。

（1）反射：反射是人的基本活动方式。外周的信息，通过各种感觉神经传到中枢，经中枢神经系统分析、综合，通过传出神经到达效应器，从而感受温度觉、光觉、触觉、味觉和压觉等。要完成一个反射活动，必须有运动神经参与，这类神经从中枢发出，最后到达效应器（如骨骼肌），当运动神经受到刺激时将引起它支配的骨骼肌收缩。手碰到火炉，皮肤上的温度觉感受器感受到刺激，通过感觉神经把信息传到中枢，中枢再把有关的信息传到效应器，引起肌肉收缩，于是手反射性地缩回。

（2）神经冲动：在感觉和运动神经上以电能的形式传递和传送的信息称为神经冲动。神经纤维上某点受到刺激后就发生电变化，这一变化可向两个方向传播至整个轴突。

2. 突触与神经肌肉接点

当神经冲动传至轴突末梢时，引起某些化学递质的释放。化学递质将冲动从一个神经元传到另一个神经元（突触），或从一个神经元传到肌肉（神经肌肉接点）。前一个神经元分泌递质（乙酰胆碱），后一个神经元或肌细胞受递质的影响后产生新的神经冲动，使肌肉产生新的动作电位，动作电位传播到整个肌肉，引起肌肉收缩。

（二）骨骼肌的工作

1. 骨骼肌的结构

人体各种活动的实现都是通过骨骼肌有规律地收缩和舒张产生的。组成肌肉的基本单位是肌纤维，它是一根根长圆柱形细胞。在肌纤维之间以及整块肌肉外面，包绕着结缔组织，并有丰富的血管分布和神经支配。每一肌纤维又包含许多肌原纤维，每一肌原纤维又由粗、细两种肌丝构成，粗肌丝由肌球蛋白组成，细肌丝主要由肌动蛋白组成。肌肉的收缩就是由肌动蛋白和肌球蛋白的相互作用而实现的。

人体的骨骼肌均由两类肌纤维混合组成。一类肌纤维收缩速度较快，称快肌。一类收缩速度较慢，称慢肌。这两类肌纤维在微细结构、代谢特征的生理功能上均有明显的差别。慢肌有氧供能的能力较强，抗疲劳能力较强，但收缩速度慢、力量小。而快肌无氧供能能力较强，收缩速度快、力量大，但易疲劳。慢肌和快肌纤维数量在整块肌肉中所占的百分比，称肌纤维的百分组成。

2. 肌肉收缩的形式

体育动作都是由肌肉收缩和舒张来实现的，肌肉收缩时产生张力和长度等变化，并由此产生各种静力性和动力性工作。根据肌肉收缩时张力、长度变化的特点，可将肌肉收缩分为两种形式。这两种形式的收缩不同程度地应用于各种体育活动中。

（1）等长收缩：肌肉收缩时，长度不变、张力增加的收缩叫等长收缩。这是常见的一种收缩形式。等长收缩时，张力可发展到最高水平，但由于没有位移运动的产生，故被称为静力性工作，其产生的力量被称为静力性力量。在人体运动中，等长收缩起着支持、固定和保持某一姿势的作用。如站立、悬垂、支撑等。

（2）等张收缩（也叫缩短收缩）：肌肉缩短、张力不变的收缩叫等张收缩。当肌肉收缩产生的张力大于所要克服的阻力时，肌肉缩短牵动骨杠杆做向心运动，故又称为向心收缩，如手持哑铃屈肘。缩短收缩可实现各种位移运动，如跑步、挥臂等。由于收缩时产生了位移，被称为动力性工作，其产生的力量称为动力性力量。在实际人体运动中，动力性工作和静力性工作常常共同起作用，完成各种体育动作。

三、运动与氧的供应

人体各种活动所需要的能量，都靠氧气对能源物质（主要是糖、脂肪）进行氧化而供给。而人体的氧储备甚少，必须不断地从外界环境中摄取，并运送到细胞组织加以利用。氧的运输是靠呼吸和循环系统来完成的。

（一）氧的摄取与运输

氧气的摄取和运输是通过呼吸、血液和血液循环来联合实现的，生理学上称之为氧的运输系统。氧运输系统功能储备的大小是决定人体运动能力特别是耐力水平的重要条件。

1. 呼吸

人体与外界环境之间进行的氧与二氧化碳的气体交换过程称为呼吸。它包括肺通气和肺换气。

（1）肺通气：呼吸的第一步是通过呼吸肌的活动，使胸廓产生有节律性扩大和缩小运动，从而引起空气有节律地出入肺部的运动，称肺通气。每次肺通气过程中进出肺的气体量称为潮气量。潮气量与呼吸频率的乘积称为每分肺通气量。正常人安静时潮气量约为500 mL，呼吸频率为12~16次/min，因此，每分通气量为6~8 L，这是健康人在安静时的正常值。运动时，在一定范围内，每分通气量将随运动强度的增加而增加，经常从事身体锻炼的人，其呼吸器官的功能将会得到提高，最大通气能力也会得到相应的提高。最大通气量是检查肺通气功能的一个重要指标。最大通气量小，通气储备少，难于胜任剧烈运动或劳动，因此，最大通气量与人体运动能力或劳动能力密切相关。

（2）肺换气：肺换气指新鲜空气经呼吸道进入肺泡后，肺泡气与肺泡毛细血管内血液进行氧和二氧化碳的交换。肺换气在肺泡和血液之间进行。因此，潮气量中只有进入肺泡的空气才能参加气体交换，而存在于呼吸道的空气，不参加气体交换，故称呼吸道为解剖无效腔。从气体交换的角度考虑，只有肺泡通气量才是有效的通气量。肺泡通气量是指每分钟出入肺泡进行气体交换的气体量。计算公式如下：

肺泡通气量＝（潮气量−无效腔）×呼吸频率

无效腔的容积是不变的，约为150 mL。人在进行浅而快的呼吸时，尽管随着呼吸频率的增加每分通气量可增加，但肺泡通气量则因解剖无效腔的存在而会减少。而进行深而慢的呼吸时，解剖无效腔占用的次数少，肺泡通气量增加，呼吸效率明显提高，所以，在慢跑运动中，应有意识地提高呼吸深度。

2. 气体交换

空气进入肺泡后，空气中的氧气立即与血液中的二氧化碳进行交换。肺泡中的氧进入血液中，血液中的二氧化碳进入肺泡内。在毛细血管与组织（肌肉）之间也进行着气体交换，血液中的氧进入组织，组织中的二氧化碳进入血液。

3. 氧的运输

氧在肺部进行气体交换进入血液后，小部分溶解于血液，大部分由红细胞中血红蛋白负载，通过血液循环，被运送到组织细胞处，进行再一次气体交换，进入组织细胞中被利用。

血液运载氧的能力主要取决于红细胞中血红蛋白的数量。

（二）人体运动时的氧供应

1. 需氧量

单位时间内人体所需的氧量称为需氧量（或耗氧量）。安静时成年人每分钟需氧量为250～300 mL。运动时，需氧量大大增加，而且运动强度越大，每分钟需氧量越多，运动的持续时间越长，总的需氧量越多。

当人体氧运输系统各环节功能已发挥到极致，仍不能满足机体对氧的需要时，人体运动的一部分能源就要在缺氧的情况下由无氧代谢供能。由于此时氧供应满足不了运动对氧的需要，习惯上将这部分氧的欠缺称为氧亏。在运动停止后的恢复期，心肺功能仍处在一个较高的活动水平，以继续增大吸氧量偿还欠下的氧亏。在同等强度下运动，机体氧运输系统的能力越强，供氧能力也越强，所欠氧亏也就越少，工作也就越持久。因此，人体氧运输系统的能力（即心肺功能）是决定耐力高低的基础。

2. 最大摄氧量

当人体在剧烈运动时，呼吸和循环系统的功能（摄氧量）经历1～2 min后达极限水平，称此时的摄氧量为最大摄氧量。最大摄氧量客观地反映了人体氧运输系统的能力，是运动生理学检查、评价人体心肺功能的有效指标。最大摄氧量的高低，主要取决于心脏泵血功能，即心输出量的大小和肌细胞的摄氧能力。

四、新陈代谢

新陈代谢是生物体在不断与环境进行物质和能量交换中实现自我更新的过程。它是生命活动的基本特征。机体各种生理活动都是以新陈代谢为基础才得以进行的。新陈代谢包括物质代谢和能量代谢两个方面。

（一）物质代谢

物质代谢是指人体与周围环境之间不断地进行物质交换。物质代谢包括同化作用和异化作用两个方面。同化作用是人体不断从外界环境中摄取营养物质，并在体内经过一系列的转化，合成为人体新的组成成分，或转化为能源物质储存于体内。与此同时，异化作用也在进行，即人体本身原有的组成成分不断分解，能源物质不断消耗，释放出能量供人体使用。

物质代谢过程可包括营养物质的消化与吸收、中间代谢和排泄三个阶段。这里仅介绍主要营养物质的消化、吸收及在体内的分解代谢。

1. 营养物质的消化、吸收

人体从膳食中摄取的除无机盐、维生素、水以外，糖类、脂类和蛋白质为主要营养物质，它们是难以溶解的高分子化合物，不能直接被机体吸收，必须通过胃肠的物理性和化学性消化后变成小分子方可吸收。一般情况下，糖类最主要的吸收单位为葡萄糖，在小肠通过主动转运的方式进入血液。蛋白质是被分解为氨基酸后，在小肠主动地进行吸收。脂肪被消化成脂肪酸、甘油酯、胆固醇等，能与钾盐形成水溶性混合微胶粒，通过小肠绒毛被吸收进入血液。

2. 营养物质的分解代谢

（1）糖代谢：在一般情况下，人体所需能量中有60%~70%来自糖，所以糖是人体工作最主要的能源物质。人体各组织细胞都能有效地进行糖的分解代谢，糖在分解代谢中逐步释放出蕴藏于其中的能量，供ATP（三磷酸腺苷）的再合成，再合成的ATP提供人体各组织细胞生命活动及体育运动时所需能量。糖的完全分解需要有足够的氧供应，但在氧供应不充足的条件下，体内也可进行糖的不完全分解向机体提供能量。糖在体内的储存主要有两种形式：葡萄糖被吸收后进入血液，经门静脉进入肝，一部分在肝合成肝糖原，一部分随血液运送到肌肉合成肌糖原储存起来。肝糖原的储量对维持血糖的正常水平有重要生理意义，肌糖原的含量则是肌肉活动时能量供应的重要指标。激烈的短时间运动，依赖肌糖原的无氧酵解释放能量，使ADP（二磷酸腺苷）生成ATP，供肌肉活动的需要。在长时间的运动中，肌糖原储量充足将有利于推迟疲劳的到来，所以肌糖原的储量是有机体速度和耐力素质的物质基础，因此，提高机体内糖原的储备量，在运动实践中具有重要的意义。

（2）脂肪代谢：体内脂肪的储存量很大，一般人的总储存量占体重的10%~20%，肥胖的人可达到40%~50%。脂肪除了由食物获取外，还可以在体内由糖或蛋白质转变而成。脂肪在小肠内进行消化后，绝大部分分解成甘油和脂肪酸，小部分变成微小的脂肪颗粒。吸收后的脂肪，一部分以"储存性脂肪"的形式存储起来，参与构成人体的组织，另一部分分解为甘油和脂肪酸等，然后氧化为水和二氧化碳，或转化为肝糖原等。运动过程中脂肪组织的脂肪分解较慢，常在运动2~4 h后，体内糖原储备降低的情况下，脂肪才成为收缩肌的主要供能物质。长时间运动的后期主要依靠脂肪酸氧化供能，短时间剧烈运动，糖代谢利用增加，脂肪的分解受抑制。运动时机体脂肪供能的特点是随运动强度的增大而降低，随运动时间的延长而增高。血液中的血脂含量过高会对动脉管壁内膜有侵蚀作用，易在动脉壁内沉积形成脂斑，诱发高血压和心脏病。运动是改善血脂异常、提高机体氧化利用脂肪供能能力最有效的措施，如长期坚持运动对血脂有明显的影响，一次万米跑后，运动员的血浆甘油二酯的含量比跑前平均减少11.5%。一次重体力活后所引起的血浆甘油三酯降低可持续数日。长期坚持慢跑、爬山者对减少血浆胆固醇有明显的作用。如能把体育锻炼与合理膳食相结合，对降低血脂的效果更为明显。

（3）蛋白质：摄取的食物中只有蛋白质是含氮的物质。蛋白质在代谢过程中不像糖和脂肪那样能在体内储存。所以正常成年人每日摄取蛋白质的量，与他每天所消耗的量几乎相等。食物中的蛋白质经消化成为氨基酸后，通过吸收进入体内，与体内组织蛋白质分解产生的氨基酸混合在一起，分布于全身各组织，并进一步参与代谢。体内氨基酸主要合成组织蛋白，为组织的建造和修补提供原料，另一部分氧化分解释放出能量，还可转化成酶或脂肪。

（二）能量代谢

生物体内物质代谢过程中伴随着的能量合成与释放合称为能量代谢。

1. 机体能量的来源与去路

人体体温的维持和进行一切生命活动都需要能量。但人体不能直接利用太阳的光能，也不能利用外部供给的电能、机械能等，人体只能通过体内糖、脂肪和蛋白质的分解获得所需要的能量。

机体内糖、脂肪和蛋白质分解释放出来的能量，一部分转化为热能发散；一部分是用于做功的"自由能"，这部分能量转移至三磷酸腺苷的分子结构中，三磷酸腺苷是一种含有高能磷酸键的酸性化合物，也是机体各器官、组织和细胞最重要的直接能源。当机体需要能量时，ATP中的高能磷酸键裂解成为二磷酸腺苷和无机磷酸，并释放大量的能量。三磷酸腺苷分子中高能磷酸键断裂时释放的能量，可供合成代谢之用；可转化为肌肉做功时的机械能；转化为兴奋传递所需的电能；转化为细胞膜上各种"泵"进行物质转运所需的"转运"能等。

2. 人体运动时的能量供应

（1）能源物质的作用：三磷酸腺苷是绝大多数生理活动的直接能源，但人体内三磷酸腺苷的储量有限，远不能满足身体活动的需要，必须边分解，边合成，才能不断供应肌肉活动的需要。三磷酸腺苷再合成所需的能量有三条途径：一是磷酸肌酸的分解；二是糖原酵解生成；三是糖、脂肪和蛋白质的氧化。

（2）人体的三个供能系统：第一，磷酸原系统。磷酸原系统是由三磷酸腺苷和磷酸肌酸构成的系统，故有时又称ATP-CP系统。三磷酸腺苷和磷酸肌酸都是储存在肌细胞中的高能磷酸化合物。当肌肉收缩时，三磷酸腺苷迅速分解，与三磷酸腺苷分解相伴随的是磷酸肌酸分解放能，供ADP再分成ATP。ATP-CP系统供能的特点是在无氧的情况下快速供能，如各种跑的冲刺、投掷、跳跃、足球射门、排球扣球等的能量供应。第二，乳酸能系统。乳酸能是指糖原或葡萄糖在无氧分解生成乳酸过程中，再合成ATP的供能过程，也称无氧糖酵解系统。它是机体处于氧供不足时的主要供能系统。乳酸能系统供能的重要意义是在氧供不足时，仍能快速供能以应付身体急需，如对400 m或800 m跑、武术等运动项目的供能。但其代谢过程中的生成物乳酸是一种强酸，在体内积聚过多时，会使内环境中酸碱度的稳态被破坏，直接影响三磷酸腺苷的再合成，导致肌肉疲劳。第三，有氧氧化系统。当运动中氧的供应能满足氧的需要时，运动中所需能量即由糖和脂肪的有氧氧化供给，称有氧氧化系统。有氧氧化系统是进行长时间耐力活动的主要供能系统。当氧供应充足时，制约有氧供能系统供能的是氧运输系统机能。

五、超量恢复

在运动过程中，人体的生理机能将发生一系列规律性变化，按顺序可分为赛前状态、进入工作状态、稳定状态、疲劳和恢复过程。人体在运动时，体内储备的能源不断被释放，以供机体活动需要。能量的消耗使机体的机能逐渐下降，引起疲劳。但经过休息，体内的能源物质和各种功能又逐渐恢复到工作前的水平，形成机体的相对恢复阶段。再经合理的休息后，物质能量的储备还可恢复到超过原来的水平，从而提高机体的工作能力，这就是超量恢复。机体发生的一系列机能变化中，最重要的是恢复过程。

（一）恢复过程的阶段性

第一阶段：运动时能源物质的消耗多于恢复，能源物质逐渐减少，各器官系统功能逐渐下降。

第二阶段：运动停止后消耗过程减弱，恢复过程占优势，能源物质和各器官系统功能逐渐恢复到原来水平。

第三阶段：运动中消耗的能源在运动后的一段时间内，不仅恢复到原来水平甚至超过原来水平，这种现象叫超量恢复，随后又回到原来水平。

"超量恢复"是能源物质恢复过程客观存在的规律。超量恢复的程度和时间取决于消耗的程度，在生理范围内，肌肉活动量越大，消耗过程越剧烈，超量恢复也越明显。如果活动量过大，超过生理范围，恢复过程就会延缓。

（二）促进恢复过程的措施

1. 活动性休息

当局部疲劳后，可利用未疲劳的另一些肌肉进行一些适当的活动，借以促进全身代谢过程，加速疲劳消除。当全身疲劳时，也可通过一些负荷轻的、趣味性强的体力活动来达到消除代谢产物的目的。

2. 充足的睡眠

锻炼导致身体疲劳之后，保证良好而充分的睡眠是身体得到恢复的重要措施。

3. 合理营养补充

在运动疲劳后，饮食中要有充分的糖和蛋白质补充。如果是长时间的锻炼或训练，也可适当食用一些脂肪。此外，维生素C、维生素B_1、维生素B_2、维生素A、维生素E和无机盐的补充对疲劳消除也有重要作用。

4. 其他

一些物理性恢复手段和心理调节对恢复也有帮助。

第三节　体育健身与营养支持

一、体育健身

体育健身，突出以身体练习为主要手段关注学生身体生长发育和体能发展，关注通过对健身项目和运动项目的选择与学习，培养学生体育健身的爱好和运动特长，获得科学健身的方法，养成文明健康的生活方式，具备在不同环境中坚持体育健身的适应能力。

（一）发展史

体育健身大多起源于劳动工具和战斗武器的运用。如标枪和弓箭，既是古人类狩猎用的工具又是古代士兵的武器，后来演变成为现代投掷和射箭运动的器材，又如以刀、枪、棍、棒为代表的中国民间体育器材，就是由古代的各类兵器发展而来的。中国民间传统体育器材的生产制造历史十分久远，但直到1949年以前都没有形成工业化生产的规模。1913年建立的上海李高记皮球厂、1922年建立的天津春合体育用器厂，是中国最早缝制足球、篮球、排球的专业工厂。中华人民共和国成立后，民间体育器材如龙泉宝剑、云南围棋子等得到继承和发展，并逐步在上海、天津、北京、广州、哈尔滨、齐齐哈尔等地形成现代体育器材生产基地。当代国际奥林匹克赛事项目所使用的体育器材在中国基本上都可以生产制作，有的产品在质量上居世界先进水平。如上海生产的航空牌101羽毛球和红双喜牌乒乓球先后多次在世界名牌产品的评比中夺得第一名。乒乓球、乒乓球台、乒乓球拍、羽毛球、网球、足球、篮球、排球、手球、体操器械、举重杠铃等，被国际体育组织批准为国际比赛专用器材。爱康跑步机的销量居世界第一。

（二）原理方法

人体发展是建立在遵循生命规律的基础上个体正常生存和良好运行的稳定状态。其发展的中心概念为健康、体质与长寿。影响个体发展的基本因素在宏观上分为先天因素与后天因素两大类。通过物理、生理、心理能量组合而成的体育健身运动，是促进人体发展的积极手段和有效方法。体育健身运动具有深厚的社会学、教育学、生物学、心理学和美学基础。体育健身运动对促进人体各器官系统的生长发育、身体运动能力的发展、人体适应能力的提高、智力的发展以及人的精神和社会生活质量改善等，都具有十分重要的作用。

（三）基本原则

1. 意识性原则

意识性原则是指有目的、有计划地参加身体运动，并且主观上充分意识到身体运动的价值和意义。

2. 全面性原则

全面性原则是指通过多种运动形式、内容、方法和手段，对人体各组织、器官、系统和心理产生全面的良性影响，使人体得到全面协调的发展，消除薄弱环节。

3. 循序渐进原则

循序渐进原则是指在身体运动过程中，运动的形式、内容、方法和手段要由简到繁，由易到难、运动负荷要由小到大。

4. 经常性原则

经常性原则是指根据身体运动的目标，有计划地、系统地、持续不断地参加身体运动。

5. 合理负荷原则

合理负荷原则是指根据身体运动的目的、任务以及个人的身体状况和特点，合理地确定一次、一段时间和长期身体运动的负荷，并使之与学习、工作和生活相适应。

6. 差异性原则

差异性原则是指根据不同的年龄、性别、身体条件、生活水平、学习与工作特点以及原有的运动基础等，在选择运动时间、内容、方法和运动负荷等方面进行区别对待，因人而异。

（四）基本内容

1. 健身运动

健身运动是指人们为了增强体质、促进健康而从事的身体锻炼活动。一般来说，青少年主要通过田径、体操、球类、游泳、郊游、健美、跳舞等项目来开展健身运动。老年人则多采用散步、慢跑、健美操、跳舞、太极拳等项目来开展健身运动。

2. 健美运动

健美运动主要是指人们为了健康、完美而进行的身体锻炼活动，主要是发展肌肉、形体、姿态、线条与结构的美感与韵律感、协调性等。青少年主要采用健美联合器、杠铃、哑铃、舞蹈、艺术体操、健美操等项目进行健美锻炼。老年人主要采用健美操、跳舞、迪斯科等项目来开展健美运动。

3. 民族体育形式

民族体育形式是指具有民族传统与特点的体育项目。主要有武术、气功、太极拳、民族舞蹈等许多形式的体育项目。

4. 医疗体育

医疗体育是指由于先天或后天等原因形成的某些生理或心理疾病而采用一些相应的体育锻炼和机体功能练习，进行治疗、矫正和预防的体育方法。主要内容有散步、跑步、太极拳、气功、保健操、热水浴、冷水浴、阳光浴、泥沙浴等。

二、营养支持

合理膳食是运动者和健身者成功的一半。良好的运动能力受训练、遗传、营养、心理素质等多方面的影响，其中膳食营养对健康及运动能力的影响，越来越引起人们的重视。运动者吃什么、吃多少、什么时间吃，对其健康及运动效果起着举足轻重的作用。

运动营养是一门科学，营养不是一包简单的营养品，还包括如何正确选择食物这一基本因素。食物选择是否科学对运动者的力量、耐力和体能有重要影响。一位运动营养学教授曾形象地把运动者比做一辆高级跑车，那么营养就如同汽油，高级跑车有了相应的高级汽油，这辆跑车就可以跑出最优异的成绩，相反，即使是高级跑车，却使用劣质汽油，那么这辆高级跑车也无法跑出满意的成绩。由此可见，合理营养是运动者成功的一半。

什么是合理的营养呢？简单地讲，合理营养就是指运动者一日三餐所吃食物提供的热量和多种营养素与其完成每日训练的运动量所需能量及各种营养素之间的平衡。从营养素来讲，要有充足的热能，而且蛋白质、脂肪、糖类的含量和比例要适当，有充足的无机盐、维生素、微量元素和水分，也就是说每日各种食物的种类和数量选择要得当、充足。

如何实现合理营养呢？首先，运动者要改变观念。某些运动员总认为运动成绩的好坏仅仅与运动训练有关，与膳食则关系不大。然而无论运动员还是健身者，都要注意以下几个问题：

（1）从思想上高度重视一日三餐的合理营养。

（2）运动者要加强自我营养知识的学习，根据自己每天的训练量，合理选择三餐食物种类和数量，而不是单单根据自己的喜好选择食物。

（3）在具体选择食物时，要注意重视主食的摄入，如米、面、馒头等。主食中含有丰富的糖类，能供给运动者充足的能量。要避免选食过多的肉类，目前国内的运动者蛋白质缺乏已很少见，吃过多的肉类会给人体带来许多危害，如过多的蛋白质摄入可同时带入过多的脂肪，长期下去会引起高血脂、冠心病等。另外，动物蛋白和植物蛋白的比例要适宜，应多食牛奶和豆制品以代替部分肉类。多吃各种各样的蔬菜和水果，特别应注意增加生食的蔬菜，以减少营养素的损失。少吃或不吃油炸食物、肥猪肉、烤鸭、腊肉、奶油等，以免引起肥胖。

例如，一名体重70 kg的篮球运动者，每天需要热能为4 200 kcal，每天应吃主食500~600 g、牛奶500 g、豆制品50~100 g、蔬菜500~750 g、水果300~500 g，鸡、鸭、鱼、肉等合计100~200 g、植物油25~30 g。

（4）合理地选择运动营养保健品：运动营养保健品，亦称"强壮食品"或"功能食品"，是专为从事运动的人群而设计的一类特殊营养品，为保证训练的有效性，运动者在合理膳食的基础上，还应科学合理地选用运动营养保健品。对于一个从事运动的人来说，首先要了解自己一天摄入了多少热能和食物中是否含有足够的各种营养素。因为热能摄入得过量或不足会使体重增加或减少，营养素的缺乏将影响运动能力和运动健身效果。

食物中产生热能的物质有三种，即糖类、脂肪和蛋白质。糖类是人体运动时的最佳能源，但是人体的糖类储存是有限的，在有氧的情况下，人体会通过燃烧脂肪来提供能量。所以运动生理学家主张我们应从事中等强度的有氧运动，以消耗体内过多的脂肪。蛋白质一般是不用来供能的，它主要是用于运动后肌肉的修复和增长。我们吃的主食是糖类的最好来源，遗憾的是，多年来人们有一个十分错误的观点，即"多吃主食会长胖"。实际上，人是否长胖取决于总热能的摄入量，即糖类、脂肪和蛋白质摄入的总量。如果增加了主食的摄入，同时又减少了脂肪的摄入，摄入的总热能就不会超量，运动中肌肉就可以得到充足的糖类来作为能源，运动的效率就高，运动后的疲劳消除就快。如果膳食中没有足够的主食，运动中不可能无限制地燃烧脂肪，只好将肌肉中的蛋白质作为能源来燃烧。其结果是运动不但达不到强壮和健身的目的，反而练掉了肌肉。更为不利的是，肌肉中蛋白质的燃烧还会造成机体的过早疲劳和疲劳后的难以恢复。

从事健身运动的人最为注重身体的脂肪，甚至将脂肪的多少作为评判健身效果的唯一标准，有的人体型已似"洗衣板"却依然在节食减肥，这也是不科学的。一般健康人群的身体脂肪所占的百分数应该是：男子15%~18%，女子20%~25%。超过者可诊断为肥胖，将可能发生慢性疾病。相反男子低于4%、女子低于10%表明摄食的紊乱。女性的体脂最好不要低于18%。

在健身运动场所，人们不吝惜花几十元钱打一局网球或保龄球，却很少有人有意识地花几元钱喝一瓶运动饮料。感到口渴的人最多喝一瓶矿泉水，其原因是他们不了解运动中补充水、糖和盐的重要性。运动中为了调节体温会出汗，当汗液的水分丢失达体重的2%~3%时，运动能力就会下降。出汗造成的血容量减低会使心脏的负担过重，这将使我们的运动达不到健身的目的。矿泉水或其他饮料因为不含盐和糖或所含的糖和盐浓度不适当，不但起不了保护运动者心脏的作用，还可能适得其反。

大量的动物和人体临床研究证明，体育运动和营养在预防和治疗一些慢性疾病上有独特的作用。为此，有很多患有冠心病、糖尿病、肥胖病和骨质疏松症的人也加入到了健身的队伍。对于这些特殊的人群来说，营养的重要性就更不言而喻了。冠心病的起因首先是高血脂，适度的运动同低脂肪膳食配合可以预防冠心病的发生和发展。运动可以提高糖尿病人对胰岛素的敏感性，阻止高血糖的发生。膳食的特殊调整对糖尿病人的重要性就更是不必细说了。肥胖者要减肥，光靠运动是不行的，因为运动会刺激人的食欲，如果不控制饮食，运动的结果可能不是减体重，而是增体重。运动可以促进人体的钙代谢，防止骨质疏松的发生，如果配合高钙食物（牛奶、豆制品等）的摄入，效果就更好。

综上所述，合理营养为参加体育活动的人体提供燃料和代谢所需的营养素，营养良好又参加体育活动的少年儿童生长发育快，学习好；健康的饮食和运动帮助成年人产生良好的自我感觉，工作有创造性，不易患某些慢性疾病。人的健康都来自于良好的营养加有规律的运动的生活方式，你执行这一准则越早，你就越健康，你的生命就越完美。

第四节　运动损伤的预防与处理

一、运动损伤的定义和分类

（一）定义

体育运动中，造成人体组织或器官在解剖学上的破坏或生理上的紊乱，称为运动损伤。

（二）分类

（1）运动损伤按时间可分为新伤和旧伤。

（2）按病程可分为急性损伤和慢性损伤。

（3）按性质可分为开放性损伤和闭合性损伤。

（4）按程度可分为轻度损伤、中度损伤和重伤。

二、运动损伤发生的原因

（1）对运动损伤的伤害认识不足，未能积极采取有效的预防措施，容易导致运动损伤的发生。

（2）准备运动不足，不做准备活动就进行激烈的体育活动，易造成肌肉损伤、扭伤。准备活动敷衍了事，身体各器官、系统的功能尚未激发起来，没有达到预热效果，身体、心理未进入最佳运动状态，准备活动的内容不得当等都容易发生运动损伤。

（3）不良的心理状态，如缺乏经验、思想麻痹、情绪急躁，或在练习中因恐惧、害羞而产生犹豫不决和过分紧张等也是导致运动损伤发生的重要原因之一。

（4）体育基础差、身体素质差、动作要领掌握不正确，一时不能适应体育活动的需要，或高估自己的能力，不自量力地做高难度动作，容易发生损伤。

（5）组织纪律混乱和违反活动规定也容易发生运动损伤。

三、运动损伤的预防

（1）掌握预防运动损伤的相关知识，克服麻痹大意、冒进等思想。

（2）遵守纪律，听从指挥，穿宽松的运动服装，衣兜里不带任何刀、钥匙等硬物，不随意搬动器材。

（3）在激烈运动和比赛前都要做好充分的准备活动，运动后要放松且不能马上进食或大量饮水。

（4）量体裁衣，尽量选择适合自己的活动内容，适当控制运动量。

（5）掌握运动要领，加强自我保护，同学之间多多协助。

四、常见的运动损伤与处理方法

（一）擦伤

擦伤即皮肤表面受到摩擦后的损伤。

处理：伤口干净（不干净的用清水洗干净）者，到卫生室涂上红药水、紫药水或贴上创可贴即可自愈。较严重的首先需要止血，酌情采取冷敷法、抬高伤肢法、绷带加压包扎法、手指直接指点压止血法等方法进行处理，必要时到医院进行伤口清洗、缝合、上药、包扎等处理，以免感染或流血过多。

（二）鼻出血

鼻出血即鼻部受外力撞击，致使毛细血管破裂而出血。

处理：让受伤者坐下来，头向后仰，暂时用口呼吸，鼻孔用纱布或干净的软纸塞住，用冷毛巾敷在前额和鼻梁上，一般即可止血。如仍不止，应到医院检查、处理，及时采取有效措施，防止大量出血而出现昏厥。

（三）扭伤

扭伤即当关节活动范围超过正常限度时，附在关节周围的韧带、肌腱、肌肉撕裂面造成的损伤。

处理：首先应采取止血、止痛措施。可把受伤肢体抬高，用冷水淋洗伤部或用冷毛巾进行冷敷，使血管收缩，减轻出血程度和疼痛。不能乱揉动，防止加大出血量。在受伤处垫上棉花，用绷带加压包扎。简单处理后应立即将伤者送进医院做进一步的医疗处理，避免耽误治疗。

（四）挫伤

处理：用冷毛巾进行冷敷，使血管收缩，减轻出血程度和疼痛。在受伤处垫上棉花，用绷带加压包扎。简单处理后应立即将伤者送进医院做进一步的医疗处理，避免耽误治疗。

（五）脑震荡

脑震荡可分为轻度、中度和重度脑震荡。

处理：对轻度脑震荡的病人，安静卧床休息一两天后，即可恢复。对于中、重度的脑震荡，要保持伤员绝对安静，仰卧在平坦的地方，头部冷敷，注意身体的保暖，并及时送医院治疗。

（六）脱臼

处理：动作要轻巧，不可乱伸乱扭，可以先冷敷，扎上绷带，保持关节固定不动后，立即送医院请医生矫正治疗。

（七）骨折

骨折可分为开放性骨折和闭合性骨折。

处理：首先应安抚受伤者，防止休克，注意身体保暖，立即送医院治疗。

五、运动损伤的急救

（一）急救的原则

急救是指对运动中突然发生的严重损伤进行紧急的初步的临时性处理，以减轻患者痛苦，预防并发症，为转送医院进一步治疗创造条件。这对患者的生命安全具有十分重要的意义。

运动损伤的急救是一项极其重要的工作，如果处理不当，轻者加重损伤，导致感染，增加患者痛苦；重者致残，甚至危及生命。因此施行急救者必须进行及时、准确、合理、有效地急救。急救时必须遵循如下原则：

1. 抓住主要矛盾急救

现场急救比较复杂，如果同时出现多种损伤时，必须抓住主要矛盾进行急救。如发现失血性休克，应立即进行止血，然后再做其他损伤的处理。

2. 分工明确，判断正确

急救人员必须分工明确，并具有高度的责任感和救死扶伤的崇高品质，要临危不惧、判断正确，有条不紊地抢救，要有熟练、正确的抢救技术和丰富的临床经验。

3. 急救及时

急救时必须分秒必争，当机立断，切勿犹豫不决，延误时机。待抢救有效后，尽快送医院，做进一步治疗。运送途中，应保持患者平稳、安静，消除紧张情绪，必要时继续进行人工呼吸。

（二）急救的方法

1. 止血急救方法

通常有以下几种：

（1）冷敷法：冷敷可以使得血管收缩，减少局部充血，降低组织温度，抑制神经感觉，从而有止血、止痛和减轻局部肿胀的作用。冷敷止血法常用于急性闭合性软组织损伤。最简单的方法是用冷水冲洗伤处后用冷毛巾敷于伤处，有条件地使用氯乙烷喷射。

（2）抬高伤肢法：抬高伤肢，可使得伤处血压降低，血流量减少，以达减少出血的目的。在采用加压包扎后，仍应该注意抬高伤肢。

（3）压迫法：压迫法可以分为指压法、止血带法、包扎法等。其中，指压法包括直接指压法和间接指压法两种。

直接指压法：即用指肚直接压迫出血部位。但由于直接接触伤口，容易引起感染，所以最好敷上消毒纱巾后进行指压。

间接指压法：即用指腹压迫在出血动脉近心端的血管处，如能压迫在相应的骨头上更好，以阻断血液流动，达到止血目的。

止血带法：常用止血带有皮管、皮带、布条、毛巾等。先将患者伤肢抬高，在患处上方缚扎止血。缚扎时最好加垫，以防缚扎太紧，造成肢体坏死，一般止血带缚扎时间不超过 3 h。

包扎法：主要用绷带包扎，方法有环形包扎法、螺旋形包扎法、反折螺旋形包扎法、"8" 字形包扎法。

2. 溺水急救方法

溺水时，水通过口鼻进入肺内，造成呼吸道阻塞，或者因吸水的刺激，引起喉部肌肉痉挛，使气体不能进出，导致窒息或昏迷，胃腹吸满水而鼓起，甚至呼吸、心跳停止。溺水的急救步骤如下：

（1）将溺水者救上岸后，立即清除口腔内异物，并迅速倒水，但不要因过分强调倒水而延误抢救时机。

（2）立即进行人工呼吸，若心跳已停止，应同时施行心脏胸外挤压。人工呼吸心脏胸外挤压以 1∶4 的频率进行。抢救者之间应密切配合，进行积极而耐心的抢救，直到溺水者恢复自主呼吸和心跳为止。

（3）溺水者苏醒后，应即送往医院，做一步检查和治疗。在送医院途中。必要时继续进行人工呼吸。

六、运动损伤后的康复训练

一提到运动恢复、运动康复、功能恢复训练等字眼好像大家都能了解一些，但是又感到模糊，受伤后的一些人也想找一些康复训练来做，但是又怕自己做得不对，负荷多少、做多少组、什么时期做什么康复训练等都成了类似玄学的东西。其实只要通过一些原则对照自己的实际情况进行训练就可以。可以借鉴下几点制订训练计划：

（一）康复训练的意义

人体完成各项基本运动都离不开肌肉力量，只有在肌肉具有一定维持活动的力量的前提下才能有效保证受伤肢体的恢复。另外经过锻炼的肌肉代谢旺盛、毛细血管量增加，有利于代谢产物的排出和营养以及药物到达病变部位。

（二）康复训练的目的

（1）防止受伤部位肌肉萎缩。

（2）加强肌力各种有利活动，可促进神经损害后的肌力恢复，维持受伤后肌肉的基本力量。

（3）防止单侧肢体受伤后形成双侧肌力、形态区别过大，造成脊柱侧弯等不良现象。

（三）康复训练的原则

受伤后康复训练的原则有：循序渐进、力量递增、持之以恒。

（四）康复训练的度

很多人说，运动量一定要"适度"，那这个"适度"到底是什么度？这个度一般是指运动后出现局部不适、轻微疼痛的现象，但是24 h后疲劳基本消除，这个就是适度。

（五）康复训练的量

一般同样负荷3～4天以后，可加量继续寻找"适度"的感觉，如果加量之后24～48 h没有恢复，说明加量过大，运动量需要调整。

（六）康复训练注意事项

（1）如果是局部损伤无自主活动能力或者自主活动能力极差的人，这种一般属于神经损害。这时候不建议做过多的主动训练，最好的方法是低频冲电刺激，能有效维持肌肉的维度。

（2）如果在自主活动能力较差但是自主活动又没有太大问题的情况下应该以器械或者健侧肢体助力运动。

（3）如果能进行一般自主活动，建议自主活动，经过一段时间可加负荷。

（七）康复训练方法

（1）等速练习：要掌握好受伤部位的关节运动幅度和肌肉的耐受力，固定好角度、时间进行练习。这个训练在整个运动过程中关节运动速度要保持恒定，体验相关肌肉和关节的运动及发力感。

（2）等长练习：也称静力性练习。一般静力性练习主要是在关节固定肌肉不能有效的收缩时进行的。优点是在关节不动的情况下增强有关组织肌力。缺点是在一定关节角度下只能增强单一方向的肌力。

（3）等张练习：这是一个动力性练习。主要特点是要有一定负荷，重复次数少，给肌肉刺激形成疲劳明显，肌力以及功能恢复快。进行等张练习时运动量一定要"适度"。

（八）康复训练常用器械

拉力带、哑铃、沙袋、拉力器、握力器、划船器、阻力自行车、健骑椅等。

复习与思考

1. 体育运动技能形成原理有哪些？

2. 什么叫超量恢复？

3. 怎样预防运动损伤？

第四章 终身体育与职业发展

学习目标：了解学校体育与职业发展、身体素质与职业发展的关系；熟悉不同职业岗位体育健身的方法；掌握常见职业病的预防与运动干预措施；培养终身体育意识。

情景导入：职业发展规划关乎个人的前途和社会的发展，健康的体魄是职业发展规划实现的前提条件。将终身体育意识纳入职业发展规划，能明显提高我们职业发展中的精力、耐力和决策能力，并促进职业目标的成功实现。

第一节 学校体育与职业发展

要实现高职院校的人才培养目标，必须提高学生的身体素质和岗位体能。学校体育是教育的组成部分，是实施素质教育的重要途径和手段，是终身体育最重要的、带有决定性意义的中间环节，它具有与社会生活衔接的功能。

一、学校体育重塑职业人的健康体魄

现代科学技术在社会生活中的应用，使人们的生产方式和生活方式都发生了极大的变化，繁重的体力劳动大大减少，脑力劳动的比重逐步增加。在动作技能上，过去那种大幅度、高强度的劳动动作现在主要被小肌肉群参与的小幅度、低强度动作所取代；现代化的工作条件，要求人们灵活、准确、协调地控制生产过程，快速而准确地判断和处理许多仪表数据，有时还要求屏住呼吸，注视屏幕或凝神细看。这些都使劳动者在生产过程中大脑皮质长时间地精神高度集中。这种集中要比单纯的肌肉活动对人体要求更高，更容易使人疲劳，更需要进行生理上和心理上的调节。

体育锻炼能促进人脑清醒、思维敏捷。长时间脑力劳动，会使人感到头昏脑涨，这是由于大脑供血不足和缺氧所致。而进行体育锻炼可使疲劳的大脑获得休息，改善大脑的供血情况，使大脑保持正常的工作能力。另外，随着人的年龄增长，脑细胞会逐渐衰亡，大脑功能下降，致使人脑变得迟钝，但从事体育运动，可延缓这种衰老的过程。美国斯坦福大学医学专家们对24～50岁经常跑步的人进行调查，发现他们随着年龄的增长大脑迟钝的现象不明显。这说明锻炼身体能使年纪大的人继续保持大脑的清醒敏捷。

体育锻炼能促进血液循环，提高心脏功能。实践证明，经常进行有氧运动，能使心脏产

生工作性肥大，心肌增厚，收缩有力，心搏余缓，血容量增加，这就大大减轻了心脏的负担，从而降低了冠心病、脑卒中等现代文明病发生率。

体育锻炼能调节心理，使人朝气蓬勃，充满活力。从事体育活动，特别是从事那些自己感兴趣的运动项目，能使人产生一种非常美妙的情感体验，心情舒畅，精神愉快。运动的激励还可以增强自尊心、自信心和自豪感，增添生活情趣。同时还能调整某些不健康的心理和不良情绪，缓解现代社会所带来的精神压力，消除紧张情绪。参加体育锻炼还能提高人体对外界的适应能力，提高人体的应变能力，使人善于应对各种复杂多变的环境。

二、学校体育培养职业人的竞争意识

竞争意识是现代人必备的心理品质。美国普林斯顿大学在一份研究报告中指出："现代的生产及生活方式，更接近于体育中的比赛，在机会相等条件下，谁的节奏更快些，竞争意识更强些，谁就有可能占据优势。"英国生物学家达尔文证实了生物的进化过程遵循自然选择，生存竞争，适者生存、不适者淘汰的规律，这是社会和自然界发展变化的基本法则。体育竞争的持续性恰恰体现了这一法则，只有竞争才有发展，只有竞争才有进步。

随着我国市场经济的建立，人们的生活方式、行为方式和价值观念等方面都发生了巨大的变化，安于现状的行为难以适应社会的这一变化。要在竞争中取胜，就必须敢于面对竞争。积极的竞争意识是成功者必备的素质。体育竞赛强调规则的完整性和准确性，一旦认可，任何人必须遵从。体育竞赛强调机会均等，大家站在同一"起跑线"上，要求每个人尽自己最大努力去争取、去把握，从而增强了参加者的竞争意识。

三、学校体育培养职业人的团队精神

今天是一个团队至上的时代，所有事业和成就都是团队精神的一种反映。任何人都不可能在某个领域凭借一己之力取得很大的成就。现代社会科技飞速发展，新技术、新装备更新愈来愈快，操作也更加复杂，要完成一项工作往往需要多种专门人才共同参与，需要集体的知识和智慧才能实现。

体育竞赛非常讲究团结合作，人人都应承认和尊重个人在集体中的价值，都应理解别人在比赛中的地位和作用，每个队员都应无私地互相协作，为提高全队的战斗力而去努力完成自己的任务。体育竞赛尽管只有少数队员代表全队上场比赛，他们愿意勇挑重担、善于合作。替补队员心悦诚服地甘当配角，将团队的利益放在个人利益之上，场上场下的队员同心同德，努力实现共同的目标。体育运动恰好给现代人提供了一个互相交流、互相尊重、齐心协力去争取胜利的机会。它可以培养现代人的团队精神，增强合作意识，使自己的思想、情感和行为与集体和谐一致，把自己融入整体之中，并相信集体努力的成果要比个人的成果重要得多。体育竞赛对现代人在实际工作中摆正自己的位置，体现个人价值，团结一致去实现共同目标有着积极的作用。

第二节 身体素质与职业发展

每一种职业都有其一定的工作姿态，在一定时间内身体必须保持某一种劳动姿势。长时间、高强度的工作容易造成疲劳，产生职业疾病。加强体育锻炼能有效地增强人的力量、速度、耐力、灵敏、柔韧等素质，从而提高身体体能水平以便更好地适应本职工作。

一、速度素质与职业能力

（一）速度素质的概念和分类

速度素质，是指人体或人体某部位快速运动的能力。也就是人体或人体某部位快速做出运动反应、快速完成动作、快速移动的能力。速度素质分为反应速度、动作速度、位移速度。

（二）发展速度素质的方法

发展速度素质的方法有多种，如：以最快的速度完成某一动作的练习，短距离快速跑，运用各种突发信号进行练习等。

（三）发展速度素质对职业能力的促进作用

发展速度素质可提高大脑皮质兴奋和抑制过程转换的灵活性和中枢神经系统的协调性，能更快地激发循环系统和呼吸系统的活动能力，对发展学生的身体和掌握动作都有重要作用。

（四）锻炼计划的制订

（1）动作的速度取决于中枢神经系统的灵活性，取决于动作的力量、协调、灵敏和耐力等因素，因此，发展速度应与发展其他素质相互结合进行。

（2）速度素质发展较慢，到一定程度会出现"高原现象"，因此，要坚持长期、系统地练习。

（3）应在体力充沛、精神饱满、运动欲强的情景下进行速度练习，以利于形成快速的运动条件反射。切忌在身体疲劳的情况下进行速度练习，否则容易发生伤害事故。

（4）少年儿童时期是发展速度素质的最佳时期，应在全面发展身体素质的基础上，突出速度素质的发展。

二、耐力素质与职业能力

（一）耐力素质的概念和分类

耐力素质，是指人体长时间进行肌肉活动和抵抗疲劳的能力。耐力可分为肌肉耐力和心血管耐力。心血管耐力又分为有氧代谢耐力和无氧代谢耐力。耐力还可分为速度耐力（较长时间保持快速运动的能力）和力量耐力（较长时间保持高度用力的能力）。

（二）发展耐力素质的方法

发展耐力的手段很多，较普遍采用的形式有长跑、长距离游泳、滑冰等。在练习中逐步加长练习时间，并在此基础上提高强度、密度等。

（三）发展耐力素质对职业能力的促进作用

发展耐力素质能提高人体的呼吸系统、血液循环系统的功能，从而提高抗疲劳的能力。抗疲劳能力越强，越有利于在工作中创造优异成绩；此外，耐力训练还可培养人们坚毅、顽强、勇于克服困难的意志品质。

（四）锻炼计划的制订

（1）耐力素质的练习应先从加量开始，逐渐增大强度。耐力练习负荷量的大小，取决于练习的绝对强度（位移的速度）、练习时间、间歇时间、休息方式、重复练习的次数等。这些不同因素的结合运用，对人体的影响是不同的。

（2）有氧代谢和无氧代谢的练习应科学地结合。应根据个人的具体情况确定二者的主次。

（3）耐力素质的练习必须克服一定的疲劳程度，因此，对练习者的意志品质提出了较高的要求。

（4）初练者，运动负荷的安排要谨慎，应以有氧耐力练习为主。首先学会正确呼吸的方法。

（5）耐力练习一般较单调枯燥，在练习时应多采用变换法、竞赛法和游戏法，以提高练习的趣味和积极性。

三、柔韧素质与职业能力

（一）柔韧素质的概念和分类

柔韧素质，是指人体各个关节的活动幅度以及肌肉、肌腱和韧带等软组织的伸展能力。有主动柔韧性和被动柔韧性之分。

（二）发展柔韧素质的方法

发展柔韧素质基本上有两种形式：被动形式和主动形式。被动形式是指同伴给予助力，使肌肉伸展和关节活动范围增大。主动形式是学生自己主动地使关节周围的肌肉放松，以调节关节的活动幅度。实践证明，两种形式结合，更有利于发展柔韧素质。

发展柔韧素质的方法通常采用各种伸展性练习，练习时应逐渐使肌肉和结缔组织充分拉长，如"压腿"，以达到能受得了的"拉长疼痛感"为限，尽可能在拉长后保持一定时间，有意识地放松对抗肌。伸展性练习应反复练习才会有效。

（三）发展柔韧素质对职业能力的促进作用

各种职业能力的表现，都离不开相应的柔韧素质。柔韧素质是表现身体各部位优美姿态，提高动作准确性的极为重要的条件。

（四）锻炼计划的制订

（1）柔韧素质的练习，必须天天练，反复练，持之以恒。

（2）非专业性的柔韧素质练习应动静结合，以动为主。

（3）发展柔韧素质的练习，尽可能安排在体育锻炼的准备活动中。

四、灵敏素质与职业能力

（一）灵敏素质的概念和分类

灵敏素质，是指人体在各种突然变化的条件下，能够迅速、准确、协调、灵活地完成动作的能力，是人体各种运动技能和身体素质在运动中的综合表现。它取决于大脑皮质所形成的运动性条件反射的多寡以及灵活性和熟练程度。动作越熟练，大脑皮质灵活性越高，灵敏素质就越好。

（二）发展灵敏素质的方法

发展灵敏素质应采用多种练习，各种球类活动、活动性游戏、技巧练习、器械体操的各种练习以及发展灵敏的专门辅助练习，如蛇形跑、排球的触地反应跑等。

（三）发展灵敏素质对职业能力的促进作用

灵敏素质的提高，有利于发展反应以及变换方向的速度和力量协调性，能更快地、更省力地掌握各种复杂的技术、战术，更充分地发挥力量、速度和耐力的潜力。

（四）锻炼计划的制订

（1）应把握发展灵敏素质的最佳时期。在性成熟期之前，应十分注意灵敏素质的发展，尤其是女生更应注意。

（2）灵敏素质的发展有赖于其他素质，尤其是速度、柔韧、力量素质的发展，因此，应相互结合进行练习。

（3）灵敏素质的练习一般应在体育锻炼的准备活动中占较大比重。

五、力量素质与职业能力

（一）力量素质的概念与分类

力量素质，是指人的机体或机体的某一部分肌肉工作（收缩和舒张）时克服内外阻力的能力。按肌肉收缩的性质，力量分为静力性力量和动力性力量；按人体表现出的力量与人体质量的关系，可分为绝对力量和相对力量。

（二）发展力量素质的方法

发展力量素质的练习方法有两大类：

1. 克服外部阻力的练习方法

带重悬的器械练习——沙袋、实心球、哑铃、杠铃等拉力器练习；对抗性练习——双人对抗、抱拉、角力等练习；克服弹性体的阻力练习——弹簧拉力器、拉橡皮筋等；克服外部环境阻力练习——在沙滩上或浮雪地上做练习等。

2. 克服本身体重的练习方法

俯卧撑、仰卧起坐、引体向上、侧立起、收腹举腿等。

（三）发展力量素质对职业能力的促进作用

它是完成各种动作的基础。力量素质的发展对其他素质的发展有积极作用。

（四）锻炼计划的制订

（1）力量练习应循序渐进，先以发展动力性力量、小力量和增强小肌肉群力量为主，到一定程度后，可逐渐发展大力量和静力性力量。

（2）发展力量素质时，应根据实际情况，使重力量练习和轻力量练习、一般力量练习和速度力量练习、发展大肌肉群练习和发展小肌肉群力量练习结合起来进行。

（3）发展不同的力量应有不同负荷的方法。用最大重量练习可发展绝对力量；采用中等负荷的多次练习，可发展速度力量即爆发力。

（4）采用大重量的力量练习，要注意肌肉的放松，应使力量练习与其他性质的练习交替进行，从而提高肌肉的弹性。

（5）讲究力量练习的时间间隔，力量练习的初期，隔日练优于每天练，因为力量练习能量消耗大，恢复时间较长。当力量训练水平提高后，才能持续天天练习。

（6）力量练习一般多安排在体育锻炼的后半部分。

第三节　不同职业岗位体育健身方法

正如足球运动员需要良好的体能来提高自己的运动技术水平一样，每个职业都会有不同的体能要求。良好的体能水平可以让身体自如地应对日常工作，而体能主要是通过体育锻炼取得的。

一、不同职业岗位体育健身途径

（一）一般性练习

通过一般体育锻炼，提高机体基本技能，具备基本职业素质所要求的基本身体素质。

（二）借助性练习

借助体育健身器械等物品，根据不同职业对体能、技能的特殊要求，对不同的身体部位进行练习。

（三）实用性运动项目练习

根据职业特点，选择能有效提高职业特殊体能的运动项目进行专门训练。

（四）自然环境练习

在适合的自然环境中对机体的抵抗力、适应性等能力进行针对性练习。

（五）特殊环境练习

在攀岩、极限运动等特殊环境中，对个体的人格、心理素质、意志品质等特殊职业素质进行培养和发掘。

二、与职业操作高度相关的实用体育技能和训练内容

由于不同的职业对劳动者有特殊的生理和心理素质要求，这就需要未来的劳动人才不仅

具有较高的技术操作能力，而且还应具有与职业技术密切相关的身体素质和心理素质。根据现有的职业分类原则，可采用如下的实用体育技能和训练内容（表4-3-1）。

表4-3-1 实用体育技能和训练内容

分类	所学专业	实用体育技能	训练内容
机械安装	机械制造、安装、修理等	一般耐力、动作协调性、准确性等	中长跑、器械练习、体操、技巧、球类运动等
土建类	土木工程、建筑、市政工程、工程监理等	肩背部力量、静力性耐力、平衡能力、协调性、高空作业能力等	平衡木、拓展训练、爬竿、爬绳、乒乓球、健美操等
计算机信息类	计算机、网络、软件开发、自动化控制等	手指灵敏性、反应速度、爆发力、动作准确性等	反应跑、地掷球、球类运动等
服务类	导游、文秘等	形体、反应速度、抗挫折能力、适应性等	艺术体操、体育舞蹈、信号跑、越野跑等
艺术类	声乐、美术、影视、摄影等	耐力、肺活量、适应能力、形体等	中长跑、野外生存、体操、舞蹈等
交通运输类	桥梁道路、公路海洋、驾驶、运输等	上肢肩带力量、一般耐力、复杂反应能力、协调性等	哑铃、壶铃、垒木练习、单双杠、中长跑等
法律财经类	投资、金融、会计、法官、银行、保险等	反应速度、耐力、爆发力、抗挫折能力等	助跑跳远、反应跑、拓展运动、长跑等
林牧业	农业、畜牧业、自然保护等	定向能力、免疫力、适应性、耐力等	定向运动、越野、拓展训练等
航空航天类	航空飞行、机务、乘务、空管等	复杂反应能力、急救、游泳、抗眩晕能力、高空作业能力	野外生存、综合器械练习、游泳、高空跳伞、急救知识等

第四节　常见职业病的预防与运动干预

近年来，随着我国职业病的发病率不断升高，职业病的防治工作越来越引起政府的重视，但职业病的发病率仍然逐年增加，同时群体性发病的情况也经常发生，如何防治职业病、减少职业病对人类所造成的危害，已成为社会普遍关注的话题。通过体育运动增强体质，提高人们的免疫力，可以有效地预防职业病的发生。

一、职业病的含义及诱因

所谓职业病是指在工作的过程中人体接触到一些有害因素，当其伤害积累到一定程度时，人体表现出的一些病态症状。显然，职业病的发生除了人体与有害的因素接触外，还有一定量变的过程，当量变引起质变时就会引起职业病的发生，从而导致人体机能发生异常，这不仅影响了从业人员的正常工作，而且对人体的正常生理机能也造成一定的影响。

根据《中华人民共和国职业病防治法》对职业病的定义，可将职业病分为法定职业病和非法定职业病两种。法定职业病是狭义上职业病，它是指劳动者在工作的过程中因接触粉尘、放射性物质以及其他有毒有害物质等因素所引起的疾病。这一类职业病是由人们所处的工作环境所引起的，是无法通过从业者的主观努力改变的。广义的职业病除了包含狭义的职业病外，还包括一些由与工作有关的非物质因素引起的职业性疾病，如：久坐导致血液流通不畅、头痛、颈椎病、腰酸背痛等，这一类由工作中非物质因素引起的职业病称为非法定职业病，通过运动干预能有效预防这类职业病的发生。

二、几种常见职业病的预防与运动干预

（一）颈椎病

1. 颈椎病含义

颈椎病又称颈椎综合征，是颈椎骨关节炎、增生性颈椎炎、颈神经根综合征、颈椎间盘脱出症的总称，是一种以退行性病理改变为基础的疾患。

2. 致病原因

颈椎病主要由于颈椎长期劳损、骨质增生或椎间盘脱出、韧带增厚致使颈椎脊髓、神经根或椎动脉受压，出现一系列功能障碍的临床综合征。表现为颈椎间盘退变及其继发性的一系列病理改变，如椎节失稳，松动；髓核突出或脱出；骨刺形成；韧带肥厚和继发的椎管狭窄等，刺激或压迫了邻近的神经根、脊髓，椎动脉及颈部交感神经等组织，并引起各种各样症状和体征的综合征。

3. 运动干预的作用

颈椎病的运动干预主要是做医疗体操练习，颈椎病医疗体操的目的与作用主要有两方面：

（1）通过颈部各方向的放松性运动，活跃颈椎区域血液循环，消除淤血水肿，同时牵伸颈部韧带，放松痉挛肌肉，从而减轻症状。

（2）增强颈部肌肉，增强其对疲劳的耐受能力，改善颈椎的稳定性，从而巩固治疗效果，防止反复发作。

4. 预防与运动干预

（1）坐姿正确：要预防颈椎病的发生，最重要的是坐姿要正确，使颈肩部放松，保持最舒适自然的姿势。办公室工作者，还应不时站起来走动，活动一下颈肩部，使颈肩部的肌肉得到松弛。

（2）活动颈部：应在工作1~2 h后，有目的地让头颈部向前后左右转动，转动时应轻柔、缓慢，以达到各个方向的最大运动范围为准，使得颈椎关节疲劳得到缓解。

（3）抬头望远：当长时间近距离看物，尤其是处于低头状态者，既影响颈椎，又易引起

视力疲劳，甚至诱发屈光不正。因此，每当伏案过久后，应抬头向远方眺望半分钟左右，这样既可消除疲劳感，又有利于颈椎的保健。

（4）睡眠方式：睡觉时不可俯着睡，枕头不可以过高、过硬或过低。枕头中央应略凹进，颈部应充分接触枕头并保持略后仰状态，不要悬空。习惯侧卧位者，应使枕头与肩同高。睡觉时，不要躺着看书，不要对着头颈部吹冷风。

（5）避免损伤：避免和减少急性颈椎损伤，如避免猛抬重物、紧急刹车等。

（二）网球肘

1. 网球肘含义

肱骨外上髁炎俗称网球肘，是肱骨外上髁部伸肌总腱处的慢性损伤性肌筋膜炎。检查时，外上髁或腱止点及其附近肌肉有压痛感；肘屈曲，手握拳，然后前臂旋段，同时伸肘可出现锐痛。

2. 致病原因

肱骨外上髁部是前臂伸肌群的起点，由于肘、腕反复用力长期劳累或用力过猛过久，使前臂伸肌部腱在肱骨外上髁附着点处，受到反复的牵拉刺激造成该部组织部分撕裂、出血、扭伤而产生的慢性无菌性炎症。有时还可以导致微血管神经束绞窄及桡神经关节支的神经炎等。网球运动员或爱好者、抹灰工人、厨师、按摩师等长期反复用力做肘部活动者，易患此病。

3. 运动干预的作用

采用正确的运动干预可以润滑肘关节，改进上肢软组织血液循环和神经体液调节，防止组织的粘连和痉挛，提高组织的抗病能力。

4. 预防与运动干预

预防网球肘首先应在平时的工作和生活中尽量减少或避免肘、腕部过长过久的活动，确需较长时间活动的应定时休息，一般 1 h 左右休息 1 次，1 次休息 10 min 左右。休息时可在肘部轻轻按摩，在家中还可用热毛巾热敷。为防止前臂肌肉疲劳积累，在工作前应做好准备活动，工作后要及时放松，提高肌肉的反应性。

此外，加强肩、肘、腕和手指等部位的肌肉力量锻炼，主要是加强前臂伸肌力量的锻炼。练习的动作主要有：利用橡皮带做上肢牵伸练习，做俯卧撑练习，双臂屈伸练习，弯腰下垂，臂做转圈动作，双手握哑铃弯腰下做最大程度地向后外伸展练习，肘部负重静力练习，腕握球练习等。

（三）膝关节疼痛

1. 膝关节疼痛的常见病症

（1）关节炎：由慢性劳损引起关节组织退化。

症状：在早晨起床或久坐之后站立时，感到关节酸痛，活动不灵活，偶有声音。

（2）髌骨软化症：经常走或站立过多能引起髌骨软化，使关节面凹凸不平。

症状：髌骨和髌骨周围有压痛、膝痛和膝关节发软感。压痛感和发软症状在半蹲或上下楼梯时尤为明显。

（3）损伤性滑囊炎：膝关节附近有数个滑囊，分泌滑液润滑关节。扭伤撞伤或过劳能引起滑囊炎。

症状：微肿，滑囊位置有压痛感，关节活动有痛感，但活动幅度不受阻碍。

2. 致病原因

膝关节是人体主要的负重关节之一。工场很多职业岗位员工日常工作时用下肢活动较多（如走、伏身、半蹲等）。经常处于半蹲、半跪姿势状态，膝关节承受的负荷重，同一肌肉长时间处于紧张用力状态，在膝关节及其周围肌肉力量还不强的情况下，附着在髌骨上缘的一些肌腱或韧带受到损伤；又由于关节的肌肉力量差，在做各种活动时，可能引起髌骨在膝关节里"不合槽"，使髌骨后面的软骨与后方的股骨不断撞击和摩擦，造成软骨损伤；也可能引起髌骨附近的脂肪垫及关节束的损伤。这些损伤都可能引起膝关节酸痛，当受寒、受潮时又往往酸痛加剧。

3. 运动干预的作用

加强关节周围肌肉力量，防止肌肉、肌腱和韧带的损伤；增加固定关节韧带的韧性，改善关节周围肌肉组织的血液循环；同时松解膝关节周围肌肉、韧带及关节囊的黏连，恢复膝关节的功能。

4. 预防与运动干预

（1）保持体型适中，避免身体过度肥胖。

（2）增强肌肉训练，增加固定关节韧带的韧性。

（3）避免过多上楼、跪地、下蹲等姿势；减少走路时提取过重的物件及避免长时间走路。

（4）如有需要，可以佩戴护膝，适当的护垫可以减少及预防疼痛的出现。

（5）多做静立半蹲（3～5 min，以后可逐渐延长至10～20 min）、扶腿蹲立、摆腿蹲立（每次50～100下，每天2～3次），蹲后原地踏步2～3 min。

（6）半蹲转膝（先顺时针，后逆时针，每天2～3次，每次30～50周）及前后摆腿、仰卧抬腿练习。

（7）单腿蹦跳：一条腿支持身体，另一条腿弯曲抬起，然后连续跳跃，每次20～30下，交替进行。

复习与思考

1. 终身体育对职业发展有哪些现实意义？

2. 职业发展需要具备哪些身体素质？

3. 体育锻炼计划如何制订？

4. 职业病的含义是什么？常见的职业病有哪些？如何预防与运动干预？

第五章　竞技健身技能

学习目标： 了解田径运动的健身属性，以及篮球、乒乓球、排球、足球、羽毛球、网球、毽球、柔力球等球类运动及游泳运动的基本理论知识和健身价值；熟悉篮球、乒乓球、排球、足球、羽毛球、网球运动的基础技术动作与参加竞赛的基本技能；掌握田径运动走、跑、跳跃和投掷的方法，以及运用篮球、乒乓球、排球、足球、羽毛球、网球等进行身体锻炼的练习方法。

情景导入： 竞技运动是游戏的一种特殊形态。就活动本身而言，它是需要技能、谋略和运气，依靠体能进行的竞争性的玩耍；在组织层面上，它是制度化的游戏，涉及组织、技术、符号和教育诸维度；在社会管理的维度上，它是一种社会设置，参与各方在竞技运动中有一定的秩序，在社会参与层面上，它是一种社会场景，不同的场景，各方参与的程度与方式各有不同。竞技运动在全面发展身体素质的基础上，培养人们勇敢顽强、机智果断、克服困难等优良品质和团结协作的集体主义精神。

第一节　田径运动

一、田径运动的价值

（一）教育价值

（1）培养人勇敢顽强、拼搏进取的意志品质。

（2）培养人遵守纪律，增进责任感和集体主义精神。

（3）促进人的个性形成，有利于心理素质的培养。

（4）培养吃苦耐劳、坚韧不拔的精神。

（二）健身价值

（1）田径运动能提高人体的走、跑、跳、投等基本活动能力。

（2）田径运动能促进大学生身体形态正常发展。

（3）田径运动能提高人体各器官、系统的机能。

（4）田径运动能促进身体素质全面发展。

（5）田径运动能提高人体对环境的适应能力和抗病能力。

（三）竞技价值

在竞技体育竞赛中，田径是公认的大项。它所产生的奖牌最多，素有"得田径者得天下"之说。

总之，有规律、系统、科学地参加田径运动锻炼，对增强体质和提高健康水平有重大的意义和作用。

相关链接

田径运动的发展历程

田径运动是随着人类社会的发展逐步产生和发展起来的。在远古时代，人们为了生存和获得生活资料，在与大自然的斗争中，逐步形成了走、跑、跳跃、投掷等各种生活技能，并代代相传，逐步产生模仿跑得快、跳得高、跳得远、投得准、投得远的动作，而后形成竞赛项目。

早在公元前776年举行的古代奥运会上就有了田径项目的比赛。1896年，在希腊雅典举行的第一届现代奥林匹克运动会上，田径的竞走、跑、跳跃和投掷的一些项目就被列为大会的比赛项目。1912年，国际业余田径联合会成立，确定了统一的竞赛规则和项目。

世界田径运动在一个多世纪的发展过程中，大体可以分为以下五个阶段：

1. 19世纪末，20世纪初，是现代田径运动开始形成、发展、逐步提高的阶段。

2. 1913—1920年，受第一次世界大战的影响，是田径运动成绩下降的阶段。

3. 1921—1936年，是恢复提高阶段。

4. 1937—1948年，第二次世界大战发生，田径运动水平第二次下降。

5. 1952年至今，是世界田径运动水平不断提高并达到很高水平的阶段。

6. 自2004年雅典奥运会刘翔110米栏夺冠开始，中国田径运动员在世界大赛上的成绩突飞猛进，如短跑选手苏炳添、女子铅球选手巩立娇等多次获得世界大赛的冠军。

二、田径运动的基本内容与方法

（一）径赛

1. 短跑

短距离跑是追求速度极限的无氧运动，是发展人体速度素质的最有效手段，其项目包括100 m、200 m和400 m跑。

（1）起跑器的安装：起跑器的安装方法一般有普通式、接近式和拉长式三种（图5-1-1）。可根据个人的身高、体型、身体素质、技术水平等来选择适合自己的方法，以自然舒适、能充分发挥最大肌肉力量、获取最大初速度为宗旨。

（2）起跑：起跑与起跑后的加速跑。起跑的作用是使全身迅速摆脱静止状态，获得向前的最大初速度，为起跑后的加速跑创造条件。当听到"各就位"的口令后，做几次深呼

吸，轻快地走到起跑器前，两手撑地，两脚依次踏
在前、后起跑器的抵足板上，将有力腿放在前面，
后膝跪地，两手放在紧靠起跑线后沿处，两臂伸
直，肩与起跑线平行，两手间隔比肩稍宽，四指并
拢和拇指成八字形支撑。颈部自然放松，两眼视前
下方40～50 cm处。当听到"预备"的口令后，平
稳地抬起臀部，使之与肩同高或稍高于肩，重心适
当前移，肩部稍超出起跑线，使身体重心落在两臂
和前腿上。听鸣枪后，两手迅速推离地面，两臂屈
肘用力地做前后摆动，两腿迅速蹬起跑器，后腿迅
速向前摆动，前腿快速用力地蹬伸髋、膝、踝三个
关节，使身体保持较大的前倾角度，向前上方冲出
（图5-1-2）。

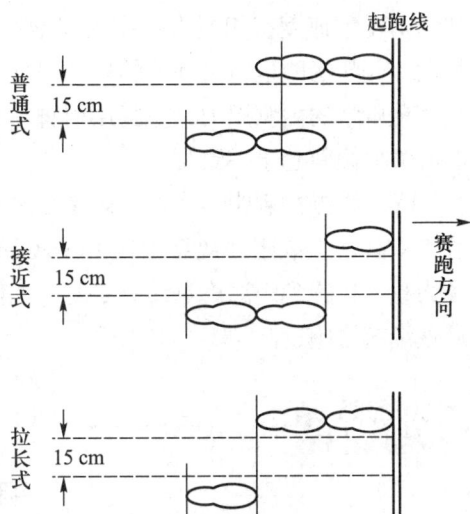

图5-1-1　起跑器的安装方法

图5-1-2　起跑

（3）起跑后的加速跑：指从腿蹬离起跑器前抵足板，到途中跑之间的一段距离在
25～30 m的加速跑。

　　第一步不宜过大，尽量靠近身体重心投影点积极下压着地，然后逐渐增大步幅到途中跑
的步长（图5-1-3）。在加速跑的最初阶段，躯干前倾较大，随着步长和速度的增加，上体
逐渐抬起，直到以正常的姿势转入途中跑。

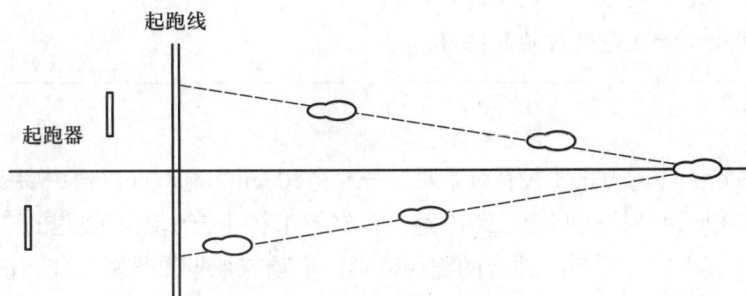

图5-1-3　起跑后的加速跑

（4）途中跑：途中跑是短跑全程中距离最长、速度最快的一段。其任务是继续发挥和保
持高速度跑进。摆动腿的膝关节要迅速有力地向前上方摆出，支撑腿在摆动腿积极前摆的配
合下，快速有力地伸展髋、膝和踝关节，蹬离地面形成支撑腿与摆动腿协调配合、腾空与缓
冲着地交替的循环动作。

（5）弯道跑：在200 m和400 m跑中，有一半以上的距离在弯道上跑进，因此，弯道跑

技术对全程速度有相当大的作用和影响。从直道进入弯道跑时，身体应有意识地向内倾斜，加大右侧腿的蹬地力量和臂的摆动幅度。弯道跑进中，身体要向圆心方向倾斜；后蹬时，右腿用前脚掌的内侧用力，左腿用前脚掌的外侧用力，整个蹬摆配合的用力方向均应与身体向圆心方向倾斜趋于一致。

（6）终点冲刺跑：终点冲刺是全过程的最后一段。任务是尽力保持途中跑的高速度冲过终点。技术上要求在离终点线 15～20 m 时，尽量保持上体前倾角度，加快两臂摆动的速度和力量，在跑到距离终点线一步时，上体急速前倾用胸部或肩部撞终点线，并跑过终点，然后逐渐减慢跑速。

专家提示

易犯错误及纠正

① "坐着跑"。结合正误对比示范，做中速大步跑的练习，躯干正直，多做反复跑的专门性练习。

② 摆动腿前摆太低。抬膝跑 60 m，多做上坡跑等练习。

③ 摆臂错误。通过示范讲解做反复的练习纠正，从原地摆臂练习开始到慢跑、中速跑和加速跑中的摆臂练习。

④ 起跑时抢跑。集体起跑，以不同的时间间隔鸣枪，养成听枪声起跑的习惯。

练习方法

① 学生集中做摆臂、小步跑、高抬腿和跨步跳等跑的专门性练习。

② 站立式起跑后加速跑的练习。

③ 迎面接力、让距追拍、听信号等游戏性的快跑练习。

④ 蹲踞式起跑和起跑后加速跑练习。

⑤ 行进间放松加速跑到快跑的练习。

2. 中长跑

中长跑是发展人体耐力素质最有效手段。一般将 800 m 和 1 500 m 归为中距离跑，3 000 m、5 000 m、10 000 m 及马拉松归为长距离跑。良好的中长跑技术能增强跑的实效性，从而节省身体的能耗。其内容主要有：适合的跑动节奏，步频与呼吸的紧密配合，正确合理的体能分配等。

（1）起跑：中长跑一般采用半蹲踞式或站立式起跑。无论采用哪种方式起跑，其目的都是为了保持出发前身体的稳定姿势，以及发令后能快速向前冲出并在最短的时间里抢占有利于跑进的位置。

（2）途中跑

① 身体姿势：上体正直或稍向前倾，面部和颈部肌肉松紧自然，眼睛平视前方。

② 腿部动作：跑速快慢，决定于步频和步幅。

③ 蹬摆配合：当身体重心移过支撑点后，开始后蹬与前摆动作，要求每一个跑动周期中髋、膝、踝的蹬伸既要充分，又要迅速。

④ 腾空：后蹬腿蹬离地面后，身体进入腾空时期。当后蹬腿的大腿开始向前摆动时，小腿顺惯性自然摆动，膝关节弯曲，形成大小腿折叠的姿势。

⑤ 脚的着地与缓冲：当摆动腿的大腿开始下落时，膝关节亦随之自然伸直，并用前脚掌着地。

⑥ 摆臂动作：中长跑时，两臂稍微离开躯干，肘关节自然弯曲，以肩为轴前后自然摆动，摆幅要适当。弯道跑的摆臂动作技术与短跑基本相同，只是动作的幅度与用力程度较小。

⑦ 呼吸：呼吸节奏必须与跑的节奏相配合，一般是跑两三步一呼气，跑两三步一吸气，并有适宜的呼气深度。随着疲劳的出现，呼吸的频率有所增快，应着重将气呼出。

⑧ 最后冲刺：最后冲刺指临近终点的一段加速跑。进入最后的直道时，要竭尽全力进行冲刺跑。何时开始加速，须根据比赛的距离、个人训练水平和战术来决定。

专家提示

易犯错误及纠正

① 起跑后加速跑时上体过早抬起。做起跑后加速跑的练习或负重的加速跑。

② 途中跑时，动作紧张不协调。学生要了解、掌握跑的节奏与呼吸配合的方法，上体正直的慢跑、中速跑及反复跑交替进行练习。

③ 身体重心起伏过大，跑的直线性差。注意肘关节向正前方摆动。

练习方法

① 中速放松的匀速跑练习。

② 走跑交替等形式的变速跑练习。

③ 中等速度的反复跑练习。

④ 利用自然地形、物跑的练习。

⑤ 各种定时计距和定距计时跑的练习。

3. 接力跑

接力跑是由短距离冲刺跑和接力区内完成交接棒技术共同构成的集体项目。正式比赛的接力跑项目有 4×100 m 接力跑和 4×400 m 接力跑。

（1）起跑：第一棒起跑与短跑的起跑动作相同，只是手需持棒。根据规则，接力棒

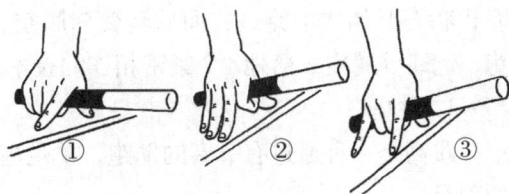

图5-1-4 起跑

不得触及起跑线和起跑线前的地面，持棒主要有三种方法（图5-1-4）。

（2）接棒人起跑：接棒人站在接力区后端线或预跑线内的跑道外侧，选定起跑位置，上体前倾，两脚前后开立，膝弯曲。当传棒人员跑到标志线时，接棒人员便迅速起跑。

（3）传接棒的方法：一般为右手交左手接。方式主要有上挑式（虎口朝下，棒由下向前上方送入）和下压式（虎口向上，棒由上方向前直接送入）两种。

（4）传接棒的位置：接棒人站在预跑线内或接力区的后端，待传棒人到达标志线时便迅速起跑，传棒队员跑进接力区后在最合适的位置将接力棒迅速、准确地传给接棒队员。

（5）标志线的确定：接力跑各棒次的标志线是接棒人起跑的标志，它是根据传棒人和接棒人的跑速和传接棒技术熟练程度确定的。标志线设置的位置一般是在预跑线的后面，也可以设置在预跑线前面。

专家提示

易犯错误及纠正

① 接棒人起跑过早或过迟造成传接配合失误。反复做双人短程配合练习，提高准确判断能力。

② 接棒人过早向后伸臂等棒、找棒，使手势不稳定造成传接棒失误。反复做双人传接配合练习，要求传棒人在跑近接棒人相距1.5～2 m时发出"接"信号。

练习方法

① 原地和行进间传接棒的练习。

② 中速和快速跑传接棒的练习。

③ 在接力区传接棒的练习。

④ 游戏性的接力跑练习。

（二）田赛

田径运动中的跳跃，是人体运用自身能力或借助一定器材，通过一定的运动形式，使人体腾越到尽可能达到的高度或远度的运动项目。跳跃项目是周期性和非周期性相结合的混合性质运动。各个跳跃项目，虽然运动形式和要求不同，但有其共同点。即人体的运动都是从静止状态开始向前跑进，而后转变为腾空，最后是落地。因此，各项跳跃运动都可分成助跑、起跳、腾空、落地4个紧密相连的技术阶段。

1. 跳高

跳高是一种通过有节奏的助跑，单足起跳，以身体越过横杆上缘的高度来计算比赛成绩的项目。

动作要点：跳高技术是由助跑（预先助跑、直线助跑、弧线助跑）、起跳、过杆和落地4个部分组成的有机整体（图5-1-5）。跳高的姿势不断发展，先后经历了跨越式、剪式、滚式、俯卧式、背越式等不同时期，在此仅介绍广为大家采用的背越式跳高技术。

助跑　　　　　　起跳　　　　　　过杆　　　　落地

图5-1-5　跳高

（1）背越式跳高的助跑：一般前段跑直线，后段跑弧线，共8~10步，弧线段跑3~5步（一般跑4步）。起点和起跳点连线与横杆垂面的夹角约为70°，弧线呈不等半径的抛物线形（图5-1-6）。

一般走2~4步开始助跑，前几步的直线段与普通加速跑相似，逐渐增加速度。转入后几步弧线段跑时，身体向圆心方向倾斜；起跳时身体由倾斜转为垂直，使重心轨迹与足迹线在起跳点处重合，使起跳的垂直冲量通过身体重心，以增加垂直向上的效果。

（2）起跳：在助跑最后一步，前摆动腿支撑时要压紧，并积极送髋。起跳脚向前迈出，用脚跟外侧先接触地面向前滚动并转为全脚着地，同时身体由倾斜转为垂直，摆动腿以髋带出，带动骨盆扭

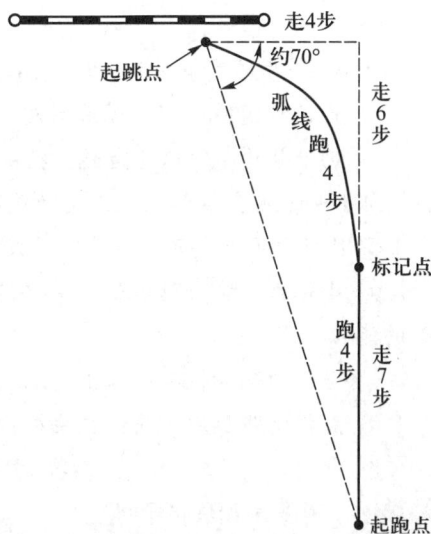

图5-1-6　背越式跳高的助跑

转，同时蹬伸起跳腿。两臂配合腿的动作向上提肩摆臂，及时开始做引肩动作，变为身体腾起后转，变为水平姿势做好准备。

（3）过杆、落地：当人体腾空后，身体继续转动成背对横杆的姿势。摆动腿的膝关节放松，起跳腿蹬离地后自然下垂，肩继续向横杆伸展，头和肩（或臂）先过杆，骨盆向前翻转使髋部充分伸展，两腿稍向后，在杆上成背卧而又有反弓形的姿势。髋部伸展动作要延续到臀部越过横杆，而后过杆的两臂做向前的动作，同时借助向后弓的"反弹"作用，把未过杆的两腿上举，使其越过横杆。

专家提示

易犯错误及纠正

① 起跳时向前的力量大而向上不够。适当缩短助跑的距离，快速放脚积极蹬伸；摆动腿向异侧肩摆起，同时带髋将重心提起，做短、中、高的全程摸高物练习。

② 起跑时身体倒向横杆。在横杆前按画好的弧线助跑起跳，倒数第二步摆动腿的脚掌落在弧线的外缘，较好地使身体保持内倾。

③ 起跑时臀部后坐。短程助跑上斜板起跳（1~2块跳板），做蹬地送髋练习。

④ 弧线助跑时，身体没有内倾。改进弯道跑技术，沿小半径的圆圈跑，在圆圈上做助跑起跳练习。

⑤ 过杆时收腹举腿慢，小腿碰杆。做双腿原地跳起，背越式过杆和快速收腹举腿练习。

练 习 方 法

① 4~6步弧线节奏跑：培养高弧线跑的节奏和身体形态。

② 30 m弯道跑：提高弧线助跑的速度素质。

③ 30 m直道+30 m弯道跑：提高由直道进入弯道的自然过渡能力。

④ 8~10步全程助跑：强化助跑节奏与身体形态，提高助跑速度。

⑤ 小弧线两步起跳：主要练习放脚踏跳、摆动腿和两臂的摆动以及对身体姿态的控制。

⑥ 小弧线4步助跑起跳：主要练习在保持良好身体姿态和助跑节奏的前提下快速起跳的能力。

⑦ 全程助跑加轻起跳：主要练习快速助跑和快速起跳相结合的能力。

⑧ 全程助跑起跳摸高：主要练习在全程快速助跑前提下全力起跳的能力。

⑨ 背对海绵包站立，然后提脚跟、挺髋、向后引肩，倒地落在海绵包上（如果没有海绵包，可多用几块垫子）。

⑩ 背对搭放跳马的垫子站立，做上一练习并向横杆后引肩，做背越式过杆动作，然后举腿顺垫子向后落下（图5-1-7），再跳过杆。

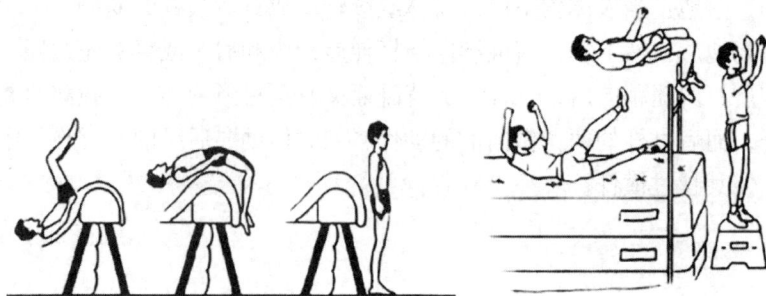

图5-1-7   跳高练习

2. 跳远

跳远过去称急行跳远，它是古代奥林匹克竞赛及古希腊五项运动里都有的一个项目，是现代学校体育教学和田径比赛的项目之一。

跳远是由助跑、起跳、腾空和落地四部分组成的有机整体。根据人体在空中不同的技术动作可分为蹲踞式、挺身式、走步式跳远三种。

（1）助跑的方式

① 从静止状态开始：一般采用两腿微屈，两脚左右平行站立的"半蹲式"，或两脚前后开立的"站立式"。从静止状态开始，第一步的步幅和速度容易做到稳定，有利于提高助跑步幅的准确性。

② 从行进间开始：先走几步或跑几步踏上起跑点后，开始加速跑，这种方法的优点是动作比较放松、自然。

（2）加速方式

① 积极加速方式：从助跑一开始就用力跑，步频始终很高，用增加步长提高速度。这种方法能迅速获得较快的速度，助跑距离较短。

② 逐渐加速方式：与一般加速跑相似，开始步频较低，在逐渐加大步长的基础上提高步频。

（3）起跳

① 起跳脚的着地：起跳脚在落地前大腿抬得比短跑时稍低些，下落要快速、积极，但着地要柔和。着地前，脚掌运动的方向是向下、向后（对于身体而言）。向后的动作越快，对着地后身体前移越有利。起跳脚先以脚跟触及地面，并迅速转为全脚掌支撑。起跳脚落下时，身体上提，以减轻起跳腿在着地后的负担，并使身体重心保持较高的位置。

② 蹬伸：蹬伸并不仅仅是起跳腿的蹬地，而是整个身体的向上伸展，并与摆腿、摆臂和提肩、提腰等动作协调配合。

③ 起跳中的摆动动作：摆腿、摆臂动作，对提高起跳速度，加大动作幅度，保持身体平衡，减轻着地时的冲撞力和加大伸腿力量都有重要作用。摆动动作的最后要"突停"，以配合起跳腿和整个身体完成起跳。

（4）腾空

① 蹲踞式：蹲踞式跳远时，"腾空步"的时间较长，摆动腿抬得高，膝关节的屈度大，两大腿之间的夹角也大。"腾空步"后，起跳腿逐渐像摆动腿靠拢；然后，两腿上举，使膝接近胸部。"腾空步"后，两臂向上举。落地前，大腿上抬，接着小腿前伸，同时两臂向前，使腿、臂动作协调一致（图5-1-8）。

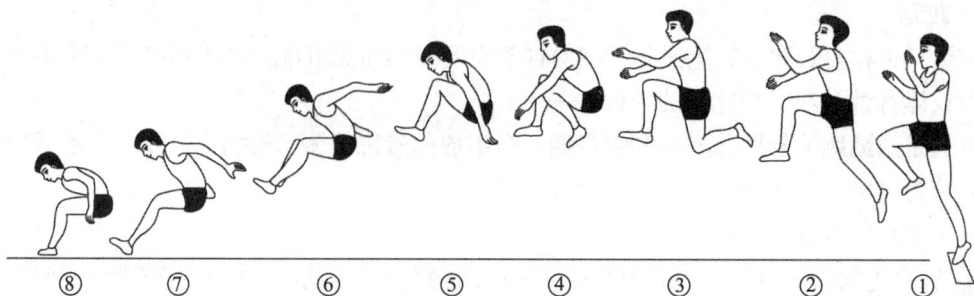

图5-1-8　蹲踞式

②挺身式：起跳后，保持"腾空步"的时间比"蹲踞式"短。"腾空步"后，展髋放下摆动腿，并后摆向起跳腿靠拢。"腾空步"开始时，两臂保持一前一后，当摆动腿放下时，两臂同时下落。挺胸"送"髋，使躯干成"反弓"姿态，继而收腹举腿，两臂上举，准备做落地动作（图5-1-9）。

图5-1-9　挺身式

③走步式："腾空步"后，摆动腿下落继续向后运动，同时展髋，起跳屈膝前摆，在空中完成一个自然的换步动作，形成起跳腿在前、摆动腿在后的"跨步"姿势。换步时，摆动腿由屈到直向后摆动，起跳腿由直变弯曲，大、小腿折叠向前摆动（图5-1-10）。

图5-1-10　走步式

（5）落地：落地技术包括以下动作（图5-1-11）：

图5-1-11　落地

着地前两腿屈膝高抬成团身姿势。做这一动作时，膝关节要主动向胸部靠拢；即将着地时，膝关节迅速伸直，使小腿前伸，以脚跟先接触沙面；着地后，立即屈膝，骨盆前移，两臂前摆，使身体迅速移过落点，避免后坐。

专家提示

易犯错误及纠正

① 起跳时髋、膝、踝关节没有蹬直。原地做起跳练习，注意放脚、缓冲、蹬伸的动作。

② 助跑与起跳动作结合不好。助跑的最后几步，按一定的标志跑。避免步子过大或过小，掌握正确的助跑节奏，快速进入起跳。

③ 助跑步点不准。反复进行各种跑的练习，改进跑的技术，掌握跑的节奏。

④ 第一跳跳不起来。反复做短距离助跑起跳练习，要求起跳腿快速上板起跳，起跳时充分伸展髋、膝、踝关节。

练习方法

① 在不同质量的跑道上，进行长于全程距离的助跑（多跑2～4步），利用助跑标志，稳定最后6～8步的步长。

② 固定启动方式，使助跑开始段的步长和加速过程定型，保证最初几步助跑步长的稳定。

③ 进行变换节奏的加速跑和跑的练习，以培养对跑速和动作的控制能力。

④ 在8～10步助跑后，按步长标志进行加大步长和缩短步长的助跑练习，培养调整步长和步频的能力。

⑤ 快跑中的起跳脚放置或摆动腿的练习与衔接。

⑥ 连续3～5步助跑起跳成腾空步练习。

⑦ 短、中程距离助跑起跳成腾空步的练习。

⑧ 全程助跑起跳练习。

⑨ 采用俯角跳板短程助跑起跳练习。

⑩ 利用下坡跑道进行助跑起跳练习。

3. 三级跳远技术

（1）助跑：三级跳远的助跑动作和跳远基本相似，一般跑18～22步，助跑距离35 m左右。

（2）第一跳（单腿跳）：用有力的腿作起跳腿，跳起后经过空中交换腿的动作后仍以该腿落地，完成单腿跳。由于第一跳以后还要继续做第二和第三跳动作，两臂配合腿的动作由体前经下方向体侧后方摆动，以维持身体平衡。在换步后，起跳腿继续摆至大腿与地面平行高度，然后大腿积极下压，做"扒"地式落地。两臂由前向后侧摆，准备第二跳。

（3）第二跳（跨步跳）：第一跳落地后，摆动腿迅速向前上方摆起，由缓冲落地而弯曲的起跳腿迅速伸直蹬地，两臂同时配合伸蹬动作，从后侧向前上方摆动，开始第二跳。起跳后，仍成腾空步姿势。在到达腾空抛物线的后三分之一时，开始做落地和准备第三次起跳的动作。两臂配合向前做大幅度的摆振。

（4）第三跳（跳跃）：第三跳起跳腾空后，仍保持腾空步姿势，以后的动作与跳远的腾空和落地动作一样，可以采用蹲踞式，挺身式或走步式及其落地方法。

三级跳远的成绩取决于助跑时所获得的水平速度和起跳产生的垂直速度，同时也与每一个动作完成质量、维持身体平衡的能力和三级跳远的比例有关。由于从助跑中获得的水平速度在三级跳远的过程中不断降低，所以如何减少水平速度的损失而又获得合理的垂直速度，是三级跳远技术中要解决的主要问题。一般来说，三级跳远的腾起角为：单腿跳时16°～18°，跨步跳时12°～15°，跳跃时16°～20°。三跳的长度比例是单腿跳最长，跨步跳最短，跳跃次长（图5-1-12）。

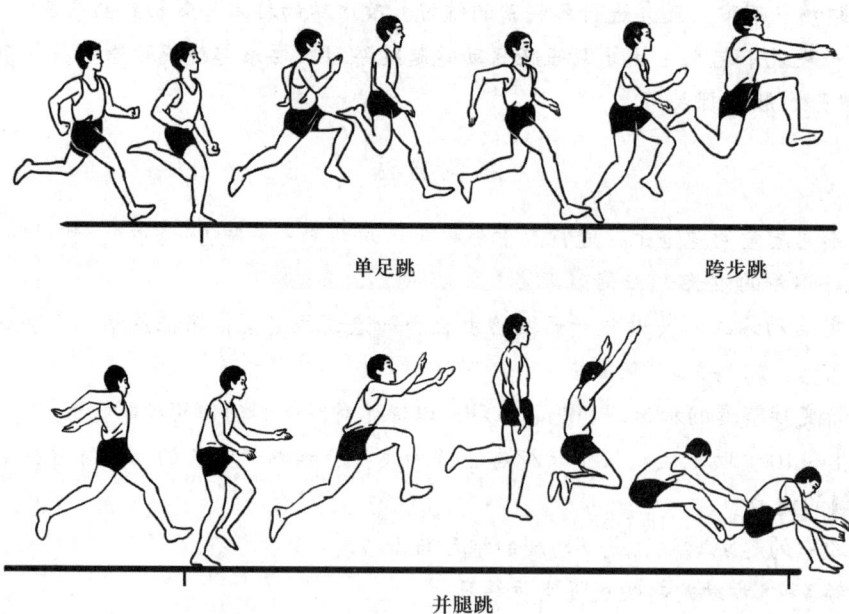

单足跳　　　　　　　　　　　　　　跨步跳

并腿跳

图5-1-12　三级跳远

专家提示

易犯错误及纠正

① 第一跳跳不起来。反复做短距离助跑起跳练习，要求起跳腿快速上板起跳，起跳时充分伸展髋、膝、踝关节。

② 第二跳跳不起来。多做连续单足练习，助跑后连续进行"左、左、右"或"右、右、左"的跳跃练习。

③ 第三跳跳不起来。适当限制第一、二跳的远度，或按规定远度标志进行完整技术练习。

④ 三跳节奏不好。根据学生情况按标志进行各种形式的多级跳，加强腿部力量练习。

练习方法

① 原地模仿"扒地"式起跳练习。

② 连续做"单足跳—跨步跳—跑步跳—单足跳"的练习。

③ 短程助跑第一跳落于标志区内，第二跳越过实心球，第三跳越过一定高度的橡皮筋，落入坑的练习。

④ 短程和全程助跑三级跳远。

4. 推铅球（以右手持球为例）

为了便于分析技术和教学，一个完整的推铅球技术可分为握持铅球（握球、持球）、滑步前的预备姿势、滑步、最后用力、维持身体平衡五部分。推铅球的方法有侧向滑步、背向滑步和旋转等推法，在此介绍目前普遍采用的背向滑步推铅球技术（图5-1-13）。

预备　　　　　　　　　　滑步　　　　　　　　最后用力　　　　维持平衡

图5-1-13　背向推铅球

（1）铅球的握持法

① 握法：手指自然分开，把球放在食指、中指和无名指的指根上，拇指和小指支撑在球的两侧，掌心不触球，手腕背屈，以防止球的滑动和便于控制出球方向（图5-1-14）。

② 持法：握好球后，将球放在锁骨窝处，贴着颈部，右肩屈肘，掌心向前，右臂的大臂同肩齐平或略低于肩。

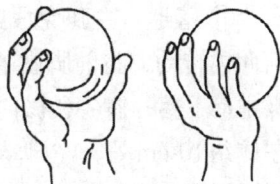

图5-1-14　铅球的握持法

（2）滑步前的预备姿势：预备姿势是滑步前的准备动作，它对铅球运动距离的长短起着重要作用，也为顺利进入滑步动作创造条件。预备姿势有高姿势和低姿势两种。

① 高姿势：持球后，背对投球方向，站在投掷圈内靠近后沿处，两脚前后站立，相距20～30 cm，右脚尖靠近投掷圈内沿，脚跟正对投掷方向（脚也可稍向内转），左脚在后，膝部自然弯曲，以前脚掌或脚尖着地，上体正直放松，左臂自然上举，重心落在伸直的右腿上（图5-1-15）。

② 低姿势：持球后背对投掷方向，站在投掷圈内靠近后沿处，两脚前后站立，相距50～60 cm（根据身高和下蹲的程度而定）。右脚在后，以前脚掌或脚尖着地，左脚尖贴近圆圈指向投掷相反方向（脚也可稍内转）。左臂自然下垂，左肩稍向内扣，两膝弯曲，上体前屈，头和背保持在一个平面上（图5-1-16）。

图5-1-15 高姿势　　　　　　　　　　图5-1-16 低姿势

（3）滑步：滑步是推铅球技术的重要组成部分，目的是使铅球获得尽可能大的水平方向速度，并为最后用力创造条件。为便于分析，我们将滑步分成团身、蹬摆、落地三个阶段。

① 团身：在滑步前有的先做一两次预摆，有的不做预摆。采用高姿势者预摆时，左腿自然弯曲，大腿用力平稳缓慢地向后上摆起，右腿伸直。上体伴随左腿上摆逐渐前倾，左臂微屈前伸或下垂，头和背保持在同一个平面上。当左腿摆到使背约与地面平行，身体稳定后，回收左腿向右腿靠近，同时，右腿逐渐屈膝，完成团身动作，为右腿蹬地和左腿摆动创造条件。

② 蹬摆：无论高姿势、低姿势，还是预摆、不预摆，当左腿回收靠近右腿，完成团身动作后，臀部微向投掷方向移动，使身体重心偏离支撑点，便于滑步和避免在滑步中身体重心起伏过大。臀部后移，移离身体重心支撑点时，左腿快速向投掷方向摆出，同时右腿蹬伸，使身体向投掷方向移动。

③ 落地：右腿完成蹬地后，迅速拉伸右腿。在收腿过程中，膝和大腿向内扣，脚尖逐渐向内转动，将前脚掌落在投掷圈中心附近，与投掷方向约成90°角。右脚着地后，左脚积极主动下落，脚尖稍微向外转，带动髋部微向左转动，将左脚前脚掌内侧落在投掷圈正中线左侧约10 cm处，左脚掌与投掷方向约45°角。两脚着地时间隔越短越好，保证迅速过渡到最后用力。

（4）最后用力：最后用力是推铅球技术的主要环节，蹬、转、挺、推、拨，一环紧扣一环，动作的准确与否，决定了出手的速度、角度和高度，直接影响了最后的成绩。其技术动作是：滑步结束时，右脚比左脚先着地。右脚着地后，右腿积极蹬伸，膝和大腿内扣，推动右髋向投掷方向转动，上体在转动中逐渐抬起，同时躯干的肌群积极收缩。左臂和左肩高于右臂，铅球尽可能地保持较低位置，身体重心仍在弯曲而压紧的右腿上。右腿不停蹬伸，使右髋继续向投掷方向转动和上体逐渐迁移，身体重心逐渐移至左腿，左膝微屈。当左臂继续向体侧摆动时，向前展胸转头，做最后的鞭打动作。随着两腿积极蹬伸和躯干的最后鞭打，右臂迅速而有力地将球推出。铅球快出手时，手腕稍向内转同时屈腕，快速而有力地拨球，使铅球从手指剥离。

专家提示

易犯错误及纠正

① 推球时手指、手腕用力不当。推球离手时手腕不能高于手指，改变手型。

② 推铅球时肘关节下降形成抛球。正确推球时，肘部约同肩高，肩推肘促球，用力通过球心，并对着前上方目标推球。

③ 推球时只用臂力，不能充分发挥下肢和腰背肌的力量。明确推铅球最后用力必须髋部发力，自上而下的用力方式，即蹬、转、起、挺、推、拨的最后用力练习。

练习方法

① 徒手模仿蹬与转、推与拨、预摆与滑步动作的练习。

② 原地正面、侧向推轻铅球或实心球的练习。

③ 侧向滑步推铅球的完整练习。

---

5. 掷标枪（以右手持枪为例）

掷标枪的完整技术是一个连续的过程，为了便于分析技术和教学，可分为握枪和持枪、助跑（预跑阶段、投掷阶段）、最后用力、维持身体平衡四个部分（图5-1-17）。

图5-1-17 掷标枪

（1）握枪和持枪

握枪方法：握枪方法是将标枪斜放在掌心上，大拇指和中指握在标枪把手末端第一圈上沿，食指自然弯曲斜握在标枪上，无名指和小拇指在把手上（图5-1-18）。

持枪方法：持枪的方法是屈臂举枪于肩上，大小臂夹角约为90°，稍高于头，枪尖稍低于枪尾。

（2）助跑（图5-1-19）：助跑的距离应根据投掷者发挥速度的快慢而定，一般长15～25 m，跑10～14 m预跑阶段主要是通过逐渐加速跑获得适宜的速度，在投掷步前达到最大速度。为

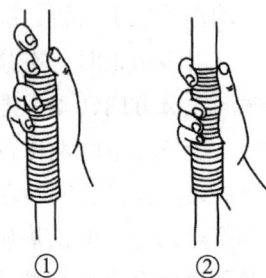

图5-1-18 握枪和持枪

了便于控制动作，在第二标志线前可稍改变跑的节奏，加快步频，有利于从步前达到最大速度。在跑进中上体正直或稍向前倾，用前脚掌着地，大腿抬得较高，后蹬力量强，动作轻快而富有弹性，持枪臂随着跑的节奏与左臂配合，前后轻微摆动，并与下肢动作协调配合。加快助跑速度是提高成绩的一个重要途径，但速度并不是越快越好，助跑速度的快慢应同投掷步技术相适应，才能达到良好的效果。优秀标枪运动员，助跑速度一般比平跑最快速度慢20%。

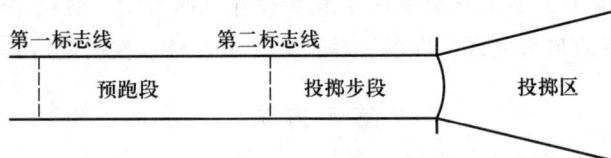

图5-1-19 助跑

（3）投掷步：从第二标志线到最后用力前的这段距离是投掷步阶段。一般男子为12 m，女子为8 m。投掷步的任务是在较高的跑速中，既要完成引枪动作，改变枪的位置，又要使下肢超越上肢，做好最后用力的有利姿势。投掷步的基本形式有两种，一种是跳跃式，一种是跑步式。跳跃式投掷步有利于引枪和发力，跑步式投掷步有利于发挥水平速度。

投掷步的步数，有采用四步、五步的，也有采用六步的。一般采用的是四步投掷步，我们这里介绍四步投掷步技术。

第一步：左脚踏在第二标志线上，右脚积极前迈；同时，右肩后撤并开始向后引枪，标枪靠近身体，左肩逐渐向标枪靠近，左臂自然摆至胸前；眼向前看，髋部正对投掷方向，持枪臂尚未伸直。

第二步：当右脚落地，左脚离地前迈，开始了投掷步的第二步。左脚前迈时，髋稍向右转，上体微向后倾，右肩向后撤离，伸直右臂并完成引枪动作，右手接近于肩的高度，枪身与前臂夹角较小，枪尖靠近右眉，并用余光控制标枪的位置，保证标枪纵轴和投掷方向一致。

第三步（交叉步）：投掷步的第三步是由左脚落地开始的，左脚一落地，右腿膝关节自然弯曲，大腿带动小腿积极有力地向前摆出；当右腿靠近左腿时，左腿快速有力地蹬伸，促使右腿加快前迈。此时髋轴转向投掷方向，并于肩轴形成交叉状态，拉长了躯干的肌肉。左

臂自然摆至胸前，有助于左肩继续向右转动，加大躯干的向右扭转。

右脚尖外转用脚跟外侧先落地，然后过渡到全脚掌，右脚尖与投掷方向约成45°角。躯干和右腿成一条直线，整个身体向后倾斜与地面形成50°～60°的夹角。

第四步：在交叉步右脚尚未落地之前，左腿就要积极前迈，开始了第四步。右脚落地，膝关节弯曲，积极缓冲，减少对水平速度的制动。接着右腿以较小角度蹬地，加快髋部向投掷方向转动和前移，同时也加速了前腿的前迈。左腿前迈时，大腿抬得不宜过高，以便左脚很快落地。左脚用脚跟先着地，膝关节伸直，作出强有力的制动和支撑。左脚落地的位置应在右脚落地前投掷方向线的左侧20～30 cm处，便于最后用力。

投掷步的步长是否合理关系到投掷步的节奏，投掷步的节奏应是逐渐加速，比预跑阶段速度稍快，这样才能获得更大的动能，特别是第三、第四步速度，明显要快于前两步。四步步长是：第一步大，第二步小，第三步大，第四步小。

（4）最后用力：这是掷标枪最重要的技术部分。它决定着标枪的出手速度、出手角度和在空中飞行的状态。

投掷步的第三步右脚着地后，由于惯性，髋部迅速向前运动，在超越了右腿支撑点之后，右腿就开始最后用力。当左脚着地，便形成了以左脚到左肩的左侧支撑，为右腿继续蹬地转髋创造条件。右腿继续蹬地，推动右髋加速向投掷方向运动，使髋轴超过肩轴；同时髋部牵引着肩轴向投掷方向转动，在肩轴向投掷方向转动的同时，投掷臂向前转动带动前臂，手腕向上翻转，当上体转为正对投掷方向时，形成了"满弓"姿态。此时投掷臂处于身后，约与肩高，与躯干几乎成直角。

当身体重心即将移至左腿时，弯曲的左腿做迅速有弹性的蹬伸，脚掌用力向后扒地，同时胸部尽量前送，并带动小臂向前做爆发性"鞭打"动作，使全身的力量通过手臂和手指作用于标枪纵轴。标枪离手的一刹那，手腕和手指的积极动作能使标枪沿着纵轴按顺时针方向自转。这可以保持标枪在空中的稳定性，提高滑翔效果。标枪出手的适宜角度为30°～35°。

（5）维持身体平衡：标枪出手后，人体由于受惯性的作用，必然随着向前的惯性向前运动，为了防止越线犯规，应及时向前跨出一至两步，身体稍向左转或上体稍向前倾，降低身体重心，维持平衡，避免冲出线外。

专家提示

易犯错误及纠正

① 投掷步阶段减速，节奏性不好。适当调整预跑阶段的跑速，注意引枪时保持上体正直。

② 助跑与最后用力间衔接不好，出现停顿。采用短助跑投掷标枪或小球的练习，注意交叉步落地后的发力意识。

③掷枪前，右手在体侧，未经肩上，标枪向右侧飞出。加强肩关节灵活性的训练，反复练习原地、上步成"满弓"姿态的模仿练习。

练习方法

①原地下面、侧面由近及远地插枪练习。

②原地和上步侧向掷标枪的练习。

③徒手和持枪做五步的投掷练习。

④短程和全程助跑掷标枪。

三、田径比赛的主要规则

（一）径赛规则

1. 赛次和分组

径赛一般分为第一轮（Round 1）、第二轮（Round 2）、半决赛（Semi-Finals）和决赛（Finals）四个赛次。而赛次的安排和分组，以及每一赛次的录取人数将根据报名参加比赛的人数决定。预赛分组时要尽可能把成绩好的运动员平均分配到不同的小组中去。在其后的各轮比赛中，依据运动员在前一轮的比赛成绩分组。如果可能，相同国家或地区的运动员应分开。

2. 名次判定

身体躯干（不包括头、颈、臂、腿手或足）抵达终点线垂直面为名次确定的依据，先到达者技术过程：躯干自然伸直或稍向前倾，两臂屈肘约成90°角，在体侧做前后有力的协调摆动，配合下肢运动，起到调节跑速作用。前迈腿脚落地时需伸直，用脚跟着地，以增大步长，减小着地时的制动。继而，另一腿蹬地，身体重心前移，进入单腿支撑阶段。当重心移至伸直的支撑腿上时，后腿屈膝摆至体侧；在人体经过垂直部位后，支撑腿由全部着地过渡到脚尖，并在摆动腿的配合下完成下一步的后蹬。

（二）田赛规则

1. 跳远、三级跳远有下列行为之一即判犯规

（1）运动员以身体任何部位触及起跳线之前的地面。

（2）从起跳板两端之外起跳，无论是否超过起跳线的延长线。

（3）触及起跳线和落地区之间的地面。

（4）在落地过程中触及落地区以外的地面，而落地区以外的触地点较落地区内的最近触地点更靠近起跳线。

（5）离开落地区时，运动员在落地区外地面的第一触地点较落地区内最近触地点和在落地区内因身体失去平衡而留下的任何痕迹更靠近起跳线。

（6）在助跑或跳跃中采用任何空翻姿势或还未通知该运动员试跳即试跳，不管是否成

功，都应判该次试跳失败。

（7）无故错过该次试跳顺序，无故延误时限。

（8）每次试跳的时限为 1 min，只有当一名运动员连续两次试跳时，其试跳时限为 2 min。

（9）在时限只剩最后 15 s 时，计时员举黄旗示意，当时限已经到时，落下黄旗，主裁判应判定该运动员该次试跳失败。

（10）如果在时限到达的同时，运动员已经开始试跳，应允许其该次试跳。

（11）当裁判员通知运动员试跳开始后，运动员才决定免跳，而此时时限已到，则应判该次试跳失败。

2. 跳高有下列行为之一即判犯规

（1）使用双脚起跳。

（2）由于运动员的试跳动作致使横杆未能停留在横杆托上。

（3）在越过横杆之前，身体触及立柱前沿垂直面以外的地面或落地区。但如果裁判员认为运动员并没有受益，则不应由此而判该次试跳失败。

（4）无故延误时限。

（5）当裁判员通知运动员开始后，运动员才决定免跳，当时限已过，应判该次试跳失败。

（6）试跳时，运动员有意用手掌或者手指把即将从横杆托上掉下的横杆放回。

（7）无故错过该次试跳顺序。

3. 比赛过程中有下列行为之一即判犯规

（1）超出时间限制。

（2）投掷技术不符合规则规定（如规则要求铅球和标枪必须由单手从肩上掷出）。

（3）在投掷过程中，身体和器械的任何一部分不得触及投掷圈、投掷弧、延长线及其以外地面任何一部分，否则即为投掷失败。

（4）只有当器械落地以后，运动员才允许离开投掷圈或助跑道。标枪运动员在投出的枪落地前，不能完全背对出枪方向，且最后须从投掷弧以及延长线后退出。

（5）链球、铁饼和铅球运动员，掷毕须从投掷圈后半圈的延长线后退出。

（6）在没有犯规的情况下，参赛者可以中止已开始的试掷动作，将器材放下以后暂时离开投掷区，并可重新开始，但是必须在规定的时限内完成投掷。

（7）参赛者可以在比赛期间离开比赛区域，但必须由裁判员许可并由裁判员陪伴。

（8）在比赛过程中，运动员不能在比赛场地使用以下电子设备：摄像机、便携式录放机、收音机、CD机、报话机、手机、MP3以及类似的电子设备。

4. 有效成绩

投掷项目比赛除犯规意外，运动员投出的器械完全落在落地区内（不包括落地区边线）才算有效，丈量成绩时从距离投掷区最近的落地点算起。其中标枪必须是枪尖首先触地的成绩才有效。

5. 名次录取

比赛结束后，以运动员最好的一次试投成绩，包括因第一名成绩相等而进行的决名次赛成绩，作为最后成绩判定的名次。成绩好者列前，如成绩相等，则以第二好成绩来决定名次，依次类推。除第一名外，其他名次允许并列。

6. 裁判旗示

在投掷比赛中，通常有两名主裁判手持红、白旗帜各一面，用来示意运动员试投是否成功。举红旗表明试投失败，成绩无效；举白旗表示试投成功，成绩有效。其中一名站在投掷区附近的称为内场主裁判，主要判定运动员在试投过程中是否犯规；另一名在落地区内的称为外场主裁判，主要判定器械落地点是否有效。

第二节　篮球运动

一、篮球运动的健身价值

篮球运动是深受学生喜爱的运动项目，它不仅能引起参加者的兴趣，而且对增强体质、提高人体的各项机能有积极的作用。篮球运动的技术动作是由跑、跳、投、掷等基本技能组成。因此，从事篮球运动对人的机体有综合的影响，能促进健康，促进力量、速度、耐力、灵敏等身体多方面素质的全面发展，提高内脏器官的功能。提高集中注意的能力，对空间、时间和定向能力的提高有着良好的效果。运动员在比赛中经常变换动作，对提高神经中枢的灵活性，以及协调、支配各器官的能力，也有一定的作用。篮球运动竞赛富有趣味性，具有较大的吸引力，参加者不受年龄、性别的限制，它能起到增强体质、促进健康的目的，对丰富人们的业余文化生活和精神文明建设都有一定的积极作用。

相关链接

篮球运动的起源

篮球运动是攻守双方在长28 m、宽15 m的长方形场地上进行争夺球权，比赛过程中是用单手或双手把球投向设置球场两端悬在篮架、篮板高处篮圈的球类项目，以球投中篮圈得分多者为优胜。篮球运动是1891年由美国马萨诸塞州斯普林菲尔德市（春田）基督教青年会训练学校体育教师詹姆期·奈史密斯（1861—1939年）博士发明的，当时为弥补学生在寒冬室外活动的不足，而设计的一套适合于在室内进行的体育游戏。他从用桃子投向筐这种游戏中受到启发，将两只桃筐分别钉在健身房看台的栏杆上，距离地面3.05 m，以足球作为比赛工具向篮筐里投掷，以投进对方篮筐多的为胜方，但每次投中篮后都要用梯子把球取出。后来他将篮筐设计成现在的形式，将筐下剪开，球投中后自动掉下来。所以这项运动命名为"篮球"。

二、篮球竞技技术

（一）篮球基本技术

1. 技术应用

篮球技术是队员在比赛中为攻守目的所运用的各种专门动作的总称，是队员进行比赛的主要手段。基本技术掌握得好坏，直接影响着队员技术水平的提高和高难度技术动作的掌握程度。因此，在基础阶段打好基本技术的基础，对今后参与比赛取胜有着重要的意义。

篮球技术是在运动实践中逐步形成、发展、完善起来的。随着篮球运动进攻与防守战术的发展，竞赛规则不断演变，队员身体素质与文化素质的提高，攻守对抗日益紧张激烈，促使篮球技术不断改进、完善、丰富和创新。技术的发展也从单个技术向综合技术，从简单技术向高难度技术方向发展。为了便于学习，现将篮球技术的分类如下（图5-2-1）。

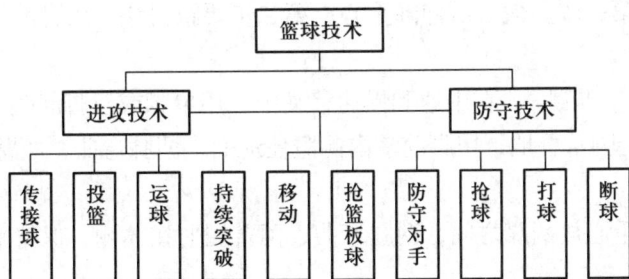

图5-2-1 篮球基本技术分类

（马振洪. 跟专家练篮球［M］. 北京：北京体育大学出版社，2011.）

2. 脚步动作

（1）变速跑

①动作方法：由慢跑变快跑时，上体前倾，用前脚掌短促有力地向后蹬地；同时迅速摆臂，前两三步要小，加快跑的频率；由快变慢时，上体抬起，步幅加大，用前脚掌抵地，减缓冲力，从而降低跑速。

②动作要点：由慢跑变快跑，步频加快；由快跑变慢跑，步幅变大。

（2）侧身跑

①动作方法：队员在向前跑动时，头部与上体侧转向球的方向，脚尖朝向跑动的前进方向，内侧腿深屈，外侧用力蹬地，内侧肩在前。

②动作要点：面向球转体，切入方向的内侧腿深屈，外侧脚用力蹬地，重心内倾。

（3）后退跑

① 动作方法：后退跑时，两脚提踵，用脚前掌交替蹬地提膝向后跑动；上体放松直起，两臂屈肘相应摆动，保持身体平衡；两眼平视，注意场上情况。

② 动作要点：两脚提踵，脚前掌蹬地，上体放松直起。

（4）双脚起跳

① 动作方法：起跳时，两脚开立，两膝快速下蹲，两臂相应后摆，上体前倾；同时两脚用力蹬地，伸膝，提腰，两臂迅速向上提，使身体向上腾起；上体在空中自然伸展，收腰，下肢放松；落地时用前脚掌着地，屈膝以保持身体平衡。

② 动作要点：起跳前屈膝降重心，掌握好球的落点，起跳时的蹬地、提腰、伸臂动作要突然、协调。

（5）跨步急停（两步急停）

① 动作方法：队员在快速跑动中急停时，先向前跨出一大步，用脚跟先着地，然后迅速地过渡到全脚掌抵住地面，同时立即迅速屈膝降重心，身体微向后仰，后移重心，紧接着再跨出第二步。脚着地时，脚尖稍向内转，用脚前掌内侧蹬住地面，两膝弯曲（如先跨左脚后上右脚，则身体向左侧转），身体微向前倾，重心落在两脚之间，两臂屈肘自然张开，保持身体平衡。

② 动作要点：第一步要大，后仰降重心；第二步要跟得快，用脚前掌内侧蹬地。

（6）跳步急停

① 动作方法：（一步跳）：在中速和慢速移动中，用单脚或双脚起跳（紧贴地面跳），上体稍后仰；落地时全脚掌着地，用脚前掌内侧蹬住地面，两膝弯曲，两臂屈肘微张，以保持身体平衡。

② 动作要点：重心放两脚之间，两腿弯曲，两臂屈肘在体侧，保持平衡。

（7）转身

① 动作方法：转身时，重心移向中枢脚，另一只脚的前脚掌蹬地；同时中枢脚以前脚掌为轴用力碾地，上体随着移动脚转动，以肩带腰向前后改变身体方向。在身体移动过程中，保持身体重心平稳，转身后重心应转移到两脚之间。转身分前转身和后转身，移动脚向中枢脚前方跨步转动的叫前转身，移动脚向中枢脚后方撤步转动叫后转身。

② 动作要点：中枢脚用力碾地，同时异侧脚用力蹬地、转胯，身体重心始终保持在一个水平面上。

（8）滑步

① 动作方法：滑步是防守移动的一种主要方法。它易于保持身体平衡，可向任何方向移动。滑步可分为侧滑步（横滑步）、前滑步和后滑步。现以侧滑步为例，其动作方法是：滑步前，两脚左右开立约与肩宽，膝微屈，上体稍前倾，两臂侧伸，目平视盯住对手。向左滑步时，右脚前脚掌内侧用力蹬地，同时左脚向左跨出；在落地的同时，右脚迅速随同滑行，然后依次重复上述动作。滑步时身体要保持平稳。

② 动作要点：重心平稳。移动时做到异侧脚先蹬，同侧脚同时跨出，异侧脚再跟，滑步后保持原来姿势。

（9）后撤步

① 动作方法：斜侧步站立时，前脚后撤变成后脚。撤步时前脚掌碾地。当前脚后撤着地后，紧接着滑步，保持身体平衡与防守姿势。后撤步时撤步角度不易过大。

② 动作要点：前脚用力蹬地，利用腰部力量带动转胯，后脚的前脚掌要积极辗转蹬地。

（10）交叉步

① 动作方法：向右移动时，左脚用力蹬地后迅速从右脚前迈出，上体稍向右转，左脚落地，右脚迅速地向右跨步。两脚交叉动作要快，身体不要上下起伏。交叉步后重心落在两脚之间，交叉步实质上是面对对手的侧身快跑动作。

② 动作要点：两脚蹬转起动（脚尖要指向跑的方向），速度快，降重心，身体保持平稳。

专家提示

易犯错误及纠正

移动时身体重心不稳，蹬地、转动时脚步、腰、胯的灵活性不足。宜用俯卧撑，平板支撑等练习手段加强核心力量的锻炼。

练习方法

① 原地练习移动和控制重心，如：在原地做跨步、上步、转身、慢步急停、起动等。

② 在慢速移动中练习变方向跑（折线跑、折回跑）、急停和急停后接转身。

③ 在快速移动中练习各种脚步变化。

---

3. 传接球

（1）双手胸前传球

① 动作方法：两手手指自然分开，拇指相对成八字形，用指根以上的部位持球，手心空出，两肘自然弯曲在体侧，将球置于胸腹之间的位置。身体成重心前移的同时，前臂迅速向传球方向伸出。拇指用力下压，手腕前屈，食、中指用力拨球将球转出；击球后身体迅速调整成基本站立姿势。传球距离越近，前臂前伸出的幅度越小（图5-2-2）。

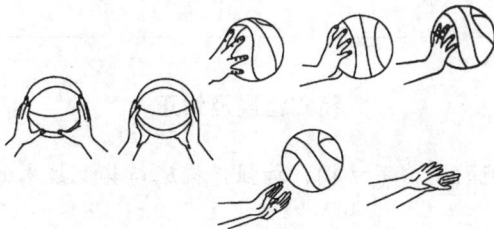

图5-2-2　双手胸前传球

②动作要点：手腕急促地由下而上，由内向外翻，同时拇指下压，食、中指用力拨球。

（2）双手反弹传球

①动作方法：反弹传球的击地点一般应在离接球人三分之一处，如防守人离传球人稍远或防守人后退协防内线队员，球则可在防守人脚侧击地反弹。球向后旋转击地反弹后，球减速向斜上方弹起，便于接球队员接球。传球手法与双手胸前传球相同，但腕指用力要大，如用力不够，反弹高度就低，不利接球。

②动作要点：腕指急促抖动用力，出球快，击地点适当。

（3）双手低手传球

①动作方法：原地传球时，持球于腹前或腰侧，出球时手腕由下而上翻转，同时小指、无名指和中指稍用力拨球，柔和地将球传出。

②动作要点：出球时手腕用力柔和。

（4）单手肩上传球

①动作方法：以右手传球为例。双手持球于胸前，两脚平行开立，传球时，左脚向传球方向迈出半步；同时将球引至右肩上方，肘外展，大臂与躯干、小臂与大臂的夹角大于90°。右手托球，手腕后仰，左肩侧对传球方向，重心落在右脚上，右脚蹬地转体，前臂迅速向前挥摆，手腕前屈，通过食指、中指拨球将球传出。球出手后，随着身体重心前移，右脚向前迈出半步，保持基本站立姿势。

②动作要点：转体挥臂，扣腕，自下而上发力。

（5）单手体侧传球

①动作方法：双手胸前持球，右手传球时，左脚向左跨出一步，右手引球至身体右侧。出球前的一刹那，持球手的拇指向上，手心向前，手腕后屈，小臂稍向前摆，急促用力向前扣腕，手指用力拨球，将球传出。

②动作要点：跨步与传球的配合要协调、迅速、腕指急促用力拨动，小臂摆幅要小。

（6）单手背后传球

①动作方法：原地背后传球时，双手持球摆至体侧，如用右手传球，扶球的左手离开，右手引球继续向背后摆，前臂摆球至臀部一刹那，向传球方向急促扣腕，食指、中指、无名指用力拨球。球离手越早，传球的高度越低；球离手越晚，则传球的高度越高。

②动作要点：持球手后摆至臀部，急促扣腕，手指用力拨球，摆臂与脚步动作的配合要协调。

专家提示

易犯错误及纠正

传接球时手指和手腕的用力不协调，加强传接球与其他技术的配合。

练 习 方 法

① 做各种原地传、接球练习。

② 在半场移动,两三人配合进行练习。

---

4. 投篮

(1) 单手肩上投篮

① 动作方法:右手五指分开,向后屈腕,屈肘持球于肩上(或高些),左手扶球;右脚稍前,左脚稍后,重心放在两脚之间,上体稍前倾,两膝微屈,上体肌肉放松,目视投篮目标。投篮时,用力蹬地,伸展腰腹,抬肘,手臂上伸,手腕、手指前屈,指端拨球,用中指、食指将球投出,手臂向前自然伸直。

② 动作要点:投篮时要自下而上发力,抬肘,手臂上伸,接近垂直时,屈腕拨球,将球投出。

(2) 行进间单手高手投篮

① 动作方法:接球时的第一步要大,接到球后的一步要小,以便起跳时把向前冲的力量变为向上起跳的力量。腾空后,上体稍后仰,投篮手把球送到最高点时,手腕前屈,食、中指用力将球投出。

② 动作要点:持球后的第一步要小,同时举球于肩上,投篮手在球到最高点时出手。

(3) 行进间单手低手投篮

① 动作方法:右手投篮时,一般右脚腾空接球落地,接球后的第一步稍大,然后第二步稍小继续加速,降低重心,用左脚向前上方起跳。腾空时间要短,持球手五指自然分开,托球的下部,手臂向上伸展。接近球篮时,手腕柔和上摆,食、中、无名指向上拨球,碰板或空心入篮(图5-2-3)。

① ② ③ ④ ⑤

图5-2-3　行进间单手低手投篮

② 动作要点:第二步要继续加速,腾空时间短,投篮瞬间,要控制好身体平衡。

(4) 原地跳起单手肩上投篮

① 动作要点:跳投的关键是向上举球和起跳动作协调一致,利用身体在空中最高点瞬间的稳定迅速出手。

② 动作方法：以右手投篮为例。双手持球于胸前，两脚前后或左右自然开立，两腿微屈，重心放在两脚之间。起跳时两脚迅速屈膝，脚掌用力蹬地向上起跳，双手举球至肩上，右手扶球，左手扶球的左侧方。当身体接近最高点时，左手离球，右臂向前上方伸直，手腕前屈，食指、中指拨球，通过指端将球投出，落地时，屈膝缓冲，准备下一个动作（图5-2-4）。

① ② ③ ④ ⑤ ⑥ ⑦ ⑧ ⑨

图5-2-4　原地跳起单手肩上投篮

（5）接球急停跳起投篮

① 动作要点：接球与跳起投篮的动作要连贯、一气呵成。

② 动作方法：在快速移动中接球，用跨步或跳步急停，急停的同时，突然向上起跳，两手持球迅速上举，当身体接近最高点时，前臂向前上方伸直，手腕前屈，食指、中指拨球，通过指端将球投出。

（6）运球急停跳起投篮

① 动作要点：接球急停跳投和运球急停跳投技术动作的关键在于快速移动中接球急停和快速运球中急停的步子要稳，连接起跳技术要协调，身体腾空和投篮出手协调一致。

② 动作方法：在快速运球中，运用跳步或跨步急停，突然向上起跳；同时，两手持球上举。当身体接近最高点时，前臂向前上方伸直，手腕前屈，食、中指用力拨球，通过指端将球投出。

专家提示

易犯错误及纠正

投篮手法、动作的连贯，身体的协调、用力不一致，投篮的瞄准点，球的飞行弧线和球的旋转不稳定。加强投篮练习，增强肌肉与动作的记忆程度。

练习方法

① 原地练习中、远距离投篮。

② 两点移动投篮。

③ 策应、跳投和转身跳投。

5. 运球

（1）高运球

① 动作方法：运球时，两腿微屈，目平视，手用力向前下方推按球，球的落点在身体侧前方，使球反弹的高度在腰腹之间，手脚协调配合，使球有节奏地向前运行（图5-2-5）。

① ② ③ ④ ⑤ ⑥

图5-2-5 高运球

② 动作要点：运球的手虎口向前。注意球的落点。

（2）低运球

① 动作方法：两腿弯曲，重心下降，上体前倾，用上体和腿保护球的同时用手短促地拍按球，使球从地面向上反弹的高度在膝部以下。

② 动作要点：控制好反弹高度，短促地按拍球。

（3）运球急停急起

① 动作方法：在快速运球中，突然急停时，手拍按球的前上方。运球疾起时，要迅速起动拍按球的后上方，要注意用身体和腿保护球。

② 动作要点：运球急停急起时，要停得稳、起得快。

（4）体前变向换手运球

① 动作方法：运球队员从对手右侧突破时，先向对手左侧变向运球，然后突然改变方向向右侧运球。变向时，右手拍按球的右后上方，把球从自己的右侧拍按到左侧前方；同时，右脚向左前方跨出，上体左转，用肩保护球，然后换手运球加速前进。

② 动作要点：右手变左手运球时，手球配合要合理，变向要及时。

（5）背后运球

① 动作方法：以右手运球，向左侧变向为例。变向时，右脚在前，右手将球拉到右侧身后，迅速转腕拍按球的右后方，将球从身后拍按至身体的左侧前方；然后按左手运球，左脚向前，加速前进。

② 动作要点：右手将球拉至右侧身后时要以肩关节为轴，并迅速转腕拍按球的右后方。

（6）转身运球

① 动作方法：以右手运球为例。变向时，左脚在前为轴，做后转身的同时，右手将球拉至身体的左侧前方，然后换手运球，加速前进。

② 动作要点：运球转身时要降重心，拉球动作和转身动作连贯。

专家提示

易犯错误及纠正

运球时只看球，不观察全场情况。对球的保护不够。加强运球的熟练程度、练习运球时目视前方，尽量控制住自己不去看球。

练 习 方 法

① 练习不看球运球。

② 综合练习，急停急起、变速度、变方向、转身和胯下运球。

6. 持球突破

（1）交叉步突破

① 动作方法：以右脚做中枢脚为例。两脚左右开立，两膝微屈，身体重心降低，持球于胸腹之间。突破时，左脚前脚掌内侧迅速蹬地，上体稍右转，左肩向前下压，重心向右前方移动，左脚向右侧前方跨出，将球引于右侧；接着运球，中枢脚蹬地向前跨出迅速超越防守球员（图5-2-6）。

图5-2-6 交叉步突破

② 动作要点：蹬跨积极，转体探肩保护球。

（2）顺步突破

① 动作方法：准备姿势和突破前的动作要求与交叉步相同。突破时，右脚向右前方跨出一步，向右转体探肩，重心前移，右手运球；左脚前脚掌迅速蹬地，向右前方跨出，突破防守。

② 动作要点：蹬跨积极，转体探肩保护球，第二次加速蹬地积极发力。

（3）后转身突破

① 动作方法：以左脚做中枢脚为例，背向篮筐站立，两脚平行开立，两腿弯曲，重心降低，两手持球于腹前。突破时以左脚为轴转身，右脚向右侧后方跨步，上体右转，脚尖指向侧后方，右手向右脚前方放球，左脚前脚掌内侧迅速蹬地，向篮筐方向跨出，运球突破防守。

② 动作要点：要控制重心平稳。右脚向右侧后方跨出时脚尖方向要正确，左脚前脚掌内侧蹬地积极有力。

（4）前转身突破

① 动作方法：以左脚做中枢脚为例。突破前的准备动作与后转身准备动作相同。突破时重心移至左脚，右脚前掌内侧蹬地，左脚为轴，右脚随着前转身向篮筐方向跨出，左肩向篮筐方向压，右手运球后左脚蹬地，向前跨出，突破对手。

② 动作要点：移重心，蹬地运球动作连贯。

专家提示

易犯错误及纠正

不能掌握正确的突破时机。先移动中枢脚再放球。练习时不要急于求成，先进行分解动作的练习，后逐步加快频率。

练习方法

① 原地持球突破。

② 在实战中，提高持球突破、投篮等动作结合运用能力。

---

7. 防守对手

（1）防守无球队员

① 防守位置的选择：防守队员为了做到人球兼顾，应与球和对手保持一定的角度和距离，站位于对手与篮筐之间的位置上。防守队员与对手的距离要看对手与持球人距离而定，一般离球近则近，离球远则远。如对手离球近又在篮下，要贴近对手防守，还可采用绕前防守。

② 防守姿势的选择：防守距离较远的对手时，为了便于人球兼顾和协防，经常采用面向球，侧向对手的站立姿势。两脚开立，两腿稍屈，两臂前伸于体侧，掌心朝前，密切观察球和人的动向。

③ 防守动作

◎ 动作方法：防守时，防守队员要根据球和人的移动，合理地运用上步、撤步、滑步、交叉步、碎步和快跑等脚步动作，并配合身体动作抢占有利防守位置，堵截其摆脱路线。在与对手发生对抗时，降低重心，双腿用力，两臂屈肘外展，扩大站位面积，上体保持适宜紧张度，在发生身体接触瞬间提前发力，主动对抗。合理使用手臂动作不仅能扩大防守空间，干扰对手视线，还能辅助保持身体平衡，快速移动，抢占有利位置。

◎ 动作要点：要抢占"人球兼顾"的有利位置。防守时要做到"内紧外松、近球紧、运球松、松紧结合"。防止对手摆脱空切，随时准备协防补防。

（2）防守有球队员

① 防守位置的选择：应站位于对手与篮筐之间的位置。一般对手离篮筐近则应靠对手近些，离篮筐远则靠对手远些。特别要根据对手的技术特点（善投、善传或善突）以及防守战术的需要，调整防守位置。

② 防守动作

◎ 动作方法：平步防守时，两脚平行站立，两手臂侧伸不停地挥摆，适合于防运球和突破。采用斜步防守时，两脚前后站立，前脚同侧手臂向前上方伸出，另一手臂侧伸，适合于防守投篮。

◎ 动作要点：要及时抢占对手与篮筐之间有利的防守位置。

专家提示

易犯错误及纠正

防守时重心太高。人球不能兼顾。

练习方法

① 全场一防一。

② 防投、切。

③ 防掩护。

---

8. 抢球、打球、断球

（1）抢球动作

① 动作方法：抢球动作可分两种，一种是拉抢，防守队员看准对手的持球空隙部位，迅速用两手抓住球后突然猛拉，将球抢过来；另一种是转抢，防守队员抓住球的同时，迅速利用手臂后拉和两手转动的力量，将球从对方手中抢过来。

② 动作要点：要看准对方持球转身、跳起接球下落、运球停止时的瞬间，果断快速地抢球。

（2）打球动作

① 动作方法：打持球队员手中的球时要根据持球人持球部位的高低。如持球高，打球时的掌心向上，用手指和指根击球的下部；如持球低，打球时的掌心向下，用手指和手掌外侧击球的上部。

◎ 打运球队员手中的球时，以持球人右手运球为例。防守队员边用侧后滑步移动，边用右手臂堵住运球队员的左面，左手臂干扰运球。当球刚从地面弹起尚未接触运球队员的手时，防守队员以短促的手指、手腕和前臂的动作从侧面将球打出，并及时上前抢球。

◎ 打行进间投篮队员手中的球。当进攻队员运球上篮时，防守队员要伴随移动。运球队员在跨出第一步按球时，防守队员要主动靠近他，当跨出第二步起跳举球时，应迅速移动到他的侧前方，将球打掉。

② 动作要点：打球时动作不可过大，用力不可过猛。

（3）断球动作

① 动作方法：横断球时，屈膝身体重心下降，当球刚由传球队员手中传出的一瞬间突然起动，单脚或双脚用力蹬地跃出，身体伸展，两臂前伸，将球截获。如距离较远，可加助跑起跳。

◎ 纵断球时：当防守队员从接球队员的右侧向前断球时，右脚先向右侧前方跨出半步，然后侧身跨左脚绕到接球队员的前方，左脚或双脚用力蹬地向前跃出，身体伸展，两臂前伸，将球截获。

◎ 封断球时：是当持球队员暴露了自己的传球意图，或传球动作较慢，防守者可在对方球出手的一瞬间，突然起动，伸臂封盖或将球截获。

② 动作要点：掌握好断球时机，动作突然加速。

专家提示

易犯错误及纠正

打球、抢球动作不果断。断球时移动过早。

练 习 方 法

① 原地打、抢球练习。
② 原地"盖帽"。
③ 断球追防。

---

9. 抢篮板动作

（1）抢占位置：要设法抢占对手与篮筐之间的有利位置。抢进攻篮板球时要判断球的落点，利用各种假动作冲抢；抢防守篮板球时要注意用转身挡人的动作先挡人后抢篮板球。不论抢进攻还是防守篮板球，都要抢占在对手与篮筐之间的位置上。

（2）起跳动作：起跳前两腿微屈，重心降低，上体稍前倾，两臂屈肘举于体侧，重心置于两脚之间，注意观察判断球的反弹方向，及时起跳，起跳时两脚用力蹬地，同时两臂上摆，手臂上伸，腰腹协调用力，充分伸展身体，并控制身体平衡。

（3）抢球动作：分双手、单手和点拨球。

① 双手抢篮板球：指端触球瞬间，双手用力握球，腰腹用力，迅速将球拉入胸腹部位，同时两肘外展，以保护球。

② 单手抢篮板球：跳起达到最高点时，指端触球后，迅速屈指、屈腕、屈肘收臂，将球下拉，另一只手扶球，护球于胸腹部位。

③ 点拨球：是在跳起到最高点时，用指端点拨球的侧方、侧下方或下方。

（4）得球后的动作

① 动作方法：进攻抢到篮板球时应补篮、投篮，或迅速传球给同伴重新组织进攻；防守抢到篮板球，应在空中将球传出或落地后迅速传出，也可运球突破后及时传给同伴。

② 动作要点：抢篮板球的关键是抢占位置，要设法抢占在对手与篮筐之间的位置上。进攻要强调"冲抢"；防守要强调"挡抢"。

专家提示

易犯错误及纠正

抢占位置和判断球反弹方向不对。抢占位置时应紧贴对方身体，倚住对方，不让其发力。

练 习 方 法

① 练习弹跳力。

② 练习起跳在空中托球。

③ 提高队员的判断反应能力和速度。

（二）篮球基本战术

1. 技术应用

篮球战术是篮球比赛中队员运用攻守方法的总称，是队员个人技术的合理运用及队员之间相互协同配合的组织形式。战术的目的是为了更好地发挥本方队员的技术与特长，制约对方，力争掌握比赛的主动权，争取比赛的胜利。

篮球战术是在比赛的实践中逐渐发展起来的。最早的防守战术只是简单的联防—人盯人防守—区域紧逼—对位联防；进攻战术从局部的固定打法—"∞"字的移动到连续进攻—全队连续进攻法。随着篮球运动技术和规则的不断改进、修改和完善，篮球运动的战术也日趋完善和机动灵活多变。为了便于学习，现将篮球战术分类如下（图5-2-7）。

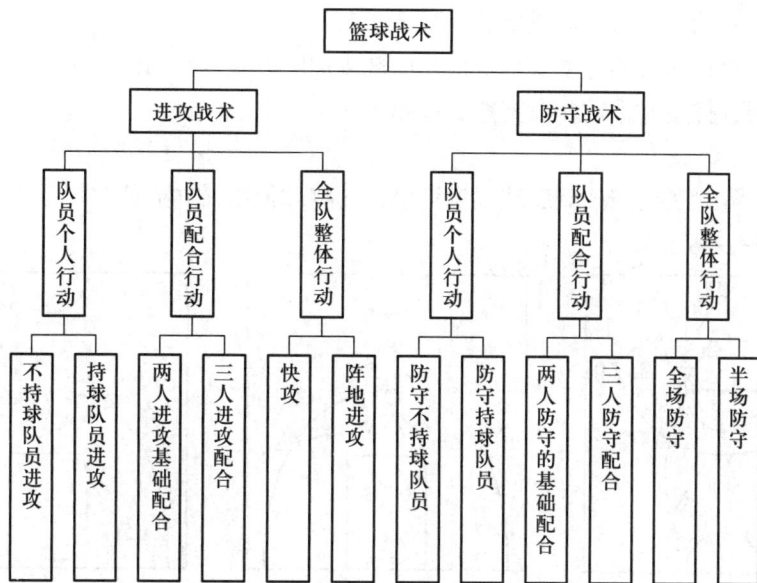

图5-2-7　篮球战术分类

（马振洪.跟专家练篮球［M］.北京：北京体育大学出版社，2011.）

2. 战术基础配合

（1）传切配合

动作方法：⑤传球给④后，立即摆脱对手△向篮下切入，接④的回传球投篮（图5-2-8）。

动作要点：切入队员要掌握好切入时机，传球队员注意用假动作吸引对手。

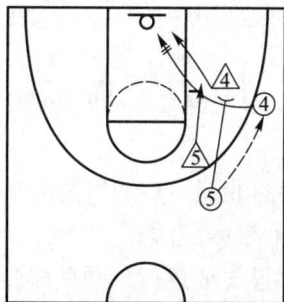

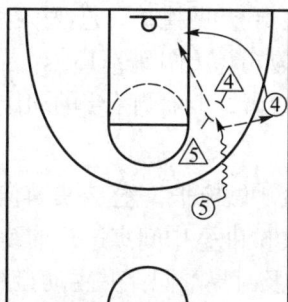

图5-2-8　传切配合　　　　图5-2-9　突分配合　　　　图5-2-10　掩护配合

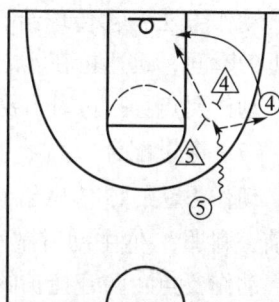

（2）突分配合

动作方法：⑤从防守者的左侧突破，△协防，封堵⑤向下突破的路线，此时④及时跑到有利的进攻位置，接⑤的球投篮（图5-2-9）。

动作要点：掌握好突分时机，动作隐蔽迅速。

（3）掩护配合

动作方法：以持球队员做侧掩护为例。⑤传球给④跑到△的侧面做掩护，④接球后做投篮或突破的动作。吸引④，当⑤到达掩护位置时，④持球从△的右侧突破投篮。⑤掩护后及时移动到有利的位置去接球或抢篮板球（图5-2-10）。

动作要点：掩护队员的行动要隐蔽快速；被掩护队员要注意用假动作吸引对手，当同伴到达掩护位置时，摆脱对手动作要突然、快速。

（4）策应

动作方法：④摆脱防守插到罚球线做策应，⑤将球传给④并立即空切篮下，接④的策应传球投篮（图5-2-11）。

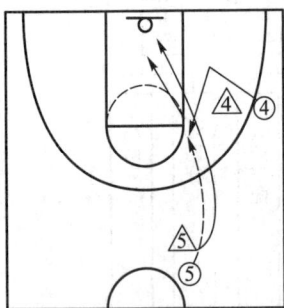

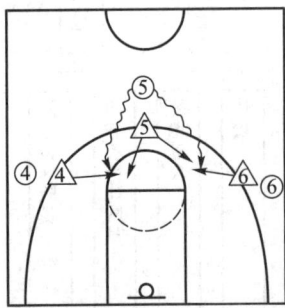

图5-2-11 策应   图5-2-12 "关门"配合   图5-2-13 挤过配合

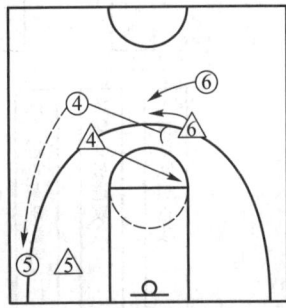

动作要点：策应者要及时抢位，传球人要及时地将球传到策应者远离防守的一侧。

（5）"关门"配合

动作方法：当⑤从正面突破时，Ⓐ与Ⓐ、Ⓐ与Ⓐ进行"关门"配合。

动作要点：在防守队员积极堵截持球队员突破路线的同时，临近突破一侧防守队员要及时快速地向同伴靠拢进行"关门"配合（图5-2-12）。

（6）挤过配合

动作方法：④传球给⑤后跑去给⑥做掩护，Ⓐ发现后要及时地提醒同伴Ⓐ，Ⓐ在④临近的瞬间，迅速抢在④之前继续防守⑥（图5-2-13）。

动作要点：挤过时，要贴近进攻者，上前侧抢步的动作要及时，队员间要主动说话联络。

（7）穿过配合

动作方法：⑤传球给⑥后去给④做掩护，Ⓐ要提醒同伴，并离⑤远一点。当⑤掩护到位前一刹那，Ⓐ主动后撤一步，从⑤和Ⓐ中间穿过，继续防守④（图5-2-14）。

动作要点：防守掩护的队员要及时提醒同伴并主动让路，穿过队员要迅速，并立即调整防守位置的距离。

（8）交换配合

动作方法：⑤去给④做掩护，Ⓐ要主动发出信号，及时封堵④向篮下突破的路线，此时Ⓐ应及时调整自己的防守位置，防止⑤向篮下空切（图5-2-15）。

动作要点：防守掩护者的队员要主动发出换人信号，双方准备换防。两防队员要到位，及时换防。

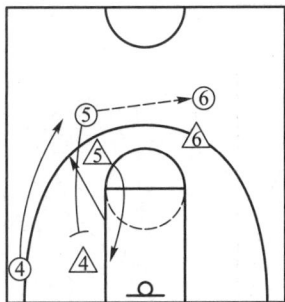

图 5-2-14　穿过配合　　　　　　　　图 5-2-15　交换配合

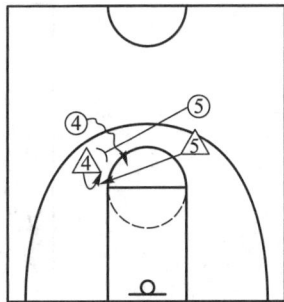

专家提示

易犯错误及纠正

配合时队员移动不到位。要相互提醒。

练 习 方 法

见配合方法。

按上述说明和图示几人一组反复练习，熟练自己的跑位后整体配合，然后交换攻守位置继续练习。

3. 全队战术配合

（1）半场人盯人防守

强侧防守的方法：如球在正面罚球圈顶一带时，要错位防守，防守人站在能够控制对手接球的路线上，积极阻拦对手接球。如球在45°角一带时，要侧前或绕前防守，阻碍对手接球，其他队员要回缩到罚球线的延长线上进行协防。

弱侧防守的方法：如球在正面罚球圈顶一带时，要注意"关门"协防，注意对手和篮下区域。球在弱侧45°角一带时，要回缩到罚球线的位置，其他队员要移到篮下进行防守，阻碍对方篮下进攻。

动作要点：半场盯人防守要从攻转守时开始，此时每个队员都要快速退回自己的后场，立即找到对手，形成集体防守；要根据对手、球、篮筐选择有利位置，做到球、人、区兼顾，与同伴协同防守。

（2）2-1-2区域联防

球在外围弧顶时的防守配合：④ 持球对△，⑥应根据对方的进攻阵形和对方中锋的位置决定两人的防守配合。△上去防④，⑥要稍向右移动，协助防守⑤，并准备抢断④ 传给⑥的球。△向上移动防守⑤，△向上移动防守⑦，并兼顾防守篮下，△防守⑧的篮下活动（图5-2-16）。

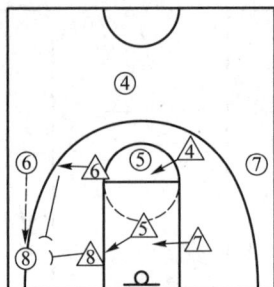

图 5-2-16 球在外围弧顶时的配合

专家提示

易犯错误及纠正

进攻方面只注重两三人的配合，左右脱节，缺乏完整战术体系。防守时伸缩性、控制面积不大。

练习方法

按上述说明和图示几人一组反复练习，熟练跑位和提高整体配合意识，然后交换攻守位置继续练习。

4. 短传快攻

（1）接应阶段：短传快攻包括固定地区固定队员的接应，固定队员不固定地区的接应，固定地区不固定队员的接应，机动接应等。以固定队员不固定地区的接应为例，⑦固定接应队员，他根据防守者堵位情况选择接应点（图 5-2-17）。

（2）推进阶段：推进阶段有三种形式：运球推进，传球推进，传球和运球结合推进。以传球推进为例，⑤抢到篮板球，④拉边接应，⑥插中，⑦、⑧沿两侧快下。⑤可将球传给④，也可传给⑥，如⑤传给④，④传给插中的⑥，⑥传给⑧，⑧传球给空切前场的④或⑦进攻（图 5-2-18）。

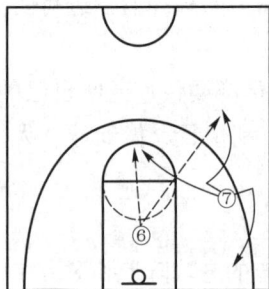

图 5-2-17 接应

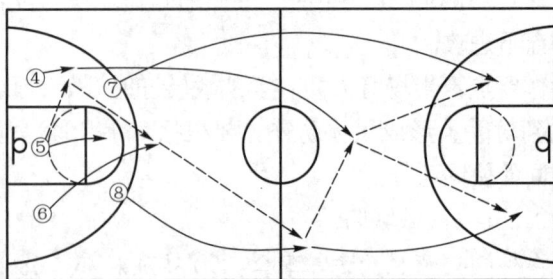

图 5-2-18 短传快攻推进

（3）结束阶段

二攻一配合：在二人快攻快速推进中，利用快速的传球吸引防守，⑨和⑩在快速传球推进中，△ 突然前来防守⑨，⑨立即把球传给切入篮下的⑩投篮，⑨跟进抢篮板球。另外，也可以用快速运球吸引防守和快速运球投篮来进行二攻一配合（图5-2-19）。

三攻二配合：防守队员平行站立时的进攻方法，⑧首先从两防守队员之间的中路运球突破，突破中遇到 △ 的堵截时，⑧立即把球传给⑨投篮。当⑨接球后又遇到 △ 的堵截时，⑨要快速将球传给⑩进行投篮。⑨、⑧跟进抢篮板球。当防守队员前后站立进行防守时，三攻二配合要从两侧快速运球切入篮下吸引防守；如防守队员采用斜线站立进行防守，三攻二时应从中路运球开始攻击（图5-2-20、图5-2-21）。

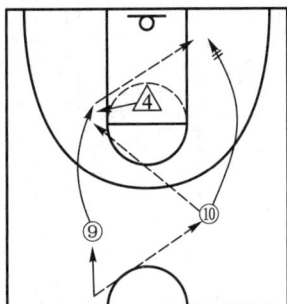

图5-2-19　二攻一配合　　　图5-2-20　三攻二配合一　　　图5-2-21　三攻二配合二

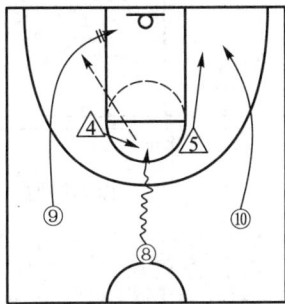

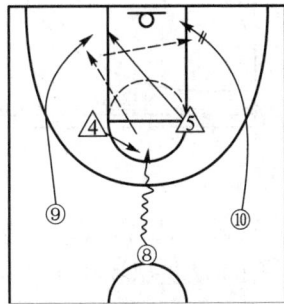

快攻的发动和接应意识一定要强，积极主动，获球后先远后近传好一传；在快攻中要以传球推进为主结合运球突破、加快进攻速度；结束要敢打，以个人攻击为主吸引防守。

专家提示

易犯错误及纠正

没有队员接应。传球不到位。

练习方法

按上述说明和图示几人一组反复练习，熟练跑位和提高整体配合意识，然后交换攻守位置继续练习。

（三）篮球规则简介

1. 技术应用

了解最基本的竞赛规则，能组织一般性篮球比赛，达到顺利观赏篮球比赛的目的。

2. 篮球场地（图5-2-22）

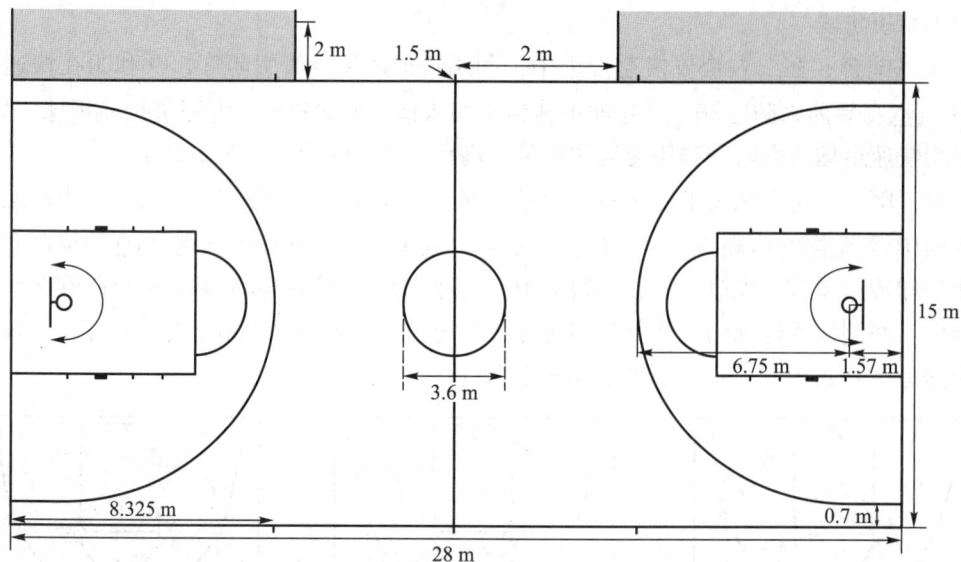

图5-2-22 篮球场地

3. 篮球比赛方法及规则简介

（1）队员出界和球出界

① 当队员身体的任何部分与界线、界线上方或界线外的地面，或除队员以外的任何物体接触时，即队员出界。

② 当球触及界外、界线及上方任何物体，篮板的支柱或背面为球出界。

③ 最后去触球或被球触到的队员是使球出界的队员。

（2）非法运球：队员双手同时运球为非法运球。

（3）带球走：确定中枢脚，在运球前中枢脚不能移动。

（4）时间

① 3 s违例：控制球方在对方限制区内停留不得超过3s。

② 5 s违例：控制球的队员在发球、罚球时不得超过5 s，持球队员在5 s内未运球、传球、投篮即为5 s违例。

③ 8 s违例：控制球方在8 s内未将球从后场推进到前场。

④ 24 s违例：控制球方在24 s内未投篮。

（5）球回后场

位于前场的控制球队队员不得使球回后场并重新控制球。

（6）干扰球：在投篮时，当球在飞行中下落，并完全在篮圈水平面之上时，进攻或防守队员不可以触及球。

（7）犯规

① 侵人犯规

◎ 阻挡：是阻止对方队员行进的身体接触。

◎ 撞人：是持球或不持球的队员推动或移动到对方队员躯干上的身体接触。

◎ 从背后防守：是防守队员从对方队员的背后与其发生的身体接触。

◎ 用手拦阻：是防守队员在防守状态中用手接触对方队员阻碍其行动或是帮助防守队员来防守对手的动作。

◎ 拉人：是干扰对方队员自由而发生的身体接触。

◎ 非法用手：发生在队员试图用手抢球接触了对方队员时。

◎ 推人：是用身体的任何部位强行移动或试图移动，与已经或没有控制球的对方队员发生身体接触。

◎ 非法掩护：是试图非法拖延或阻止非控制球的对手到达希望到达的场上位置。

罚则：

◎ 登记1次犯规。

◎ 如果对没有投篮动作的队员犯规，由对方在犯规地点最近的界外掷界外球。

◎ 如果对正在投篮的队员犯规，投中要计得分并判1次罚球，如果2分或3分投篮未成功则判给2次或3次罚球。

② 双方犯规：是指两名对抗的队员大约同时互相犯规情况。

罚则：

◎登记每位犯规队员1次侵人犯规。

◎不罚球。

◎由双方犯规队员重新跳球。

③ 违反体育道德的犯规：队员蓄意地对持球或不持球队员造成侵人犯规。

罚则：

◎ 登记犯规队员1次违反体育道德的犯规。

◎ 判给非犯规队罚球再加1次球权。

④ 技术犯规：是指所有不包括与对方队员接触的犯规。

◎ 漠视裁判员的劝告或运用不正当的行为。

◎ 有意的、不道德的或给违反者带来不正当利益的。

罚则：

◎ 登记违反者1次技术犯规。

◎ 判给对方罚球加1次球权。

（8）一般规定

① 队员在4×12 min比赛时犯规共达6次，自动退出比赛。

② 全队犯规在4×12 min比赛中，每节犯规4次，所有以后发生的防守中的侵人犯规都要处以两次罚球。决胜期的犯规要看作下半时或最后一节犯规的一部分。

③ 暂停

在4×12 min比赛时，每队在第1、2节共准许2次登记暂停，第3、4节共可准许3次登记暂停，每一决胜期内准许1次。

相关链接

三人篮球赛

三人篮球赛是近年来兴起的一种休闲运动的比赛方式。由于它具有参加人数少、场地小、时间短等特点，易于在基层开展，现在已经成为深受青少年喜爱的运动形式。三人篮球比赛规则如下：

1. 场地

标准的半个篮球场地（14 m×15 m），场地界线外应有1.5～2 m的安全地带。

2. 规则

除下列特殊规则外，比赛均按照最新国际篮球规则执行。

（1）比赛双方报名为4人，上场队员为3人。

（2）比赛时间：全场比赛10 min，组织者可根据参赛队多少修订时间为12 min或15 min。10 min内双方都不得暂停（遇有球员受伤，裁判员有权暂停1 min）。

（3）比赛开始，双方以掷硬币的形式选发球权。

（4）比赛开始和投篮命中后，均在发球区（中圈弧线后）掷球入场算作发球。

（5）每次投篮命中后，由对方发球。所有犯规、违例及界外球均在发球区发球，发球队员必须将球传给队友，不能直接投篮或运球，否则处以违例。

（6）守方队员断球或抢到篮板球后，必须迅速将球传出3分线外，方可组织反攻，否则判违例。

（7）24 s违例的规则改为20 s。

（8）双方争球时，争球队员分别站在罚球线上跳球。

（9）比赛中，每个队员允许3次犯规，第4次犯规罚出场。任何队员被判夺权犯规，则取消该队比赛资格。

（10）每个队累计犯规达5次后，该队出现第6次以后的侵人犯规由对方执行两次罚球。

（11）只能在死球的情况下进行替换。

（12）比赛中，队长是场上唯一发言人。

第三节 乒乓球运动

一、乒乓球运动的健身价值

（一）在全面发展身体素质的基础上可突出发展灵敏素质和速度素质

在乒乓球运动中，乒乓球的飞行速度平均可达20 m/s，通常对方攻出的快球只需0.15 s

左右就可到达本方球台，在如此短的时间里，本方球员不仅要迅速、准确地判断出对方的击球点、战术意图、来球旋转及速度，而且还要迅速、果断地作出还击措施。因此，长期从事乒乓球运动，能使锻炼者的中枢神经系统得到改善和提高，增强情绪稳定性，提高反应速度及身体协调能力。

（二）有利于提高智力水平

乒乓球比赛过程错综复杂，要求参赛者要善于观察对方的技术动作要点，分析对方的心理，揣摩对方的战术规律，根据赛场上的实际情况决定战术对策，以果断地给对方出其不意的一击。可以说，双方参赛运动员在智力上的角逐非常激烈。因此，长期从事乒乓球运动锻炼，有利于培养学生独立分析问题和解决问题的能力，使智力得到全面开发，心理潜力得到充分发掘。

二、乒乓球技术

（一）乒乓球运动术语

1. 比赛台面

（1）左、右半区：又称1/2区，其方向以击球者本身为基准。

（2）近网区：距球网40 cm以内的区域。

（3）底线区：距端线30 cm以内的区域。

（4）中区：介于近网区和底线区之间的区域。

（5）边区：靠近球桌边缘的区域。

2. 球拍拍形

球拍拍形包括拍面角度、球拍横度和拍面方向。

（1）拍面角度：拍面与台面所形成的角度。

拍面与台面成90°为垂直。拍面与台面形成的角度小于90°为前倾。拍面与台面形成的角度大于90°为后仰。

（2）球拍横度：球拍绕前后转动所形成的球拍角度变化。

拍柄与球台端线垂直时为0°，随球拍绕前后轴不断转动而增加其左横角度。当拍柄与端线平行时，为左横90°；球拍围前后轴向右转至与球台端线平行时，为右横90°。平常所说的球拍呈半横状，即是横度为45°之意。

（3）拍面方向：球拍左右偏转时，与球台端线所形成的角度。

3. 击球部位

击球部位是指击球时球拍触球的具体位置，它基本上与拍形角度相吻合，有上部、上中部、中上部、中部、中下部、下中部、下部七种。

4. 击球时间

击球时间是指来球在本方台面弹起后至回落的那段时间（图5-3-1）。它分为：

（1）上升前期：球从台面弹起刚上升的阶段。

（2）上升后期：球弹起接近最高点的阶段。

（3）最高点期：球弹起达到最高点的阶段。

（4）下降前期：球从最高点开始下降的最初阶段。

（5）下降后期：球下降到接近台面之前的阶段。

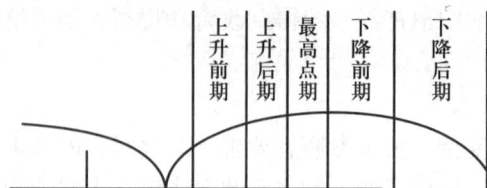

图5-3-1 击球时间

5. 击球路线

击球路线是指从击球点到落台点之间形成的线（图5-3-2）。五条基本线路（以击球者为基准，右手执拍为例）为：右方斜线、右方直线、左方斜线、左方直线、中路直线。中路直线球在实际比赛中是随时以站位而定的，即追身球，也称中路追身球。

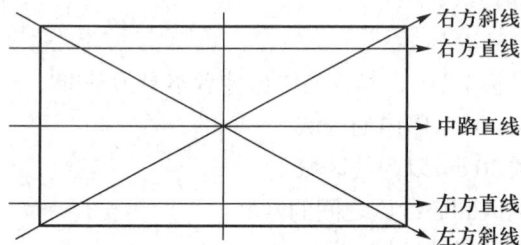

图5-3-2 击球路线

6. 击球点

击球点是指击球时，球拍与球接触瞬间的那一点所属空间的位置，这是针对击球者所处的相对位置而言。击球点包含以下三个因素：① 球处于身体的前后位置；② 球与身体的远近距离；③ 球的高、低位置。

7. 握拍技术

（1）直握拍法

① 快攻型握拍法：拍前食指第二指节和拇指第一指节在拍的前面呈钳型，两指间距离1~2 cm，拍柄贴住虎口，另外三指自然弯曲贴于球拍后的1/3处上端（图5-3-3ⓐ）。

直握拍法ⓐ

横握拍法ⓑ

图5-3-3 握拍方法

②弧圈型握拍法：弧圈型握拍法与快攻型握拍法基本相同，其区别是：拇指和食指形成一个小环状，其他三指在拍背面自然重叠，由中指的第一指关节顶于拍柄的延长线上。

（2）横握拍法：横握拍法如同握手一样。中指、无名指、小指自然弯曲握住拍柄，大拇指在球拍正面靠近中指，食指自然伸直，斜放于球拍背面。正手攻球时，食指稍向上移动；反手攻球时，拇指稍向上移动（图5-3-3ⓑ）。

8. 准备姿势

（1）身体姿势：两脚开立与肩同宽或比肩稍宽，两膝微屈，前脚掌着地（主要以脚内侧蹬地），脚趾轻微用力压地，脚跟微离地面，重心置于两脚之间；上体略前倾、收腹，持拍手臂自然弯曲，直握拍的肘部略向外张，球拍置于腹部右前方，手腕自然放松，拍头指向右斜前方；横握拍的肘部向下，前臂自然平举，手腕自然放松，拍头指向上方，非持拍手臂自然弯曲于身体左侧。两眼注视来球。

（2）站位：打法不同，其站位方式也不同（图5-3-4）。

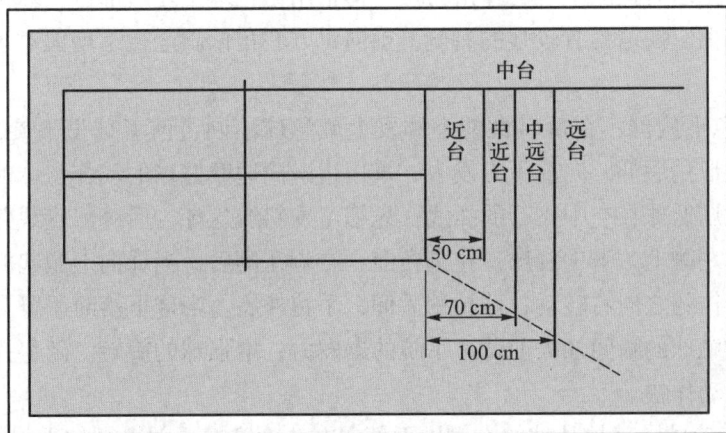

图5-3-4　站位

直拍左推右攻打法的站位一般是：左脚稍前于右脚，左脚基本处于球台左边线的延长线上。身体与球台端线的距离为40 cm左右。

（二）发球技术

1. 平击发球

（1）正手平击发球：站位近台中间偏左处，抛球同时向右侧上方引拍，上臂带动前臂向前平行挥动，拍形稍前倾，在球的下降期击球的中上部向前方发力，使球的第一落点在球台的中段附近。

（2）反手平击发球：站位于球台中间偏左处，右脚稍前或平行站立，身体略向左转，含胸收腹，将球抛至身体左侧前方的同时，向左后方引拍。右臂外旋，拍形前倾，在球的下降期击球的中上部向右前方发力，使球的第一落点在球台的中段区域。

（3）正（反）手发急球：发球时，用快速有力的动作挥拍使击出的球呈上旋状态，且飞行速度快、弧线长、冲击力强，落点长。

① 发上旋急球：抛球同时，持拍手向右（左）后方引拍，拍形稍前倾。当球下降时，持拍手以肘关节为轴心做内（外）旋向左（右）前方挥拍用力。触球后拍面前倾快速摩擦球的中上部。球的第一落点应在本方台面端线附近，执拍手迅速放松、立即还原成预备姿势（图5-3-5）。

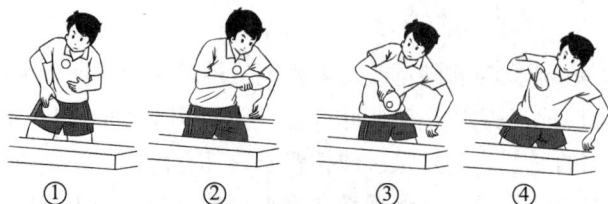

图5-3-5 发上旋急球

② 正手发奔球：也称正手发右侧上旋急长球，或正手发弹击式急球。抛球后，持拍手向后上方引拍。击球时运用手腕的弹击力量，拇指用力在球拍左肩部位，球拍沿球体的右侧中部向中上部摩擦，使球具有较强的右侧上旋向对方右角偏斜运行，增大对手还击球的角度和难度。

③ 反手发急下旋球：在旋转性能上和发上旋急球不同，前者球呈下旋，后者为上旋。发急下旋时，拍形稍后仰，向前下方发力，采用边碰撞边摩擦球的动作击球的中下部。练习击球时，应注意压低球在空中飞行的弧线；先练习发斜线急球，后练习直线急球。

（4）正手发左侧上（下）旋球：左脚在前，右脚在侧后，当球向上抛起的同时持拍手向右后方引拍，身体随之向右转动，球拍稍后仰，手腕外展。当球下落时手臂自右上方向左下方挥摆，在球拍触球的瞬间加大前臂、手腕的爆发力，增强球的旋转。随势挥拍的动作幅度要小，以便还原动作快。

① 发左侧上旋球：球拍从球的右侧中下部向左侧面摩擦，并微微勾手腕以加强上旋。

② 发左侧下旋球：手臂自右上方向左前下方挥摆，球拍从球的右侧中下部向左侧下部摩擦，腰部配合向左转动。

（5）反手发右侧上（下）旋球：右脚稍前，重心在右脚上。抛球的同时向左后方引拍，腰略向左转，拍面稍后仰，手腕适当内旋，当球下落时手臂自左上方向右下方挥摆。在触球瞬间加大前臂、手腕的爆发力，同时注意配合转体动作，使腰、臂协调用力，有利于增大发球的速度和力量，以增强球的旋转。

① 发右侧上旋球：触球时，拍面从球的中下部向左侧上部摩擦。

② 发右侧下旋球：触球时，拍面从球的左侧中下部向右侧摩擦。

（6）反手发急下旋球：右脚稍前或两脚平行，腰略向左转，抛球的同时右臂微做内旋，拇指压拍使拍面稍后仰，向后上方引拍。当球降到低于网高时，前臂迅速用力向前下方推球，用边碰撞边摩擦球的动作击球的中下部，击球的第一落点接近端线。

2. 高抛发球

（1）侧身正手高抛发球：首先，要注意将球抛稳，抛球手的肘部要贴近身体左侧，尽量让球抛起时接近垂直，使球在身体的右侧前方降落。当球下降至头部高度时，持拍手由右上方向左下方挥动。其次，要注意击球点不要离身体过远，一般在右侧腰前15 cm为宜。

发左侧上旋球时，球拍从球的右侧中下部向左侧上部摩擦。

发左侧下旋球时，球拍从球的右侧中下部向左侧下部摩擦。

发直线长球时，拇指要适当地压球拍的左肩使拍面撞击球的右侧面。第一落点应在本方台面的端线附近。发力方向和挥拍路线对准对方右角使球呈直线前进。这种发球常常和侧身正手发侧上、下旋球结合在一起，作为增多发球的落点变化来运用的。

（2）反手高抛发球：右脚在前，左脚稍后，持球手用力向上抛球，当球从最高点下降时，持拍手向左上方引拍，上体略向左转，以增大击球的距离。发右侧上旋球时，在球下降到头部高度时持拍手从左上方经身前向右下方挥摆，球拍触球的左中下部并向右侧上部摩擦。球拍触球瞬间手腕由左向右抖动，以增大球的旋转。发右侧下旋球时，持拍手从左后上方向右前下方挥摆，球拍从球的左侧中下部向右侧下部摩擦。球拍触球瞬间手腕由左向右抖动，以增大球的旋转。

3. 下蹲式发球

（1）下蹲发右侧上旋球和右侧下旋球：左脚稍前，右脚稍后，身体略向右偏斜，球向后上方抛起，将球拍上举至肩高，同时两膝弯曲成深蹲状；当球下降至头部高度时，持拍手迅速由左向右挥摆，手腕放松，挥拍路线呈半圆形。发右侧上旋球时，拍面触球的左中部并向右侧上部摩擦，起网后向对方左边偏斜前进。发右侧下旋球时，拍面从球的正中部向右侧下部摩擦，越网后向对方左边偏斜前进。

（2）下蹲发左侧上旋球和左侧下旋球：身体正对球台，球向后上方抛起，持拍手向右下方引拍，两膝弯曲成深蹲状，当球降至头部高时，持拍手由右后方向左前方挥动，发左侧上旋球时，拍面触球的右中部并向左侧上方摩擦，越网后向对方的右边偏斜前进。发左侧下旋球时，拍面触球的正中部并向左侧下部摩擦，越网后向对方的右边偏斜前进。

4. 逆旋转发球

动作要点：左脚在前，右脚在侧后，引拍后肘部抬起，手腕向内后引动，触球时向外侧发力摩擦。发侧下旋球时，触球的中下部，向下用力；发侧上旋时，触球的左侧上部，向前用力。

> **专家提示**
>
> ### 易犯错误及纠正
>
> 球发出后的第一落点位置不当，发球时的触拍部位不准确，击球点过高或过低。

练 习 方 法

弄清第一落点位置，要求击球点准确，调节好击球时的拍面角度，弄清各种发球技术的触拍部位，反复进行练习，提高触拍部位的准确性，加强手上调节能力。

（三）接发球技术

乒乓球的比赛首先是从发球和接发球开始的，每局比赛双方接发球的机会与发球相同，每一分的争夺都是从接发球开始的。在比赛中，相对其他环节而言，接发球的难度最大，发球技术是唯一不受对方限制的技术。所以，不断提高接发球的能力，合理地把所掌握的技术运用到接发球中，是迅速提高比赛实战能力的关键。

1. 站位的选择

站位是否合理，主要依据这种站位是否能为本方直接进攻创造一定的有利条件，而且还要观察对方发球的站位。一般来讲，如果对方站在球台左半台，本方也应站在球台的左半台；若对方站在球台的右半台，本方也应相应调整至球台的中间偏右位置。为了有利于照顾球台的各个方位，利于前后移动接长短球，站位离球台30～40 cm为宜。

2. 对来球的判断

正确的判断是接好发球的首要环节，判断上不出现大的偏差，才能谈得上更好地运用接发球技术。

（1）对旋转的判断：乒乓球发球中常出现的旋转主要有左侧上、下旋，右侧上、下旋，转与不转等。发球者利用各种发球方式，将这些旋转性质表现出来，如用正、反手发球，高抛发球和下蹲发球等。在判断旋转性质时，可以从以下几个方面进行考虑。

① 板形：一般情况下，发上旋球时，板形比较竖，发下旋球时比较平、斜。这种板形与发球时接触球的部位有直接关系，因为发旋转球和不转球时，接触点比较靠近球的后中部；而发侧下旋和下旋时，向中下部和底部摩擦球才可能旋转较快。

② 动作轨迹：发上旋和不转球时，球与球拍接触的一瞬间，手腕摆动的幅度不是很大，并时常与假动作配合；在发侧下旋和下旋球时，手腕摆动相对大一点，这样容易"吃"住球，动作也比较固定。击球后常有一个停顿，即使加上假动作，也不会像发侧上旋和不转球那样连贯。

③ 弧线：上旋球和不转球的运行一般较快，常有往前"窜、拱"的感觉，发短球时容易出台，弧线低平；下旋球运行比较平稳，弧线略高，短球不容易出台。

④ 出手：发上旋球和不转球一般出手比较快，并且动作突然模糊；下旋球的出手相对要慢一些，因为要给球以足够的摩擦时间，才能使球产生强烈的下旋效果。

（2）对速度和落点的判断

① 对长球的判断：一般情况下，发球者如果想把球发得很长，第一落点多在本方台面的端线附近。如果力量差不多，侧上旋和不转球的运行速度明显要快于侧下旋和下旋球；如

果是发侧上、侧下旋斜线长球，要注意球的第二弧线有侧拐的动作要点。如果是直线长球，要特别注意平推过来，或略带外拐的球，因为这种球除了速度快外，线路也比较直，因此客观上增加了球的角度，给接发球者造成较大的难度。

② 对短球的判断：由于发球者想要把球发短，手上不能发很大的力，难以发挥速度的优势，因此比较多的是考虑球的落点和旋转。可根据这一动作要点判断来球的长短。在接短球时，要特别注意手臂不要过早地伸入台内，以免侧上旋短球的第二弧线往前"拱"，顶在板上，使手上失去对球的控制，以及来球落点可能是"小三角"位置，球从近网的边线出台，手来不及拿下来，对不准球。

③ 对半出台球的判断：对半出台球的判断是接发球判断中难度比较大的一项技术。因为这种球容易造成接发球者的犹豫，使其思路混乱，影响整场比赛的发挥。在判断这种球时，一是视其旋转性质而定，侧上旋和不转球比侧下旋和下旋球容易出台。二是根据发球者的动作要点而定，要仔细研究发球者在发半出台球时，到底哪种容易出台，哪种不容易出台；是正手容易出台，还是反手容易出台等。这样就会增加接半出台球选择手段的针对性。另外，在接半出台球且对长短的判断不是很清楚时，一定要有意识地"等"几个长球，并且出手要果断，用接长球办法回击，哪怕是失误的可能性增加。这样，可以给发球者造成较大的心理压力，使其不敢发模糊的半出台球，或造成其发球质量下降。

3. 接发球技术的练习方法

接发球技术练习方法很多，它由点、拨、推、拉、搓、削、摆短、撇侧旋、挑等多种组合性技术组成。进入20世纪90年代后期，除原有的接发球技术手段和质量有所提高外，还出现了不少新的接发球技术，如晃接、撇接、劈长、拧、反撕、台内抢拉、抢冲等。所以，接发球技术是各项基本技术的综合运用，只有比较全面地掌握各种接发球的练习方法，才能在比赛中减少被动，争取主动。

4. 几种常用的接发球技术

（1）搓接：搓球一般多用于接短球，不提倡接长球用搓接，这也是中国运动员技术打法风格所追求的。由于搓球的动作小、出手快、隐蔽性强，在长期的运用实践中，运动员根据自身动作要点，对这一技术进行了很细致的分化，有快搓、慢搓、摆短、搓长、晃接等。

① 摆短：摆短是快搓短球的一种练习方法，它最大的动作要点是出手快，突然性强，能有效限制对手的拉、攻上手。在用摆短接发球时，有三点要特别注意：

其一是在上升期接触球的中下部，以体现速度。

其二是手臂离身体要近一些，离得远就很难控制球。

其三是手臂不要过早伸入台内，这样不能形成较合理的击球节奏感，难以体现摆短出手快的动作要点。

② 搓长：现在优秀运动员一般运用的搓长技术是和摆短配合运用的快搓底线长球，以速度和突然性取胜。在搓长时，很重要的是手法要尽可能与摆短相似，以前臂发力为主，手腕的摆动不要过大，以免影响手上对球的感觉。

③ 晃撇：晃撇一般是在侧身位正手搓侧旋球、斜线球，常用来接短球与侧身挑直线球，可使对手不敢轻易侧身，进行有威胁的正手抢攻。晃撇接发球时，最好能够在来球的最高点击球，球拍接触球方摩擦球，落台后击球的中下部，使球带有左侧下旋，手腕略有外展，向左侧前下外拐，让对手不容易对准球。

（2）挑接：挑接是接短球的一种技术，分为正手挑和反手挑。挑接的基本动作要领是：当球即将过网时，手伸进台内，同时，视来球的方位不同，选择不同的脚向前跨步，将腿插入台内。

以右手握拍选手为例，如果是正手位，就上右脚，如果是反手位，用反手挑；如果是侧身位，则上左脚，右脚适当跟上。在来球的高点期，击球的后中部，以前臂发力撞击球为主。在击球一瞬间，手腕有一突然的微小内收（正手）和外展（反手），适当给球一点摩擦，以保证准确性。

（3）拉接：拉接一般是用来对付长球的技术。在拉接中，要特别注意第一时间与第二时间的本质区别。手高于球台或基本与球台在一个水平面上接触球时可认为是第一时间，此时拉接容易发上力，能够保证一定的准确性，在时间上争取到了主动。手低于台面接触球时，一般情况下就可认为是第二时间，而在第二时间接触球时，就需要进行适当的调整，在力争压低弧线的同时，主要是靠落点来控制对手了。

专家提示

易犯错误及纠正

接发球站位不合理，判断发球性能不准确，接发球时脚步移动过早，接球时控制不好回球的弧线和落点，接球后身体及姿势还原不及时。

练 习 方 法

弄清正确站位，练习回接各种发球，掌握判断发球的有关知识和练习方法，采用各种手段，提高观察判断和反应能力，反复进行接发球练习，提高判断发球能力，加强对发球的观察能力，弄清和掌握好启动接球的时机，提高判断发球能力，采用多球练习，不断增强手上的控制调节能力，明确还原的意义和作用，进行各种接发球专门练习，强调接球后及时还原。

（四）推挡球技术

1. 平挡

左脚稍前或两脚平行约与肩宽，两膝微屈，身体离球台30～50 cm。手臂自然弯曲，球拍置于腹前，前臂与台面几乎平行，将球拍引至身体的前方，拍形成半横状，约与台面垂直，在来球的上升期击球的中部，食指用力，拇指放松，前臂和手腕稍向前迎击，以借助来球的反弹力将球击回。击球后手臂、手腕随势前送，并迅速还原成击球前的准备姿势（图5-3-6）。

2. 快推

左脚稍前,上臂内收自然靠近身体右侧,击球前手臂适当后撤引拍,前臂稍外旋,在来球的上升期拍形前倾,手腕外展,击球的中上部,食指用力,拇指放松,击球后手臂、手腕继续向前随势挥动,距离要短,并迅速还原成击球前的准备姿势。

横拍反手平挡   直拍反手平挡   横拍正手平挡   直拍正手平挡

图5-3-6 平挡

3. 加力推

左脚稍前,身体离台40～50 cm,手臂自然弯曲并做外旋。在击球时,前臂提起,上臂后收,肘部适当贴近身体。引拍位置稍高,触球瞬间拍形前倾,食指用力,拇指放松,在上升后期或最高点期击球中上部,前臂和手腕加速向前下方推压,腰、髋顺势转动配合发力。击球后,手臂和手腕继续向前下方随势挥动,并迅速还原成准备姿势(图5-3-7)。

①   ②   ③   ④

图5-3-7 加力推

4. 减力挡

左脚稍前或两脚平行,身体离台约40 cm,击球时,手臂外旋,前臂稍做上提,拍形稍前倾,在来球上升期触球中上部。球拍触球瞬间手臂和手腕稍向后收,缓冲来球的反弹力,重心应略向前上移动。击球后,手臂和手腕继续向后随势回收,并迅速还原成准备姿势。

5. 推下旋球

左脚稍前,身体离台约40 cm,重心偏高,上臂后引,前臂上提,拍形稍后仰。在高点期或下降前期击球的中下部,前臂向前下方推切以增大球的下旋。击球后,手臂和手腕继续向前下方随势挥动,但距离不宜太长,并迅速还原成准备姿势。

6. 推侧旋球

以肘关节为轴拍面稍前倾,在上升期击球的中上部,向前上方弹击。触球时发力要集中，随势挥拍不宜太长，迅速还原成准备姿势。

专家提示

易犯错误及纠正

挡球时，判断球的落点不准，拍形掌握不好；推削时，拍形前倾过大，击球时间过早；推挡时，拍形前倾不够，击球时间过早或过晚；击球时，肘关节离开身体；加力推，手臂没有向前伸展出去。

练习方法

提高判断能力，加强手腕的灵活性和调节拍形的能力，迎球时间稍微晚一点，要求球拍与球接触时离落点稍远一些，前臂外旋使拍面前倾，在上升期击球，击球前，上臂和肘关节靠近身体，击球时，上臂和肘关节前送，并配合上体向左转动。

（五）攻球技术

攻球可分为正手攻球、反手攻球和侧身攻球。在每一部分技术中又分为快攻、快点、快拉、快带、突击、扣杀、中远台攻球、杀高球、放高球、滑板球等各种技术。每种技术的动作要点不同，所起的作用也不一样。作为以进攻为主要打法的运动员，必须掌握比较全面的攻球技术，而且要突出特长，这样才能在比赛中获得主动。

1. 正手快攻

左脚稍前，身体离台约40 cm，引拍至身体右侧方，右肩稍沉，重心移至右脚，拍形稍前倾呈半横状；击球时，拇指用力，食指放松，在上升期击球的中上部，配合前臂做旋内转动，向左上方挥拍，身体重心由右脚移至左脚。击球后，随势挥拍至前额，并迅速还原（图5-3-8）。

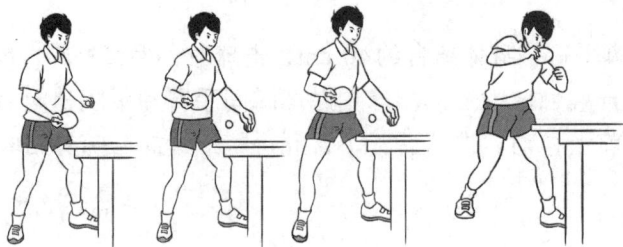

图5-3-8 正手快攻

2. 反手快攻

反手攻打上旋球时，右脚稍前，同时身体左转，右肩前顶略下沉，肘关节靠近身体，上臂与前臂夹角约为130°。向左侧方引拍，使拍略高于来球，以上臂带动前臂由左后方向右前方挥动，手腕站位靠近球台，右脚向右前方上步插入台下，重心在右脚上，前臂伸向台内，手腕稍外展击球后迅速还原（图5-3-9）。

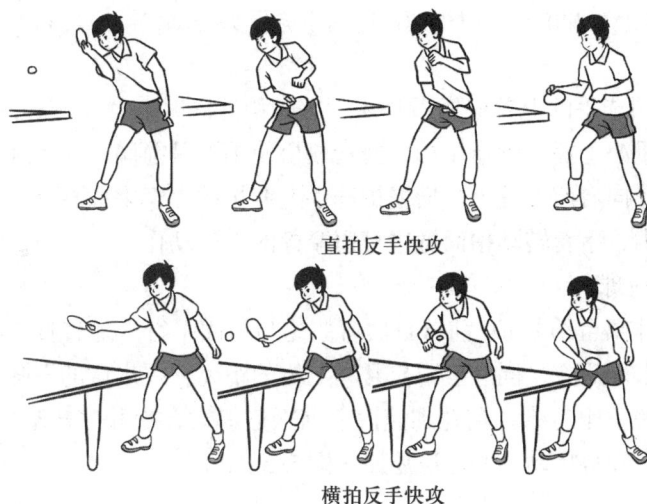

直拍反手快攻

横拍反手快攻

图5-3-9　反手快攻

3. 快点

站位近，左脚向左前方上步插入台下，重心在左脚上，上体靠近球台，前臂伸向台内迎球。快点下旋球时，拍形稍后仰，手腕稍下垂，在下降前期击球的中下部，前臂抖腕向前下方发力。击球后迅速还原。快点上旋球时，拍形稍前倾，在最高点期击球的中上部，前臂和手腕向前下方发力。出球后迅速还原。

4. 快拉

站位近台，左脚稍前，向后下方引拍的同时转腰、沉肩，重心在右脚上。拍形稍前倾，在来球的高点期或下降前期击球的中部或中上部。以前臂和手腕发力为主，向左前上方挥动，向上的力量略大于向前的力量，同时腰和腿协调配合，重心由右脚向左脚转移。由于发力大，随势挥拍动作应稍大一些，球击出后迅速还原。

5. 快带

左脚稍前，站位离台约40 cm，手臂自然弯曲在身体的右前方，球拍稍高于来球。拍形前倾，手腕保持相对稳定，借助腰和髋的转动，前臂向前迎球，在来球的上升期击球的中上部。击球后，手臂继续随势前送，并迅速还原。

6. 正手突击

站位近台，左脚稍前，前臂引拍至身体的右前方，同时腰向右转，重心在右脚上。在来球比网稍高时拍形垂直或稍后仰，上臂带动前臂加速向前上方发力，在来球的高点期击球的中下部。当来球下旋强时，球拍向上摩擦时间长一些，回球弧线应稍高；若来球为一般下旋球时，则应触球中部偏下，摩擦时间短，弧线应稍低。球击出后迅速还原。

7. 正手扣杀

站位根据对方来球的落点长短调整。来球落点靠近球网时，站位应在近台；来球落点靠近端线时，站位应在中远台。击球前，左脚稍前，腰和髋向右转动并带动手臂向体侧后方引拍，拉大球拍与来球的距离，便于加大挥拍速度和手臂击球力量。击球时，拍形前倾，在来球的高点期击球的中上部，上臂和前臂同时加速向左前下方发力挥动，同时腰和髋转动配合发力。

8. 反手扣杀

扣杀时，直握拍选手的上臂应靠近身体，右脚稍前同时前臂做旋外动作，拍形稍垂直。球拍触球瞬间身体重心上提，食指压拍，拇指放松使拍形稍前倾，在来球的高点期击球的左侧中上部，前臂快速向右前方发力。横握拍选手上臂将拍提至来球高度，拇指略竖压拍，前臂迅速向前下方发力，手腕转动拍面做边打边摩擦的击球动作。

9. 正手中远台攻球

左脚稍前，身体离台约 1 m，前臂自然弯曲约与地面平行。随着腰、髋向右转动，手臂将球拍引至身体的右侧后方，同时上臂拉开和上体的距离。在来球的下降前期拍形前倾，击球的中部并向上摩擦。上臂带动前臂加速向左前上方挥动，腰和髋转动配合发力。击球后，手臂继续向左前上方随势挥动，并迅速还原（图 5-3-10）。

图 5-3-10　正手中远台攻球

10. 反手中远台攻球

右脚稍前，身体离台约 1 m，前臂与地面略平行，上臂靠近身体，将球拍引至身体的左侧后方。拍形稍前倾，手腕控制拍面角度，在来球的下降前期击球的中上部，以前臂带动上臂向右前上方挥动，腰和髋转动配合发力。击球后，手臂继续随势挥动，并迅速还原。

11. 正手放高球

左脚稍前，身体离台约 1 m，腰、髋向右转动，右肩略下沉，将球拍引至身体的右侧后下方。拍形稍后仰，击球时上臂由后下方向前上方挥动，前臂和手腕用力向上提拉转动，在来球的下降期摩擦球的中部或中部偏下位置。击球后，顺势挥拍并迅速还原。

12. 正手杀高球

左脚在前，身体离台约 1 m。手臂随着腰和髋向右转动，尽量向身体右后方引拍，增大球拍与来球的距离。击球时，拍面前倾击球的中上部，手臂加速向左前下方挥动，腰、髋、腿同时配合发力。若在来球上升期击球叫"快杀"；若在来球下降期击球叫"慢杀"。击球后，迅速调整身体重心并立即还原。

13. 正手滑板球

站位近台，右脚稍前，球拍引至身体的右侧前方，前臂伸至台内。拍形稍前倾，手腕外展使拍面方向向右，快速摩擦球的中部向侧面滑动，使球斜拐飞向右侧前方。击球后迅速还原。正手滑板攻直线时，一般站位在球台右角时采用。手腕转动要小而突然，挥拍似打斜线，球拍触球时手腕略微外展突然改为攻击直线。用正手滑板攻斜线，一般站位在球台左角侧身攻时采用。触球时，手腕控制球拍由右向左侧摩擦，使球斜拐飞向球台左角。

专家提示

易犯错误及纠正

正手攻球时，手腕下垂，使球拍与前臂成垂直；手腕上挺，使球拍与前臂成一直线；抬肘关节，判断球的落点不准，引拍动作不到位。击球时，拍面前倾过早或前倾不够。击球后，球拍立即停止不前。

练习方法

握拍时，手腕放松，球拍拍柄向左，手臂放松，肘关节下垂，做近台快攻练习；先做还击发球练习，再做还击连续挡球的练习；用多球练习改进动作，使拍面稍后仰，做徒手挥拍练习。击球时，拍面保持前倾，做还发球练习，体会击球时的转腕动作。

（六）搓球技术

搓球是近台还击下旋球的一种基本技术，类似削球动作。回击对方发出或削过来的下旋球，亦称"小削板"。它的技术动作要点是动作幅度不大，出手较快，过网后球的弧线较低，旋转与落点变化较丰富。用它来对付下旋球是一种比较稳妥的练习方法，也是初学削球必须掌握的入门技术，常用于接发球或过渡球，为进攻创造机会。

1. 慢搓（图5-3-11）

（1）正手慢搓：右脚稍前，站位近台，前臂和手腕外旋使拍面稍后仰，身体略向右转，向右上方引拍。在来球的下降前期用球拍的下半部摩擦球的中下部，前臂加速向前下方用力的同时手腕内旋配合用力。击球后，前臂随势前送，立即放松并迅速还原。

（2）反手慢搓：左脚稍前，站位近台，前臂和手腕内旋将球拍引至身体左上方，拍面后仰，在来球下降前期用球拍的下半部摩擦球的中下部，前臂加速向前下方用力的同时手腕外展配合用力。击球后，前臂随势前送，完毕后立即放松并迅速还原。

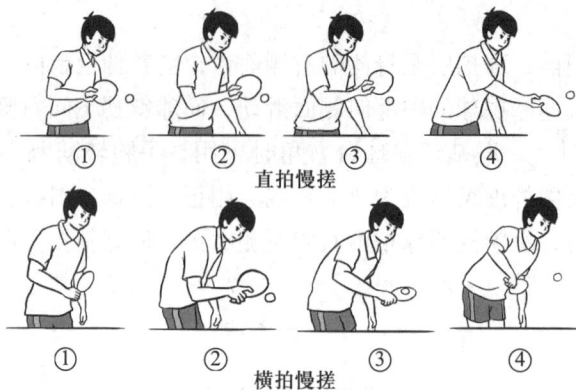

直拍慢搓

横拍慢搓

图5-3-11 慢搓

2. 快搓（图5-3-12）

（1）正手快搓：站位近台，身体重心前移靠近来球，前臂外旋向右上方提起，后引动作稍小。击球时，拍面稍后仰，前臂主动前伸迎球，在来球上升期击球中下部，借对方来球的冲力，前臂手腕适当用力向前下方挥动。随势挥拍动作尽可能短一些。

（2）反手快搓：站位近台，身体重心前移靠近来球，手臂自然弯曲，手腕适当放松，球拍稍向后引至腹前。击球时，拍面稍后仰，在来球上升期击球中下部，借对方来球的冲力，前臂手腕向前下方用力。随势挥拍动作尽可能幅度小一些。

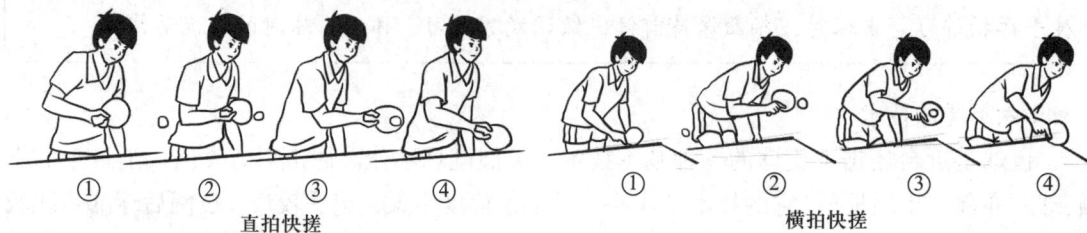

直拍快搓

横拍快搓

图5-3-12 快搓

3. 搓转与不转

根据击球的旋转原理，搓加转球与不转球主要取决于作用力线是远离球心还是接近球心。若在搓球时加大引拍距离和拍面后仰角度，前臂、手腕加速用力向前下方切球，用球拍的下半部摩擦球薄一些，使击球时的作用力线远离球心，则为加转球。若在搓球时缩短击球距离，减小拍面后仰角度，用球拍的上半部和中部碰撞球，使击球的作用力线接近球心，则为不转球。

4. 搓侧旋球

（1）正手搓左侧旋球：站位近台，右脚和身体重心前移。击球时手臂略提起，手腕稍外展，拍面后仰，在高点期或下降前期手臂向左侧挥动发力，同时手腕稍内旋辅助发力，摩擦球的左侧中下部。

（2）反手搓右侧下旋球：站位近台，右脚和身体重心前移，手臂自然弯曲，略向左后方引拍，手腕稍内旋，拍面后仰。在高点期或下降前期手臂向右侧发力，同时手腕稍内旋辅助发力，摩擦球的右侧中下部。

5. 搓球摆短

（1）正手搓球摆短：右脚向前移动，身体靠近球台，球拍向右侧后方引，拍面稍后仰，在来球的上升期击球的中下部，前臂向前下方挥动，同时手腕适当发力。击球后，随势挥拍动作不宜过大，迅速还原。

（2）反手搓球摆短：身体向前移动，靠近球台，球拍略向左后引至腹前，拍面稍后仰，在来球的上升期击球的中下部，前臂向前下方挥动，同时手腕适当外展发力。击球后，随势挥拍动作不宜过大，迅速还原。

专家提示

易犯错误及纠正

球拍没有上引，击球时前臂由上向下动作不明显；击球时，拍面后仰不够；击球时，球拍与球接触的部位不准，没击到球的中下部；击球后，前臂前送不够。

练 习 方 法

反复进行前臂和手腕先向上引再向下切的挥拍模仿练习，练习用慢搓回接对方发来的下旋球，体会拍面后仰前进的动作；做对搓练习，体会拍面在下降期击球中下部的动作；两人做慢搓练习，体会击球后手臂前送动作。

（七）弧圈球技术

弧圈球技术可分为正手弧圈球技术和反手弧圈球技术。根据弧圈球技术的旋转特征可分为加转弧圈球、前冲弧圈球和侧旋弧圈球。

1. 加转弧圈球（图5-3-13）

（1）正手拉加转弧圈球：左脚在前，身体重心较低。手臂自然下垂向右后下方引拍，身体随之向右转动，右肩下沉，重心在右脚上。球拍触球时，拍面稍前倾，上臂带动前臂向前上方挥动，手腕配合发力，身体向左侧转动。在来球的下降前期击球的中部或中上部，在摩擦球的瞬间迅速收缩前臂加大摩擦力。击球后，身体稍向上抬起，随势挥拍至头部高度，重心移至左脚，并迅速还原。

① ② ③ ④

图5-3-13 加转弧圈球

（2）反手拉加转弧圈球：两脚平行或右脚稍前，两膝微屈，重心在两脚间。右肩下沉，球拍引至腹前下方，腹部内收，肘关节稍向前顶出，手腕内旋，拍面稍前倾，以肘关节为轴前臂快速向右前上方挥动。在来球的下降前期用力摩擦球的中上部，两腿向上蹬伸，身体稍后仰以辅助发力。击球后，随势挥拍并迅速还原。

2. 前冲弧圈球（图5-3-14）

（1）正手拉前冲弧圈球：左脚稍前，根据来球选择站位远近。向右后方引拍时腰向右转动，重心移至右脚。击球时拍面前倾，在上臂带动下前臂加速向前上方挥动，随势挥拍后，迅速还原。

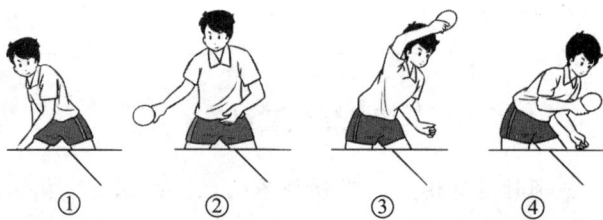

图5-3-14 前冲弧圈球

（2）反手拉前冲弧圈球：两脚平行或右脚稍前，两膝微屈，重心在两脚间。右肩下沉，球拍引至大腿内侧，肘关节稍前顶，手腕内旋。击球时拍面稍前倾，以肘关节为轴前臂快速向前上方发力。在来球的高点期摩擦球的中上部，同时两腿向上蹬伸，身体略向前上方顶以辅助发力。随势挥拍后，迅速还原。

3. 侧旋弧圈球

正手拉侧旋弧圈球（图5-3-15）：左脚稍前，腰向右转动，重心在右脚上，球拍引至身体的右侧后方，拍头稍下垂。击球时右脚蹬地，腰向左转，上臂带动前臂快速挥动，在来球的下降前期摩擦球的右侧中部或下部，向外侧并向前上方挥拍，使球拍划一个横向的半弧形。击球后，上体要随势向内扭转以加大侧旋力量并迅速还原。

图5-3-15 正手拉侧旋弧圈球

专家提示

易犯错误及纠正

引拍动作不够大，重心较高；击球时，碰撞多摩擦少；击球时，拍形掌握不好，球拍与球接触的部位不对；击球时，判断来球线路不准或击球时间不对。

练 习 方 法

挥拍练习，注意引拍时要降低重心，在接下旋发球中改进动作，注意体会擦击球动作，在接发球或多球练习中改进动作，加强对来球的判断能力。

（八）直拍横打技术

1. 直拍反面快拨

站位近台，两脚开立约比肩宽，左脚稍前，肘关节稍前顶，前臂外旋、手腕稍内屈，自然向左后上方引拍，上臂间的夹角大约45°。击球时拍形稍前倾，主要用拇指和中指发力，食指自然放松，在来球的上升期击球的中上部，向前方挥动。击球后，手臂随势前送，然后迅速还原成准备姿势。

2. 直拍反面弹打

站位近台，两脚开立约比肩宽，左脚稍前。上臂抬起，身体重心略高一点。肘关节稍前顶，前臂外旋，手腕稍内屈，拇指压拍，食指放松，使拍形前倾。身体前迎，在来球的上升后期或最高点期击球的中上部，触球瞬间要短促有力，以撞击为主，向前下方用力弹压。向下的力量越大，旋转越强；向前的力量越大，旋转就越弱。击球后，手臂随势前送的动作不宜过大，然后迅速还原成准备姿势。

3. 直拍反面拉弧圈球

两脚开立略比肩宽，重心在两脚之间，含胸收腹，身体重心下降。腰略向左转，肘关节略前顶。前臂外旋，手腕稍内屈，手臂下沉引拍至腹前下方。拇指压拍，食指放松，拍形稍前倾，在高点期或下降前期摩擦球的中部偏上位置，向前上方挥拍。击球后，随势挥拍的动作稍大一些，然后迅速还原成准备姿势。

4. 直拍反面攻

站位中近台，右脚稍前，身体重心在左脚上。肘关节略前顶。前臂外旋，手腕稍内屈向左后上方引拍。击球时，拇指和中指用力，食指自然放松，在来球的最高点期或下降前期摩擦球的中上部并向前方挥动，利用腰部和挺腹的力量协助发力。击球后，手臂随势前送，并迅速还原成准备姿势。

5. 直拍反面挑

站位近台，左脚稍前，两脚开立略比肩宽。击球时，左脚向左前方插入台内，手腕自然下垂，拇指和中指用力，食指自然放松，在来球的高点期摩擦球的中部偏上位置，同时手腕外展，制造一定的弧线。击球后，随势挥拍的动作稍小一些，然后迅速还原成准备姿势。

专家提示

易犯错误及纠正

击球时，启动过早，移动不到位，手法与步法配合不协调；击球后，还原不及时。

练习方法

弄清正确的起动时机，加强对来球的观察和判断，适当增加无规律的练习；掌握好起动时机，提高判断能力和脚步灵活性，结合步法移动，进行挥拍练习；要求快速移动，到位击球，进行有规律的定点练习；要求手到脚到，腿、腰、手臂协调用力，用较快的节奏进行挥拍练习，强调及时还原。多球练习时加快节奏。台上练习中，陪练方加快击球节奏。

（九）乒乓球战术

1. 推攻战术

◎ 动作要点：主要运用正手攻球和反手推挡的速度和力量，并结合落点变化和节奏变化来压制和调动对方，以争取主动或得分。推攻战术是左推右攻打法对付攻击型打法的主要战术，有反手推挡能力的两面攻运动员、攻削结合运动员等也常使用此战术。

◎ 注意事项：

（1）推、攻都要有线路、落点和节奏变化，这是推攻战术争取主动和创造扣杀机会的主要方法。

（2）推挡一般以压对方反手为主，然后突然变正手，以创造进攻机会。如果对方正手较差，才以推对方正手为主。

（3）在推挡中突然加力推对方中路，使对方难于用力回击，然后用正手或侧身扣杀。

（4）遇到机会球时要果断扣杀，这是推攻战术得分的主要手段。

（5）推攻战术要坚持近台，又不能死守近台，要学会近台和中台的位置转换，掌握对手节奏。

（6）推攻战术对付弧圈类打法应坚持近台为主，用快推和加、减力推挡控制落点，伺机采用近台反拉或中等力量扣杀弧圈球，然后进入正手连续进攻。

◎ 练习方法：

（1）左推右攻。

（2）推挡侧身攻。

（3）推挡、侧身攻后扑正手。

（4）左推结合反手攻。

（5）左推、反手攻、侧身攻后扑正手。

2. 两面攻战术

◎ 动作要点：主要利用正、反手攻球技术的速度和力量压制对方，争取主动和创造扣杀机会。两面攻技术是两面攻打法对付攻击型打法的主要战术。

◎ 注意事项：

（1）正、反手攻球都要有线路变化和落点变化，以便创造扣杀机会。

（2）要以压对方反手为主，然后攻击对方正手或中路，以创造扣杀机会。

（3）遇到机会球时要大胆扣杀。

（4）两面攻战术在主动进攻情况下要坚持近台，被动情况下可适当后退，在中近台或中台进行反攻。

（5）两面攻战术对付弧圈球打法应坚持近台，用快带顶住对方的弧圈球，伺机采用近台反拉或中等力量扣杀弧圈球，然后转入连续进攻。

◎ 练习方法：

（1）攻左扣右。

（2）攻打两角，猛扣中路。

3. 拉攻战术

◎ 动作要点：连续运用正手快拉创造进攻机会，然后采用突击和扣杀来作为得分手段。拉攻战术是快攻类打法对付削球类打法的主要战术。

◎ 注意事项：

（1）拉、扣的力量要有较大的悬殊，以使对方措手不及。

（2）拉球要有线路和落点变化以调动对方，争取主动和创造进攻机会。

（3）遇到机会球时要大胆扣杀或突击。

（4）采用拉攻战术要有耐心，不要急于求成，对没有把握的机会球不要发力过凶。

◎ 练习方法：

（1）正手拉后扣杀。

（2）反手拉后扣杀。

4. 拉、扣、吊结合战术

◎ 动作要点：由拉攻与放短球相结合而成，是快攻型打法对付削球打法的常用战术。

◎ 注意事项：

（1）拉攻中放短球，要在对方站位较远并且来球比较近网时进行，这样，放短球的落点容易靠近球网，可增加对方向前移动的距离和难度。

（2）放短球后扣杀时，如果对方靠台极近，可对准对方身体方向扣杀，这样，往往能使对方难以让位还击。

◎ 练习方法：

（1）在拉攻战术的扣杀或突击后放短球。

（2）在拉攻战术中放短球后，结合扣杀或突击。

5. 搓攻战术

◎ 动作要点：主要运用"转、低、快、变"的搓球控制对方，以寻找战机，然后采用低突、快点或拉攻等技术展开攻势并进入连续进攻；在搓球中遇到机会球时进行扣杀，常常带有突然性，往往可以直接得分。搓攻战术是乒乓球各种打法都不可缺少的辅助战术。

◎ 注意事项：

（1）搓攻战术既要尽可能早起板，以争取主动，但又不能有急躁情绪，否则，起板容易失误。

（2）在搓球中遇到机会球时要大胆扣杀，这是搓攻战术的主要得分手段。

（3）在搓短中摆短，可使对方不易抢先进攻，故有利于创造进攻机会，以便伺机用正、反手或侧身进攻。

◎ 练习方法：

（1）正、反手搓球结合正手快拉、快点、突击或扣杀。

（2）正、反手搓球结合反手快拉、快点、突击或扣杀。

6. 削中反攻战术

◎ 动作要点：由削球和攻球结合而成，常以逼角加转削球为主，伺机反攻；或以转、低、稳、变的削球，迫使对手在走动中拉攻，以从中寻找机会，予以反攻。这种战术有"逼、变、凶、攻"的动作要点，是攻、削结合打法的主要技术。

◎ 注意事项：

（1）正、反手削球都要注意旋转强度的变化。在削加转后用相似的手法削不转球，使对方拉出高球，以进行反攻的有效练习方法。

（2）削球时要尽可能压低弧线，以避免对方扣杀或突击。

（3）削球逼角时要适当配合削另一角，以使对方在走动中击球。

◎ 练习方法：

（1）正、反手削球逼角，结合正手攻或侧身攻对方右侧空当。

（2）正、反手削两大角长球，结合正、反手反攻。

7. 发球抢攻战术

◎ 动作要点：发球抢攻战术是以旋转、线路、落点以及速度不同的发球来增加对方回击的难度，使对方出现机会球，或降低回球质量，然后抢先进攻，以争取主动或直接得分，这是乒乓球所有打法特别是进攻型打法的主要战术和得分手段。

◎ 注意事项：

（1）发球要有线路和落点变化，以使对方在前、后、左、右走动中接发球。

（2）发球后要有抢攻准备，以不失抢攻的机会。

（3）自己发什么球，对方可能以什么技术回击，要做到发球前心中有数。这样，才能较好地做好抢攻的准备。

（4）抢攻要尽可能凶，又不能过凶，否则，会影响命中率。

◎ 练习方法：

（1）发下旋转与"不转"抢攻。

（2）发正、反手奔球抢攻。

（3）发正、反手侧上、下旋球抢攻。

8. 接发球抢攻战术

◎ 动作要点：由某一单项攻球技术所形成，进攻性强，可变接发球的不利地位为主动地位，也可直接得分，是乒乓球运动各种打法特别是进攻型打法的主要战术。

◎ 注意事项：

（1）由于接发球抢攻是在对方主动发球，自己处于被动的接发球地位时所采取的进攻性打法，所以难度较大。接发球抢攻一般不可过凶，要看准来球的旋转方向、旋转强度和高度，采用适当的练习方法进攻。例如，对方发加转下旋球，接发球抢攻时要采用提拉手法，以免下网。同时，攻球的力量不可过大。

（2）接发球抢攻动作结束后，要立即做好对攻或连续攻的准备，以便继续处于主动地位。

（3）接发球抢攻、抢冲的力量越小，应越注意球的路线或落点，一般应多打在对方反手；若对方反手强而正手弱，则可多打在对方正手。

◎ 练习方法：用快点、快攻或中等力量突击进行接发球抢攻。

三、乒乓球竞赛基本规则

（一）发球、接发球和方位的选择

（1）发球、接发球和场地的选择权力应通过赛前抽签决定。中签者可以选择先发球或先接发球，或选择先在某一方。

（2）当一方运动员做出选择后，另一方运动员应有做另一个选择的权力。

（3）在每获得2分之后接发球方即成为发球方，依此类推，直到该局比赛结束，或者直至双方比分都达到10分实行轮换发球法，这时发球和接发球次序仍然不变，而且每人只轮发1分球。

（4）一局中在某一方位比赛的一方，在该场的下一局应换到另一方位。单打决胜局中当有一方满5分时交换方位。

（二）发球、接发球次序和方位的错误处理

（1）裁判员一旦发现发球、接发球次序错误应立即暂停比赛，并按该场比赛开始时确立的次序，根据场上的比分，由应该发球或接发球的运动员发球或接发球；在双打中，则按发现错误时那一局中首先有发球权的一方所确立的次序继续进行比赛。

（2）裁判员一旦发现运动员应交换方位而未交换时，应立即暂停比赛，并按该场比赛开始时确立的次序，根据场上比分纠正运动员所站的方位后再继续比赛。在任何情况下，发现错误之前的所有得分均有效。

（3）当发球者发出的球触碰到网时叫发球"擦网"，裁判应令发球者重新发球。

（三）合法还击

对方发球或还击后，本方队员必须击球，使球直接越过或绕过球网装置，或触及球网装置后，再触及对方台区。凡属上述情况，均为合法还击。

（四）重发球

出现下列情况，应判重发球：

（1）如果发球员发出的球，在越过或绕过球网装置时触及球网装置，此后成为合法发球或被接发球员或其同伴阻挡。

（2）如果发球员或同伴未准备好时球已发出，而且接发球员或其同伴均没有企图击球。

（3）由于发生了运动员无法控制的干扰，如灯光熄灭等原因，而使运动员未能合法发球、合法还击或未能遵守规则（运动员与同伴相撞或者被挡板绊倒而未能合法回击，则不能判重发球）。

（4）裁判员或副裁判员宣布暂停比赛。例如，① 由于要纠正发球、接发球次序或方位错误；② 由于要实行轮换发球法；③ 由于警告或处罚运动员；④ 由于比赛环境受到干扰以致该回合结果有可能受到影响（如外界球进入赛场或是使运动员大吃一惊的突然喧闹）。

（五）判1分

回合中出现重发球以外的下列情况，应判失1分：

（1）未能合法发球。

（2）未能合法还击。

（3）阻挡。

（4）连续两次击球（如持拍手的拇指和球拍连续击球）。

（5）除发球外，球触及本方台区后再次触及本方比赛台面。

（6）用不符合规定的拍面击球。

（7）双打中，除发球或接发球外运动员未能按正确的次序击球。

（8）裁判员判罚分。

（9）其他已列举的违例现象。

（六）一局比赛

在一局比赛中，先得11分的一方为胜方；比分出现10平后，先多得2分的一方为胜方。

（七）一场比赛

（1）一场比赛应采用三局两胜制或五局三胜制。

（2）一场比赛应连续进行，但在局与局之间，任何一名运动员都有权要求不超过2 min的休息时间。

（八）轮换发球法

（1）如果一局比赛进行到10 min仍未结束（双方都已获得至少9分除外）；或者在此之前的任何时间，应双方运动员要求，应实行轮换发球法。计时员应在每一局比赛的第一个球进入比赛状态时开表；在比赛暂停时停表，恢复比赛时重新开表。比赛暂停包括：球飞出赛区至重新回到赛区、擦汗、决胜局交换方位及更换损坏的比赛器材。一局比赛进行到 15 min 尚未结束，计时员应报"时间到"。

（2）当时间到时，球仍处于比赛状态，裁判员应立即暂停比赛，由被暂停回合的发球员发球继续比赛。球未处于比赛状态，应由前一回合的接发球员发球，继续比赛。

（3）出现上述情况时，计数员应在接发球方每一次击球后报出击球数，在使用轮换发球法时，计数员报数应用英语或用双方运动员及裁判员均能接受的任何其他语言。

（4）此后，每个运动员都轮发 1 分球直至该局结束，如果接发球方进行了 13 次合法还击，则判发球方失 1 分。

（5）轮换发球法一经实行，该场比赛的剩余部分必须继续进行，直至该场比赛结束。

（九）器材规格

球台——高 76 cm、长 2.74 m、宽 1.525 m，颜色为墨绿色或蓝色。

球网——高 15.25 cm、台外突出部分长 15.25 cm，颜色与球台颜色相同。

球——呈白色或橙色，且无光泽，直径 40 mm、重量 2.7 g 的硬球。

挡板——高 0.75 m、宽 1.4 m 或 2 m，颜色与球台颜色相同。

所有器材均由国际乒联特别批准和指定。在整个比赛过程中包括训练设施均必须采用相同牌号的器材。

相关链接

乒乓球运动的起源

乒乓球亦称桌球，意即"桌上网球"（Table Tennis），于 19 世纪末起源于英国，是一种世界流行的球类体育项目。1890 年，几位驻守印度的英国海军军官偶然发觉在一张不大的台子上玩网球颇为刺激。后来他们改用空心小皮球代替弹性不大的实心球，并用木板代替了网拍，在桌子上进行这种新颖的"网球赛"，这就是 Table Tennis 得名的由来。乒乓球名称起源自 1900 年，因其打击时发出"Ping Pong"的声音而得名，在中国就以"乒乓球"作为它的官方名称，香港及澳门等地区亦同时使用。乒乓球被称为当今中国的国球。从 20 世纪 60 年代以来，中国选手在世界各项乒乓球比赛中多次取得冠军，甚至多次包揽整个赛事的所有冠军。

第四节 排球运动

一、排球运动的锻炼价值

经常参加排球运动，不仅能改善人的身体状况，发展身体素质，培养人的基本运动能力，还能培养学生的观察、思维、分析能力以及养成勤思、反应及时、当机立断的良好习惯。对改善学生的心理状况，发展个性心理素质也具有独特的作用。排球运动在不断对抗竞争的过程中，通过正确对待成功与失败而认识自我，充分发挥自己的潜力，提高自信心和承受挫折的能力，在与同伴的默契配合中，满足彼此交往、合作的需要，使紧张的学习压力得到消除，不安的心理情绪得到调整，学习生活质量得到提高。

> **相关链接**
>
> ### 排球运动的起源
>
> 排球运动起源于1895年，由美国马萨诸塞州的霍利沃克城基督教青年会干事威廉·摩根发明。
>
> 国际排球联合会自1947年成立至今，已有200多个会员国，排球运动已发展成为世界上最大的运动项目之一。排球运动的形式多种多样，除了室内6人制排球外，世界性的竞技排球运动还有沙滩排球和残疾人坐式排球，另外还有软式排球、小排球、气排球、公园排球等娱乐排球运动形式。
>
> 排球运动世界大赛主要有世界锦标赛、世界杯赛、奥运会排球赛、世界沙滩排球锦标赛、残疾人奥运会排球赛。中国女排在20世纪80年代夺得"五连冠"，极大地鼓舞了全国人民的民族精神，也极大地激发了全民学排球的热情，在全国形成了轰轰烈烈的排球热潮。然而，此后的中国女排陷入低谷，17年后陈忠和带领的中国女排再次获得三连冠，并取得了2004年雅典奥运会的冠军，重新激发了人们对排球的热情。2019年9月日本女排世界杯，由郎平任教的中国女排卫冕世界杯冠军，这是中国女排自2015年后再次夺得世界杯冠军。

二、排球技术

（一）排球基本技术

1. 准备姿势

准备姿势根据身体重心的高低分稍蹲、半蹲和低蹲3种，最基本的是半蹲准备姿势。

动作要点：两脚左右开立比肩宽，膝关节保持一定弯曲度，上体前倾，两肘自然弯曲下垂，两眼注视来球，保持移动待发状态，屈膝提踵，含胸收腹。

移动：移动技术由启动、移动步法和制动3个部分组成。

专家提示

易犯错误及纠正

① 上体太直，臀部后坐，全脚着地。可采用两人一组互相纠正的方法。

② 两膝弯曲不够，重心过高，上体过于前倾。可多做低姿移动练习。

③ 由于两脚的前后或左右的距离过大或过小，而造成起动或移动的困难。可多做些徒手的移动步法练习。

练习方法

① 徒手模仿，学生成两列或四列横队站立，在老师指导下，集体做徒手模仿练习。

② 体会动作，队形同上。两人一组一人做，另一人纠正其错误动作。

③ 集体练习，队形同上。由原地起步或跑步的形式，在移动中看老师的信号做移动步伐练习。

④ 小组或个人分散练习，体会动作。

---

2. 发球

侧面下手发球：侧对网，屈膝上体稍前倾，左手将球平稳抛送至右肩前方，右臂后引，利用右脚蹬地、身体左转力量带动手臂向前上方摆动，在腹前用掌跟或虎口侧平面击球后下方（图5-4-1）。

图5-4-1　侧面下手发球

正面下手发球：面对球网，左手托球于胸前，将球平稳、垂直抛向右肩前方，右臂抬起，屈肘后引，抬头、挺胸、展腹，利用蹬地、转体、收腹带动手臂加速挥动，用全掌击球中下部。手腕主动推压，球抛向右肩前上方，高度约1 m，转体收腹带挥臂，弧形鞭打加力量，手掌击球中下部，手腕推压向前旋（图5-4-2）。

图5-4-2　正面下手发球

正面上手发球：队员面对球网，两脚前后自然开立，左脚在前，将球平稳地垂直抛于右肩前方，在左手抛球的同时，右臂抬起，屈肘后引，肘于肩平，上体稍前右转。击球，一手掌根短促击打球的中下部，使球在运行中变形，产生不规则的飘忽不定的运行，增加接发球难度。

专家提示

易犯错误及纠正

① 抛球不好，抛球过高过低、时前时后或忽左忽右，影响发球的质量。按正确动作发球，多做固定抛球的位置与高度的练习。

② 击球不好，击球点偏前或偏后、偏侧，击球点过低等。多击固定球。

③ 击球时手掌控制不住球，击不准球。只用较轻力量击中球或击固定球，提高其击球时手掌的感觉，从而不断改进击球动作。

练习方法

① 男同学可先教正面下手发球，再教侧面下手发球，而后教正面上手发球。

② 女生可先教侧面下手发球，再教正面下手发球，然后教正面上手发球。

3. 垫球

双手垫球：半蹲姿势站立，对正来球，双手抱拳互握，两肩快速前伸插入球下，直臂向前上方蹬地抬臂，同时配合蹬地送腰动作，身体重心随击球动作前移（图5-4-3）。

图5-4-3　双手垫球　　　　　　　　图5-4-4　背垫球

背垫球：判断来球落点、方向和离网距离，迅速移动到球的落点处，背对出球方向，两臂夹紧伸直、插到球下。击球时，蹬地、抬头挺胸、展腹，直臂向后上方摆动击球（图5-4-4）。

专家提示

易犯错误及纠正

① 初学者在垫球时有屈肘腕的现象，容易造成连击犯规。多做徒手动作，强调在抬臂垫球的同时要压腕顶肘。

② 垫击部位不合理，垫在手腕、拇指或肘关节部位。多做由准备姿势到两臂组成垫击面插入球下对准球的徒手动作。

③ 准备不充分，判断不及时。练习时要及时做好准备姿势，加强预判。

练习方法

① 垫球手型的练习，集体原地试做。

② 两人一组，一人持球固定在小腹前高度，另一人从准备姿势开始，做垫击动作。

③ 两人一组，一抛一垫。

④ 对垫或隔网垫球。

⑤ 隔网接发球练习。

---

4. 双手传球

图5-4-5 双手传球动作方法

动作方法：采用稍蹲准备姿势待看到来球后，迅速移动到球的落点，对正来球。击球点应在额的前方约一球的距离处。手触球时，十指应张开，指关节微曲，两手掌心相对，两拇指相对形成"一"字节，或"八"字形，使两手形成半球状。手腕稍后仰，以拇指内侧、食指全指和中指的第二、三指

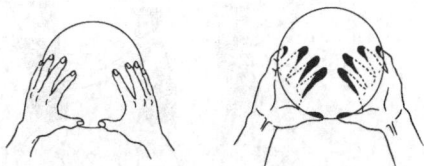

图5-4-6 双手传球触球示例

节触球的后下部，无名指、小指的指尖触球。拇指、食指和中指主要承担球的压力；无名指、指尖在球的两侧，辅助控制传球的方向，两手之间要有一定的距离，一般来讲，手掌愈小，距离愈大；手掌愈大，距离愈小（图5-4-5）。目的在于扩大控制球的面积，但不能过大而漏球，两肘适当分开，自然下垂（图5-4-6）。

专家提示

易犯错误及纠正

① 击球点过高、过低或太靠前、偏后。让学生明确动作要领，多做一抛一传的练习，指出传球前移动取位的重要性。

② 传球时两肘外张过大或两肘紧张内夹影响伸臂迎球动作和用力。让学生明确动作要领，徒手练习抬臂、放下、抬臂的重复动作，原地做传球动作或传抛球。

③ 身体协调用力不好。学生多做选手模仿练习，自抛后传远距离球，发展全身协调力量。

④ 手型不好，击球点太靠前。反复做击球手型、对墙传球和自抛的对墙传球练习。

练习方法

① 集中徒手模仿动作练习。

② 持球做模仿动作练习。

③ 原地传抛来的球或自传球练习。

④ 两人一组对传球练习。

5. 扣球

动作方法：助跑步子先小后大，摆臂起跳展腹抬臂，收腹发力快速挥臂，向上振动腕成鞭打，全掌包球向前推压，脚前掌着地屈膝缓冲（图5-4-7）。

图5-4-7 扣球

易犯错误及纠正

① 击球臂不是弧形挥摆，而是直接伸向球直臂压球。让学生明确动作要领，在老师的引领下做直臂压球练习。

② 击球时，肘关节没有挥直和肩、肘关节过分紧张僵硬。在老师的指导下，让学生肩、肘放松地做匀速徒手摆臂练习。

③ 助跑步幅顺序不合理，第一步大，第二步小。在地面上按照正确步幅画上线，让学生踏着线进行助跑扣球练习。

练 习 方 法

① 集体做徒手的挥臂击球动作。

② 在老师的统一指挥下做助跑接起跳的集体练习。

③ 利用网上固定吊球做助跑、起跳和挥臂扣球的完整练习。

6. 拦网

动作方法：垂直上跳，含胸收腹，提肩伸臂，过网拦击（图5-4-8）。

图5-4-8 拦网

易犯错误及纠正

① 手臂太开，手型弧度不正确。明确动作要领，多做徒手的并臂压腕练习。

② 画弧摆臂动作和摆臂起跳不协调。多做隔网原地起跳摆臂压手腕的练习。

> **练 习 方 法**
>
> ① 集体徒手做手臂、手掌拦网的手型练习。
> ② 两人一组隔网对面站立，低网做一人持球一人拦网的手形练习。
> ③ 二人或四人一组做各种移动步伐的低网对面站立拦网徒手练习。

（二）排球基本战术

1. 进攻战术

（1）发球个人战术

① 发球时可以把球发给对方接发球差的队员或准备二传的队员。

② 把球发给接发球连续失误而表现紧张、急躁的队员。

③ 把球发给技术发挥不好而情绪低落、士气不佳的队员。

④ 把球发给刚上场的队员。

⑤ 把球发给最强的进攻队员或打快攻的队员，使其难于参与进攻。

⑥ 把球发到几人之间的空当，造成对方让球或抢球的现象。

⑦ 把球发到进攻线前面的2或4号区，使队员接球后难于跑动进攻。

⑧ 把球发到底线附近或两侧死角处，使对方即使接到球也难以到位。

⑨ 把球发到插上队员附近，破坏对方与其战术配合。

⑩ 把球发到二传不便于组织战术的地方。

⑪ 时而发到对方后场区，时而发到对方前场区。

⑫ 时而大力发旋转球，时而发飘球，时而发重球，时而发轻球。

⑬ 时而以进攻性发球为主，时而以准确性发球为主。

（2）二传个人战术

① 传球瞬间突然改变传出方向，让对方事先看不出传球方向。

② 以眼睛或手势示意某一扣球队员，引起对方注意，但突然把球向后或向前传出。

③ 看准来球先做转体动作，佯作向前或向后传球，但突然把球向前或向后传出。

④ 采用跳穿、晃动动作传球，迷惑对方。

⑤ 佯作二传，突然改变为单手吊球、两次球进攻、传到对方空当或跳传转移。

（3）扣球个人战术

① 运用转体、转腕扣球技术，达到突然改变扣球路线的目的。

② 运用高点超手扣球，或改为轻扣或调入空当。

③ 运用起跳后在空中停留的时间延迟扣球时机，使拦网难以奏效。

④ 运用向两侧打手出界，破坏对方拦网。

⑤ 运用平打使球触拦网手后飞向后场。

⑥ 运用轻扣或吊球将球打到拦网手上，使球随对方拦网人一同落下。

⑦ 运用轻扣将球打到对方拦网手上弹回再次组织进攻。

⑧避开身材高大和技术好的拦网队员，选择身材矮、弹跳差的队员为突破口。

⑨将球扣到对方防守差的队员，或场上的空当。

（4）进攻中小组和全队配合：个人战术是掌握队友间配合的基础，但个人战术要通过小组和全队战术练习来提高，而小组和全队配合的关键是使设计的各种练习尽量接近比赛中的实际；不论进攻还是防守中队员之间的协同配合，是按照一定的信号联系进行的，在这种练习中逐步建立熟练的战术配合。

在进行小组和全队战术配合练习中，要不断改变队员的位置和出球方向，参加配合练习的队员人数逐渐增加，以增加队员间的相互协作能力。

"中一二"（图5-4-9）：传球队员（二传手）在3号位球网附近，扣球队员分别站在4号和2号位的进攻线附近准备扣球。3号位的传球队员（二传手）根据对方拦网情况，将球传给4号位或者2号位扣杀。

"边一二"（图5-4-10）：传球队员（二传手）在2号位，扣球队员在3号位和4号位，2号位的传球队员（二传手）根据对方的拦网情况，将球传给4号或者3号位扣杀。

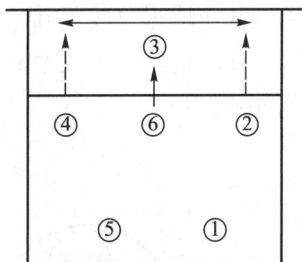

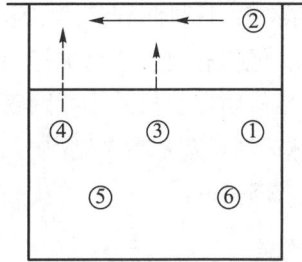

图5-4-9　中一二　　　　　　　图5-4-10　边一二

2. 防守战术

（1）接发球战术：接发球是进攻的基础，它是由守转攻的转折点。如果没有可靠的接发球技术做保证，就难以组织有效的进攻战术，甚至还会造成直接失分。

接发球时，队员的注意力要高度集中，充分做好接发球准备，根据对方的发球动作、性能、力量及速度，迅速作出正确的判断，及时移动取位，对准来球路线，运用合理的垫球技术将球传给二传队员。

接发球时，每一个接发球队员都应明确接发球的防守范围。划分范围不仅是平面的，还应根据来球的弧度高低进行立体空间划分。接发球员之间应既有分工，又有配合，注重整体接发球的实效性，接发球能力好的队员范围可大些，后排队员接球范围可大些。

（2）接扣球战术：接扣球防守包括拦网、后排防守两个环节。其中拦网是第一道防线，有效的拦网不仅可以遏制对方的进攻能力，减轻后排防守的压力，还能为反攻创造机会。

（3）拦网：拦网分为单人和集体两种形式，集体拦网必须建立在单人拦网技战术基础上才能更好地发挥威力。这里重点论述集体拦网的基本要求。

集体拦网时，要确定拦网的主拦网员，如拦对方两翼进攻，本方分别以2、4号位队员为主拦，其他队员密切协同配合，防止各行其是。起跳时，相互之间保持一定的间隔距离，并控制好身体重心，避免互相干扰和冲撞。拦网时尽可能扩大主拦面，但联网队员手与手之间的距离不能太大，以免漏球。

人盯区的拦网战术，是一种对付定位进攻及一般进攻配合较为有效的拦网战术。其特点是把球网分成左、中、右三个区，每一名队员负责一个区，以保证每一个区域至少有一名拦网队员拦网，并在可能的情况下，协助同伴组成集体拦网。

人盯人拦网战术，拦网队员各自负责拦对方与自己相对位置的进攻队员，进行固定人员拦网。但当对方进行交叉进攻的需要及时交换人盯人拦网，以免造成无人拦网的被动局面。

对方中间近体快，两翼拉开进攻时，本方3号位队员负责拦中间快球，2、4号位队员分别负责拦两翼的拉开进攻，并在此基础上尽可能组成双人拦网。对方采用交叉进攻及背后拉开进攻时，本方4号位队员拦对方2号位的拉开进攻。2号位队员在盯住对方4号位进攻队员时，一旦发现4号位队员内切进行快攻，应立即与本方3号位队员相呼应，盯住人，即3号位队员拦对方快球，2号位队员拦对方3号位队员的交叉进攻。

（4）后排防守：后排防守是第二道防线，是减少失分和争取得分的基础，虽然拦网技术有了很大提高，但仍有很多球突破拦网后进入本方场区，成功的防守不仅争取了得分机会还能鼓舞士气。后排防守要与前排拦网密切配合，相互弥补和保护。

（三）排球运动竞赛基本规则

1. 场地（图5-4-11）

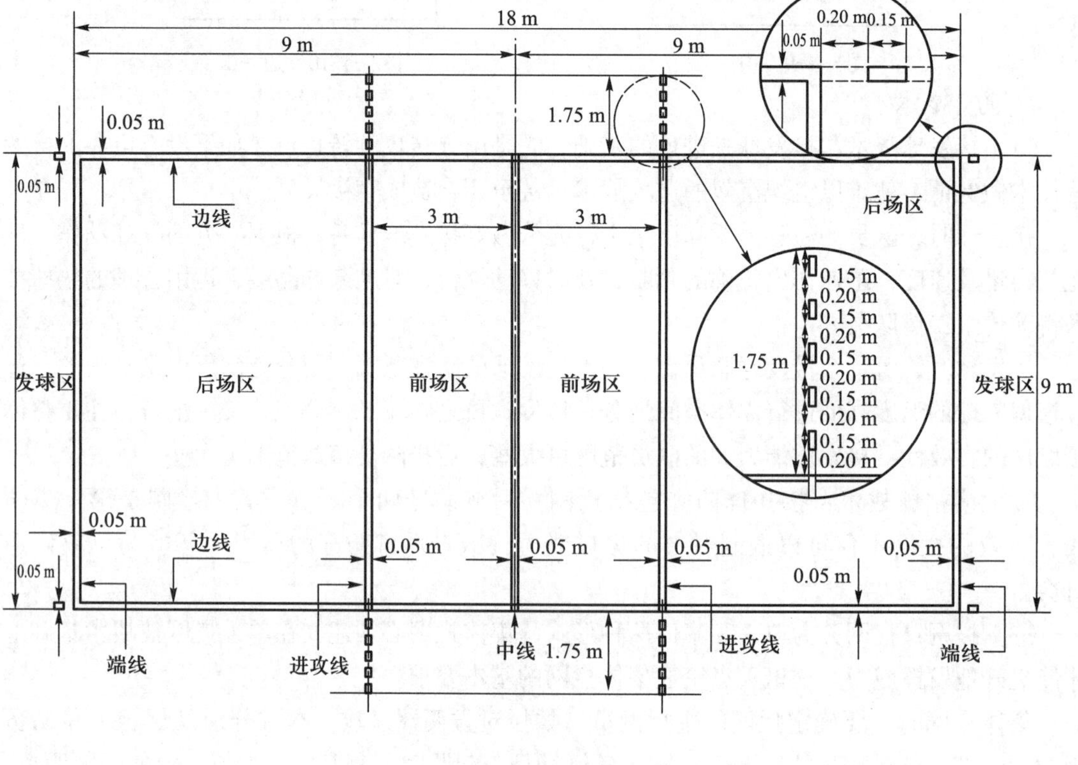

图5-4-11 场地

2. 主要规则

（1）发球犯规

① 发球队员在击球时或击球起跳时，踏及场区（包括端线）或发球区以外的地面。

② 发球队员在第一裁判员鸣哨允许发球后 8 s 内未将球击出；球未被抛起或持球手未清楚撤离就击球。

③ 双手击球或单手将球抛出、推出。

④ 将球抛起准备发球却未击球；球发出后触及发球队其他队员。

⑤ 发球于界外。

⑥ 球越过发球掩护的个人或集体。

（2）位置错误犯规：位置错误犯规是指当发球队员击球时，如果场上队员不在其正确位置上，则构成位置错误犯规。

（3）击球犯规

① 4 次击球：球队在击球回对方场区前触球 4 次。

② 借助击球：比赛区域内，球员以队友或任何建造物、物体作为击球的支撑。

③ 持球：球员未能清晰地击球而是用手持球、掷球。

④ 连击：球员连续击球 2 次或球连续触及身体数个部位。

（4）近网球员犯规

① 在对方攻击前或攻击时，球员于对方空间内触及球或对方球员。

② 球员由网下侵入对方空间干扰对方的活动。

③ 球员侵入对方场地。

④ 球员企图击球时，触及球网及标志杆。

（5）拦网犯规

① 在对方球员击球之前或同时，拦网球员在对方空间内触球。

② 后排球员完成拦网或参与完成集体拦网。

③ 拦对方发球。

④ 拦网后球出界。

⑤ 在标志杆外侧，越过对方空间拦网。

⑥ 自由防守球员试图或参与完成拦网。

（6）攻击犯规

① 在对方场地的空间击球。

② 击球出界。

③ 后排球员在前区完成攻击，而且在击球的瞬间，球的整体高于球网的上端。

④ 对方发球，球在前区且整个球体在球网上端的空间时，球员完成攻击动作。

⑤ 自由防守球员对高于网口上端的球完成攻击。

⑥ 自由防守球员在前区以高手传球方式，自己或队友将高于网口上端的球击向对方场区。

第五节 足球运动

一、足球运动的健身价值

足球运动是深受学生喜爱的运动项目，它能全面发展人的身体素质，提高人体各器官系统的功能，增强人的体质。足球运动是健全体魄的良好手段，是全民健身活动中一项行之有效的体育运动项目。经常从事足球运动，可以提高人体的力量、速度、灵敏、耐力、柔韧等身体素质，并能使高级神经活动得到改善，尤其能增强人体的心血管系统、呼吸系统等内脏器官的功能，从而促进人体的健康。通过参加足球比赛，能提高参与者的注意力、观察力、想象力和思维能力，改善心理素质，提高心理健康水平。经常从事足球运动，不仅对自身良好性格的形成能产生巨大的影响，而且还可以培养人的意志、自制力、责任感及勇敢顽强、机智果断、坚韧不拔、勇于克服困难、团结协作、密切配合、遵守纪律等优秀品德。

相关链接

足球运动的起源

古代足球运动起源于中国，现代足球运动始于英国。1863年10月26日，英国足球协会在伦敦成立了第一个足球俱乐部，制定了最初的比赛规则。它的诞生，标志着足球运动的发展进入了一个崭新的阶段。因此，人们把这一天作为现代足球的诞生日。

1896年，第一届现代奥运会在希腊举行时，足球就被列为正式比赛项目。1904年5月21日，国际足球协会（简称国际足联）在法国巴黎正式成立。后来通过决议，举办4年1次的世界足球锦标赛，简称"世界杯"足球赛。它是世界上水平最高的足球赛事。经过100多年的发展，足球运动已成为人们喜爱的体育项目，被誉为"世界第一运动"。

二、足球竞技技术

（一）足球基本技术

足球技术是指队员在比赛中所采用的合理行动和动作方法的总称。它包括踢球、停球、运球、头顶球，抢截球、假动作、掷界外球和守门员技术。

1. 踢球

（1）脚内侧（脚弓）踢定位球

动作方法：直线助跑，支撑脚踏在球的侧方15 cm左右处。踢球腿以髋关节为轴自然后摆，当向前摆动时，膝盖外转，脚尖勾起，使脚掌与地成平行，用脚的内侧击球的中后部

（图5-5-1）。踢球后，踢球腿随球前摆，为下一动作做好准备（图5-5-2）。

图5-5-1　脚内侧击球中后部　　　　图5-5-2　脚内侧踢定位球动作流程

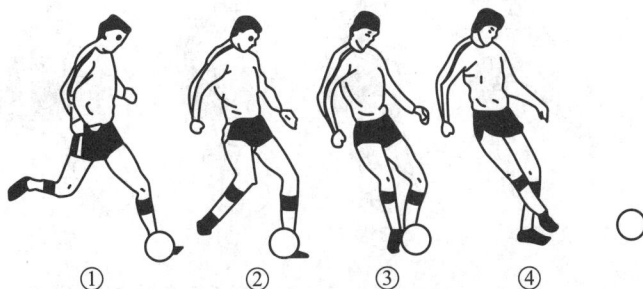

动作要点：在触球前将脚跟送出使得脚内侧部位形成的平面与出球方向垂直，踢球脚脚底与地面平行，脚尖微微翘起，踝关节功能性地紧张使脚型固定，触（击）球后身体跟随移动，髋关节前移。

（2）脚背内侧踢球

动作方法：斜线助跑与球成45°角，支撑脚踏在球的后侧（25～80 cm），膝稍屈，踢球脚后摆时，脚尖稍外转，脚跟提起。踢球时，踢球脚快速有力前摆，踝关节紧张，上体向支撑脚侧倾。踢球后，踢球脚继续前摆，加大踢球力量（图5-5-3、图5-5-4）。

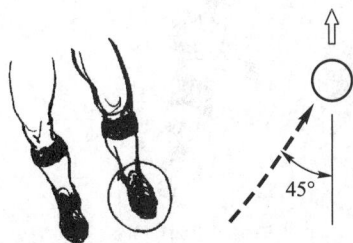

图5-5-3　脚背内侧踢球　　　　图5-5-4　脚背内侧踢球动作流程

动作要点：脚尖外转，脚外翻，脚跖屈（脚背绷直），以脚背内侧部位触击球。击球后踢球腿及身体随球向前。

（3）脚背正面踢球

动作方法：正面助跑，支撑脚踏在球的侧方10～15 cm处，膝稍屈；踢球腿以髋关节为轴，大腿带动小腿前摆，当膝摆至球的上方时，小腿加速前摆，脚面绷直，脚趾紧扣，以脚背正面击球的后中部（图5-5-5）。踢球后，摆动腿随球前摆，加大踢球力量（图5-5-6）。

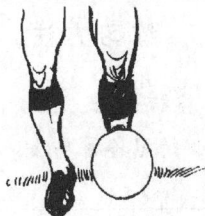

图5-5-5　脚背正面踢球

图5-5-6 脚背正面踢球动作流程

动作要点：脚趾屈，以脚背正面击球的后中部。击球后身体及踢球腿随球前移。

（4）脚背外侧踢球

动作方法：助跑、支撑脚的位置和踢球腿的摆动基本上与脚背正面踢球相同，只是用脚背外侧接触球（图5-5-7）。在踢球腿的膝盖摆到接近球的正上方的刹那，小腿做爆发式前摆，膝盖和脚尖内转，脚面绷直，脚趾紧扣，以脚背外侧部位踢球的后中部，踢球腿随球继续前摆（图5-5-8）。

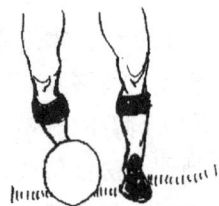

图5-5-7 脚背外侧踢球

图5-5-8 脚背外侧踢球动作流程

动作要点：助跑的最后一步要稍大，支撑脚踏地要适当，身体重心要落在支撑脚上。

专家提示

易犯错误及纠正

踢球前和踢球后，要求踝关节尽量放松；脚触球时要紧张用力。

练 习 方 法

① 面对墙（距墙4～6 m）练习各种脚法。

② 2人1组，相距10～15 m对踢，练习各种踢法，先踢定位球，后踢滚动球和空中球。

2. 停球

（1）脚内侧停球

① 脚内侧停地滚球

动作方法：支撑脚正对来球，膝关节微屈，停球腿屈膝外转并前迎。脚尖稍翘起，当脚与球接触的刹那，开始后撤，在后撤过程中用脚内侧接触球（图5-5-9）。

图5-5-9　脚内侧停地滚球

脚内侧停地滚球还可用挡压法。当球运行到支撑脚的侧方或前侧方时，停球脚以内侧挡压球的后上部，同时稍压膝（图5-5-10）。

图5-5-10　挡压法脚内侧停地滚球

动作要点：脚离地面的高度应略等于球的半径。

② 脚内侧停空中球

动作方法：一种方法是根据来球的高度，将停球脚举起前迎，脚内侧对准来球路线，在脚与球接触的刹那开始后撤。在后撤过程中用脚内侧接触球，把球控制在衔接下一个动作需要的位置上（图5-5-11）。另一种方法是将脚提起稍高于选择的停球点，在脚与球接触前的刹那即开始下切。在下切过程中用脚内侧切于球的侧上部，将球停在地上（图5-5-12）。

图5-5-11　脚内侧停空中球方法一　　　　　　图5-5-12　脚内侧停空中球方法二

动作要点：根据来球的落点及时移动到位，支撑脚站在来球落点的侧后方。

（2）胸部停球

① 收胸停球

动作方法：准备停球时，面对来球，两脚前后开立，两臂自然张开，重心前移，挺胸迎球。当球运行到与胸部接触的刹那，重心迅速后移，收胸、腹挡压球；以缓冲来球力量，把球停在身前（图5-5-13）。

图5-5-13 收胸停球

动作要点：两臂自然张开，挺胸迎球，触球瞬间收胸、收腹，臂部后移将球接在体前。

② 挺胸停球

动作方法：准备停球时，面对来球，收下颚，两臂自然张开，两脚前后开立，重心投影落在两脚之间，两膝微屈。当球运行到与胸部接触的刹那，两脚蹬地稍上挺，同时展腹、挺胸、体稍后仰，使球弹起改变运行路线，然后落于体前（图5-5-14）。

图5-5-14 挺胸停球

动作要点：触球瞬间关节由直变屈，脚由提踵状态变全脚掌落地，整个身体保持接球时姿势，胸部下撤将球接于胸前。

（3）大腿停球

① 大腿停高球

动作方法：面对来球，停球腿大腿抬起，以大腿中部对准下落的球，肌肉适当放松。在大腿与球接触的刹那，大腿迅速撤引挡球，使球落于衔接下一个动作需要的位置上（图5-5-15）。

图5-5-15 大腿停高球

动作要点：根据球的落点迅速移动到位，接球腿大腿抬起，当球与大腿接触的瞬间大腿下撤将球接到需要的位置上。

② 大腿停低平球

动作方法：面对来球，停球腿以大腿中部对准来球，肌肉适当放松，屈膝稍前迎，当球与大腿接触的刹那，快速后撤挡球，使球落在衔接下一个动作的位置上（图5-5-16）。

图5-5-16　大腿停低平球

动作要点：送髋前迎来球，当球与大腿接触瞬间收撤大腿，使球落在所需要的位置上。

专家提示

易犯错误及纠正

停球前，要先观察场上情况，以便停球后更好地接做下一个动作；停球时，身体要放松，动作要协调，这样才能有效地缓冲来球力量。

练习方法

① 对墙踢球，停反弹回来球，要求把球控制住，并接做规定的动作。

② 一人一球，自抛自接；在有对手抢截的条件下做停球练习。

③ 两人一组，相距30 m，甲踢球给乙，乙迎上去将球停住，再传给甲，甲迎上去将球停住，反复练习。

3. 运球与运球过人

（1）运球

① 脚背正面直线运球

动作方法：跑动时，身体自然放松，上体稍前倾，两臂自然摆动，步幅不要过大。运球脚抬起时，膝关节弯曲，脚跟提起，脚尖下指，在迈步前伸着地前，由脚背正面推拨球前进。

② 脚背外侧直线运球

动作方法：跑动时，身体自然放松，上体稍前倾，两臂自然摆动，步幅要小些。运球脚提起时，膝关节弯曲，脚跟提起，脚尖稍内旋，在迈步前伸着地前，用脚背外侧推拨球（图5-5-17）。

图5-5-17　脚背外侧直线运球

③ 脚背内侧曲线运球

动作方法：跑动时，身体自然放松，步幅要小些，上体稍前倾并向运球方向转动。运球脚提起时，膝关节稍弯曲，脚跟提起，脚尖稍外转，在迈进前伸着地前，用脚背内侧推拨球（图5-5-18）。

图5-5-18　脚背内侧曲线运球

（2）运球过人

① 左（右）晃右（左）拨运球过人

动作方法：运球队员利用腿部、上体和头部虚晃，假扮向左（右）运球动作迷惑对手，使其产生错误判断而作出抢球动作。当其另一侧出现空当时，立即向右（左）拨运球过人。

② 变速运球过人

动作方法：对手位于自己的侧面，在侧身掩护球的同时，利用运球速度的变化，达到摆脱对手过人的目的。

专家提示

易犯错误及纠正

练习运球要与传、接、运、射等技术结合，提高应变的能力。

练习方法

① 在慢跑中练习各种运球方法，主要体会运球脚推拨球的动作。

② 跑动中作直线或曲线运球。

③ 在"8"字形图上练习各种运球。

④ 运球绕过不同角度的障碍物后射门，过障碍物时，要注意保护球，动作要突然、快速。

4. 头顶球

头顶球是争抢和处理空中高球的重要技术动作。在进攻时，可利用头顶球直接传球和射门，在防守时，可抢救险球或阻截对方的传球配合，从而转守为攻。

（1）前额正面原地顶球

动作方法：身体正对来球，两脚前后开立，膝关节微屈，上体稍后倾，重心放在后脚上，两臂自然张开，眼睛注视来球。当球运行到身体垂直部位前的刹那，后脚用力蹬地，身体重心由后脚移向前脚的同时，迅速向前摆体，颈部紧张，快速甩头，用前额正面顶球的后中部，接着上体随球继续前摆（图5-5-19）。

图5-5-19　前额正面原地顶球

（2）前额正面跳起顶球

动作方法：原地双脚起跳时，两腿先屈膝，重心下降，然后两脚用力蹬地跳起，同时两臂屈肘上摆，向上起跳，在跳起上升过程中，挺胸展腹，两臂自然张开，眼睛注视来球。在跳起到接近最高点准备顶球时，身体成"背弓"姿态。当球运行到身体的垂直部位前的刹那，快速收腹，体前屈并甩头，用前额正面将球顶出。顶球后，两腿同时自然屈膝，屈踝落地（图5-5-20）。

图5-5-20　前额正面跳起顶球　　　图5-5-21　前额侧面头顶球

（3）前额侧面头顶球

动作方法：助跑单脚起跳时，起跳前先做三五步助跑，最后一步的步幅要稍大并用力蹬地，同时另一腿屈膝上摆，两臂屈肘自然上提，使身体向上腾起，在空中成"背弓"姿态。动作要求与原地跳起顶球相同（图5-5-21）。

专家提示

易犯错误及纠正

由于害怕心理导致顶球时闭眼，以致造成用错误部位顶球；掌握不好起跳时机，造成顶不着球，有时虽可顶着球，但顶球无力；身体摆动不能协调有力地进行，影响顶球力量。

练习方法

① 做前额正面原地顶球和前额正面跳起顶球的徒手模仿练习。

② 原地或跳起顶吊在空中的球。

③ 两人一组，一人抛球，另一人原地或跳起将球顶回。

④ 两人一组，相距5 m左右，相对做顶球练习。要求两人连续对顶，不让球落地。

---

5. 掷界外球

掷界外球是组织进攻的开始，特别是在对方罚球区附近掷界外球，由于第一个接球人不受越位规则限制，更便于组织有效的进攻战术。

（1）原地掷界外球

动作方法：面对出球方向，两腿前后或左右开立，膝关节弯曲，上体后仰成"背弓"姿态，重心移到后脚上（左右开立时，重心在两脚间），两手自然张开，拇指相对，持球的侧后部，屈肘将球置于头后。掷球时，后脚用力蹬地，两腿迅速伸直快速摆体，身体重心由后脚移向前脚，同时两臂迅速前摆。当球摆到头上时，用力甩腕将球掷入场内。掷球时，后脚可沿地面向前移动，两脚均不得离地或踏入场内，但允许踏在线下（图5-5-22）。

图5-5-22　原地掷界外球

（2）助跑掷界外球

动作方法：双手持球于胸前，在助跑迈出最后一步时，上体后仰成"背弓"姿态，同时将球上举至头后。掷球时的动作与原地掷界外球动作相同。用助跑进行掷界外球是为了借助于助跑的速度把球掷得更远，以增加进攻的威力。

动作要点：由于惯性，身体可能继续向前摆动以致栽倒，所以两臂撑地屈肘缓冲，并迅速恢复原状态。

专家提示

易犯错误及纠正

近距离掷球时，易出现动作不连续而造成违例；远距离掷球时，易出现两臂不均匀而形成单臂掷球的错误动作；助跑掷界外球时，易出现动作脱节和掷球后身体过分随前形成单脚离地。

练习方法

① 巩固掷界外球的理论知识，在理论的指导下多练习掷球动作。

② 放慢动作速度，重点体会掷球的用力顺序，并且适当减小蹬地力量。

③ 发展上肢力量、腰腹力量、腿部力量和身体的协调性，在练习中逐渐协调掷球动作。

④ 加强垫步练习和助跑与掷球动作的衔接。适当地加大两脚的距离来控制身体向前的冲力。

6. 守门员技术

守门员技术包括选位、准备姿势、移动、接球、扑球、击球、发球等。

（1）选位：守门员应站在球与球门柱形成的角的角平分线上，并根据场上情况适当调整自己的位置。

（2）准备姿势：两脚左右开立、与肩同宽；两膝弯曲并稍内扣；脚跟稍提起，身体重心落在前脚掌上，使上体前倾；两臂于体前自然屈肘，两手五指张开，掌心相对，两眼注意来球（图5-5-23）。

（3）移动：接两侧低球与平球时，多采用侧滑步，接两侧高球时，多采用交叉步。

（4）接地滚球

① 直腿接地滚球

动作方法：正对来球，两脚左右站立，上体前屈；两臂自然下垂，两手指靠近，手掌对球稍前迎，两手接球的后底部。在手接触球的一瞬间，立即后引并屈肘、屈腕，两臂靠近将球抱于胸前（图5-5-24）。

图5-5-23　准备姿势

① ② ③ ④

图5-5-24　直腿接地滚球

② 单腿跪撑接地滚球

动作方法：正对来球，两腿前后站立，前腿弯曲，后腿跪立，上体前倾，使手臂下垂，手掌对准来球；手触球后，两手后引并屈肘、屈腕，两臂靠近将球抱于胸前，然后起立（图5-5-25）。

图5-5-25　单腿跪撑接地滚球

（5）接平直球

① 接低于胸部的平直球

动作方法：两脚左右站立，上体前倾对准来球；两臂下垂并屈肘前迎，使两手小指相靠，手掌对球。当手触球时，两臂后引并屈肘，屈腕，顺势将球抱于胸前（图5-5-26）。

图5-5-26　接低于胸部的平直球

② 接齐胸高的平球

动作方法：身体正对来球，两臂屈肘并稍上举；两拇指相靠，使手掌对球。当手触球时，手腕手指适当用力，同时屈臂后引，翻掌将球抱于胸前。

（6）接高球

动作方法：当确定接球点后迅速移动并跳起，两臂上伸迎球，两手拇指成八字，手指微屈，手掌对球。当手触球时，手腕和手指适当用力将球抱于胸前。

（二）基本战术

足球比赛中，为了战胜对手，根据主客观的实际所采取的个人行动和集体配合总称为足球战术。

1. 传球

（1）对人传球

动作要点：对人传球即直接将球传到同伴脚下，一般在后场向前场推进、打控制球和互相做屏障"二过一"时运用。

（2）传空当球

动作要点：传空当球是把球传到对方身后或跑动着的同伴前面的空隙地，让同伴切入接球，多用于突破对方防线的配合中。

（3）转移传球

动作要点：转移传球是指比赛中利用中、长距离的斜、横传球转移，拉开对方一边防守，以便进行声东击西的进攻。

2. 摆脱与跑位

（1）摆脱：摆脱是指摆脱对方的紧逼，跑到合适的位置去接同伴的传球。

动作要点：摆脱对手紧逼的方法可采用突然起动、冲刺跑、急停、突然变向、变速和假动作等。无球队员要随场上情况，机警灵活、真假结合，并选择恰当时机，适时而突然地摆脱对手。

（2）跑位

动作要点：跑位就是有目的的跑动，跑向有利的位置或空当。跑位是全队战术中重要的一环，是破坏对手有组织的防守、牵制削落对方防守力量、拉扯制造空当的有组织行动。跑位要有明确的目的，要符合战术要求。无论哪一种跑位，都应掌握好跑位的时机、方向、地点。

3. 选位与盯人

选位与盯人是防守战术中重要的个人战术。防守队员选位时，一般应处于对手与本方球门中心所构成的直线下（图5-5-27）。一般情况下，对对方有球队员和在他附近的队员以及接近本方球门附近的队员要采用紧逼盯人，对离球远和离球门远的队员可采用松动盯人（图5-5-28）。站位与盯人还要根据对手的速度、突破能力和打法特点，采取不同的对策。如对手带球突破能力强，宜采取盯人，尽可能不让对手接球运起来；若对手速度快，善打空切，就应以站位早收结合造"越位"的打法，要是对方有人向外拉出接应，同时又有人向里切，而切入者又无人紧盯，那么就该盯住威胁大的切入者。总之，要因时因地因人而异。

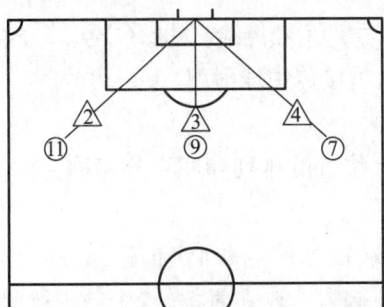

图5-5-27　选位与盯人的站位　　　图5-5-28　松动盯人站位

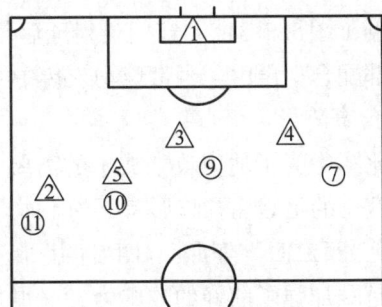

4."二过一"配合

比赛中在局部地区两个进攻队员通过传球与跑位配合，突破对方一个队员的防守称为"二过一"配合。"二过一"配合是突破对方，打开缺口的最有效手段。比赛中，在任何位置、任何场区都可运用。而运用较多的还是在前场。

"二过一"配合是由持球队员先带球逼近防守队员，诱使防守队员前来阻截。当双方接近（相距1.5 m内）时，持球队员迅速将球传给接应的同伴，并快速越过对手。接应队员的跑位要适时，应在持球队员逼近防守队员的一刹那接应。

"二过一"的配合方法很多，下面介绍两种常用的方法。

（1）斜传直插"二过一"：攻队⑩号带球逼近守队△号时，把球斜传给接应的同伴⑪号。⑩号传球后向前直线跑动，接⑪号斜传球（图5-5-29）这种配合，一般是在攻队队员带球跑动遇到防守队员迎来防阻时运用。

（2）直传斜插"二过一"。攻队⑧号带球逼近守队△号时，由于△号选位较好，⑧号不便直传。这时，⑧号把球横传给⑩号后，迅速向斜前方插进，再接⑩号的直传球（图5-5-30）。这种配合，一般是在前锋突破最后后卫线或者从中间突破时采用。

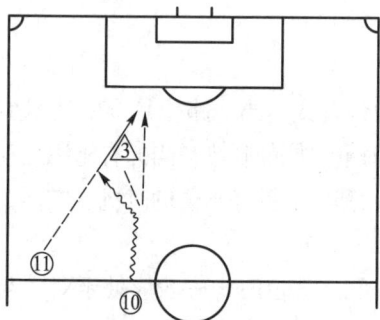

图5-5-29 斜传直插"二过一"

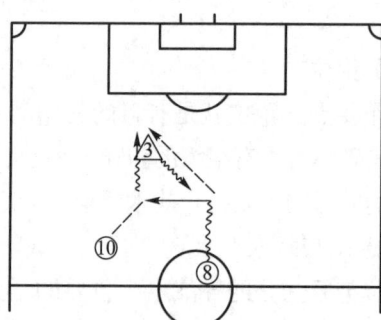

图5-5-30 直传斜插"二过一"

5. 边路进攻

在对方半场两侧地区发动的进攻称为边路进攻。

一次完整的边路进攻都由发动、发展和结束3个阶段组成。当由守转攻时，获球者可将球传给边锋，从边路上发起进攻。经过局部配合突破后，将球传到中央，由其他进攻者包抄射门。

示例（图5-5-31）：守门员得球后传给右后卫②号，②号传给右边锋⑦号。⑦号与⑧号经过局部配合，再由⑦号带球切入传中，⑩与⑪号队员接传中球射门。

6. 比赛阵形

在比赛中为了适应攻守战术的需要，队员在场上位置的排列和职责分工称为比赛阵形。目前，常见的足球比赛阵形有下列4种。

（1）"四二四"阵形："四二四"阵形由4名后卫、2名前卫和4名前锋组成。这种阵形的优势是既加强了前锋的攻击力，又增加了后卫的防御力，攻守兼备。2个前卫既是中场的组织者，又是防守的阻截者，在锋卫线之间进行协调联系。其缺点是中场力量薄弱。

（2）"四三三"阵形："四三三"阵形是在"四二四"阵形的基础上改进而来的，即把1

名前锋调到了前卫线上。这样既加强了中场力量，又不减弱进攻锐气，使前锋、前卫的进攻更加灵活，中场三个队员分工明确（图5-5-32）。

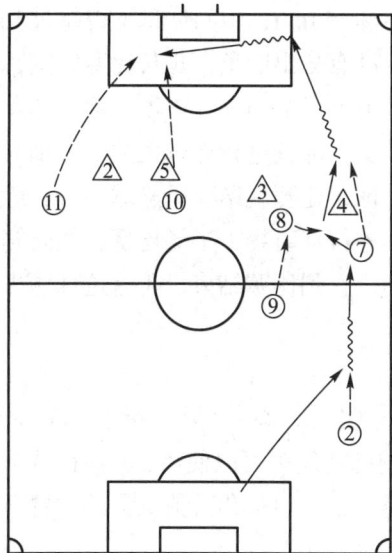

图5-5-31　边路进攻示意图

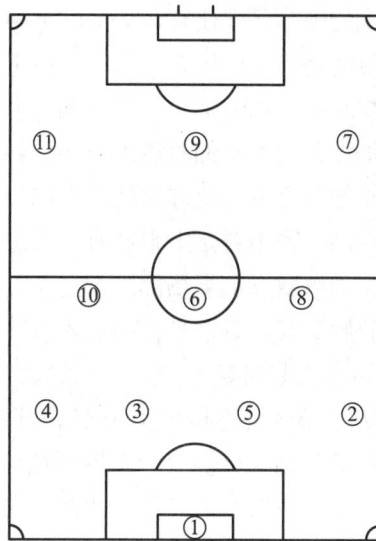

图5-5-32　"四三三"阵形

（3）"四四二"阵形："四四二"阵形是以守为主，伺机反击的阵形。它加强了中场力量，使中场4个队员能够根据进攻需要突然插上，增加了进攻的隐蔽性和突然性（图5-5-33）。

（4）"一三三三"阵形："一三三三"阵形是在"四三三"阵形基础上演变而来，其阵形是4个后卫中的3个后卫在前负责盯人，叫盯人后卫；1个中卫拖后，负责补位，叫拖后中卫。拖后中卫负责补位、堵抢、扼守球门中央危险地带，进攻时组织有效的反击，并伺机插上（图5-5-34）。

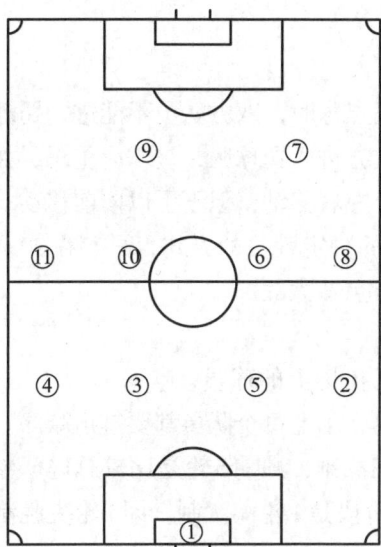

图5-5-33　"四四二"阵形

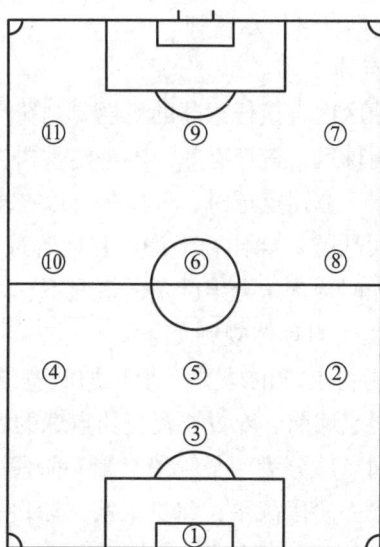

图5-5-34　"一三三三"阵形

（三）足球竞赛规则

1. 比赛时间

正式的国际足球比赛分为上、下两个半场，每半场45 min，中间休息不得超过15 min。

加时赛是指一些体育比赛时，在常规比赛时间内没有分出胜负而延长比赛时间，延长的比赛叫加时赛，加时赛总共30 min，上半场15 min，下半场15 min，中场一般不休息，直接交换场地接着比赛。加时满30 min。如果还未分出胜负，那就进行点球大战了。加时赛有金球制、银球制之说。金球制就是在加时赛中只要有进球，比赛就结束，进球一方获胜。银球制是指在加时赛中若是上半场有一方进球领先，则不进行加时赛下半场比赛，加时赛领先一方获胜。如果双方上半场都没有进球，则继续下半场，直到比赛结束。若有进球领先，则领先一方获胜。若双方打平，则进入点球大战。

2. 队员人数与换人

每队上场队员不得多于11名，其中必须有1名守门员。如果1队的场上队员少于7人，则比赛不能开始。奥运会和世界杯足球比赛中，每场比赛最多可以使用3名替补队员，场外和场上队员未经裁判员许可不能擅自进出场地。比赛时，守门员和其他队员的位置不能随意交换，如需要交换，须经过裁判员同意。

3. 任意球

（1）直接任意球的判罚：主要是针对恶意踢人、打人、绊倒对方的行为；另外，用手拉扯、推搡对方，手触球也属于这一类；还有辱骂裁判员、辱骂他人也要判罚直接任意球。这种任意球可直接射门得分。如果这些行为发生在罚球区，就要判罚球点球。

（2）间接任意球的判罚：危险动作、阻挡、定位球的连踢就属于这一类。这种任意球不能直接射门得分，只有当球进门前，触及另外一名队员才可得分，罚球区内这种犯规不能判罚点球。

无论直接任意球还是间接任意球，防守方都要退出9.15 m线以外。如果不按要求退出9.15 m，裁判员可出示黄牌。

4. 罚点球

在罚球区内直接任意球的犯规要判罚点球。罚点球时，双方队员不能进入罚球区。如防守方进入罚球区，进球有效，不进则重罚；如进攻方进入罚球区，进球应重踢，如不进则为防守方门球。在罚点球时，守门员可以在球门线上左右移动，但不可以向前移动。

点球大战是足球比赛中淘汰赛比赛最后阶段的决定胜负的方式，只有在90 min常规赛和30 min加时赛均未分出胜负的情况下，才会进行点球大战。

点球大战的具体规则如下：

（1）能罚点球的球员必须是加时赛结束后仍在场上的球员。

（2）罚点球前，双方要提交罚点球的顺序名单，场上每个队员都要排出顺序。

（3）罚点球分为两个阶段，第一阶段是5轮淘汰制，即前5轮是比较总进球数，多者胜出；如果第一阶段战平，将进入第二阶段，第二阶段是1轮淘汰制，即1轮决胜制，即一旦一方罚进点球而另一方罚失，那么罚进点球的一方就胜出，比赛即可结束。

（4）当场上球员均出场罚了点球而还未分出胜负时，将重新按照排序继续进行罚点球，直到决出胜负。

5. 红、黄牌

一场比赛同一人得到两张黄牌时，则要被红牌判罚出场。

6. 越位

足球比赛中构成越位要满足以下条件：在同伴传球时脚触球的瞬间，在对方半场内，如果接球者的位置与对方最后第2名对方队员的位置相比更靠近对方球门线，这时该队员处于越位位置。需要说明的是与对方最后第2名队员处于平行时不判越位。处于越位位置的队员，裁判员在下列情况中判罚越位犯规：干扰比赛，干扰对方队员，利用越位位置获得利益。

相关链接

五人制足球

五人制足球是国际足联大力推广的足球运动项目，在中国已经开展了近10年。具有参加比赛人数少，占场地小，比赛时间短，技术复杂，战术灵活多样等特点。赛事的娱乐性、观赏性、时尚性强，比赛自由度大，进球数量多，受天气等条件制约少，好玩，有趣，深受青少年群体的喜爱和广泛参与。

五人制足球比赛场地长 38~42 m，宽 18~22 m，一般在室内举行，比赛时间为两个20 min的半场，中场休息10 min，双方各5名队员。

五人制足球赛限制身体直接冲撞对抗，禁止铲球、没有越位限制，没有换人数量限制，换下场的队员还可以再换上去，守门员也可以当前锋，冲到对方半场。

第六节　羽毛球运动

一、羽毛球运动的健身价值

羽毛球运动是一项全身活动的体育项目，经常参加羽毛球运动能全面增强体能，增强心血管系统和呼吸系统的功能，提高神经系统的灵敏性和协调性，调节心理，消除疲劳。培养团结协作的团队精神、精确快速的判断能力以及勇猛顽强、坚毅果断、机智灵活等意志品质。

相关链接

羽毛球运动的起源

羽毛球运动最早兴起于1873年英国的伯明顿镇。人们为了纪念此项运动的诞生地，伯明顿（Badminton）被作为羽毛球的英文名字而流传世界。1893年，世界上第一个羽毛球协会在英国成立，并统一制定了羽毛球比赛规则。1934年，世界羽毛球联合会成立。1959年，亚洲羽毛球联合会在马来西亚的吉隆坡成立。自1899年在英国举行的全英羽毛球锦标赛起，重要的国际羽毛球赛事相继出现，其中包括世界羽毛球锦标赛、汤姆斯杯男子羽毛球团体赛、尤伯杯女子羽毛球团体赛、苏迪曼杯男女羽毛球混合团体赛等。1992年，羽毛球被正式列为奥运会的比赛项目。

二、羽毛球基本技术

（一）握拍方法

羽毛球拍握法正确与否，对于掌握和提高羽毛球技术水平，有着重要的影响。羽毛球技术中的握拍基本方法有正手握拍法和反手握拍法。握拍的最终目的是使自己的手腕灵活转动，使手指能最大限度地发挥力量。

1. 正手握拍法（以右手握拍为例）

① 动作方法：首先用左手拿住拍杆，拍头垂直地面，右手虎口对着拍柄窄面的内侧斜棱，拇指和食指成"V"字形，相对贴在拍柄的两个宽面上，中指、无名指和小指并拢握住拍柄，掌小鱼际与拍柄末端相齐，拇指和食指略微前伸贴拍柄的两个宽面上。掌心与拍柄之间留有空隙，有助于灵活调节握拍的动作和发力（图5-6-1）。

② 动作要点：击球之前，握拍要放松、自然，不能握得太紧。

2. 反手握拍法

① 动作方法：在正手握拍的基础上，拇指和食指将拍柄稍向外转，食指向中指收拢，拇指内侧顶贴在拍柄内侧的宽面上，中指、无名指和小指并拢握住拍柄，柄端靠近小指根部，掌心应留有空隙，拍面稍后仰（图5-6-2）。

图5-6-1　正手握拍法

图5-6-2　反手握拍法

② 动作要点：击球之前，握拍要放松、自然，不能握得太紧。

专家提示

易犯错误及纠正

握拍手的虎口没有对着拍柄窄面内侧的小棱边；握拍时手指靠得太紧；掌心与拍柄之间没有空隙；手掌伸直按在拍柄上；握得太紧，以致手腕僵硬，不利于发力；握的位置太靠上，柄端漏出太长，影响杀球动作；用同一种握法去处理各种球，不利于提高击球的灵活和威胁性。

练习方法

按照正确的握拍要领交替进行正手和反手的握拍练习。

（二）发球

发球是运动员在发球区将球由静止状态，用球拍击出，使之在空中飞行，落到对方的接发球区的技术动作。发球是羽毛球每一回合的开始，是组织进攻的第一步，可以通过不同的发球手法，发出不同弧度、不同落点的球来控制对方。发球质量可以直接影响一个回合比赛的主动与被动。发球分为两种，正手发球和反手发球。

1. 正手发球

（1）高远球

① 动作方法：单打发球在中线附近，站在离前发球线约1 m处。双打发球站位可靠近前发球线。身体左肩侧对球网，左脚在前，右脚在后，重心在右脚上，右手持拍向右后侧举起，肘部放松微屈，左手拇指、食指和中指夹住球，举在胸腹间。发球时，右上臂随转体外旋并带动前臂自下而上沿半弧形做回环引拍动作，充分展腕，身体重心由右脚移至左脚。击球时，前臂由下向前上方挥动并急速内旋，带动手腕由伸展至微曲，闪动手臂，握紧球拍（图5-6-3）。

② 动作要点：击球点须在右前下方，击球瞬间前臂带动手腕伸至腰间，充分发力将球击出。击球后手腕呈展腕状态。

图5-6-3　正手发球

专家提示

易犯错误及纠正

球拍握得太紧，无法产生爆发力，故达不到发高远球之目的；两脚平站，身体正面对网，两眼盯球；由于站位错误，造成引拍时身体无法稍向右转，身体重心也无法转移，右臂不是向右后上方摆起而是向后方摆，无法形成较好的发力机制；肘关节伸得太直，腕部动作未伸展，挥拍时动作僵硬，挥拍与放球时间不协调，击球点离身体太近或太远、太左或太右，导致击球时不是正拍面击中球，而是切面击球，击球点超过腰部，击中球的瞬间无法产生较大的爆发力；发球后很快进行动作制动，没有随惯性挥向左肩上方，而是挥向右肩上方，回收动作后未及时进行握拍调整。

（2）平高球：这是一种比高远球低、速度较高远球快，具有一定攻击性的球。

① 动作方法：发球的动作过程大致同发高远球，只是在击球的一刹那，小臂加速带动手腕向前上方挥动，拍面要向前上方倾斜，以向前用力为主。发平高球时要注意发出球的弧线以对方接球时伸拍打不着球的高度为宜，并应发到对方场区底线。

② 动作要点：击球时以小臂带动手腕发力为主，拍面与地面的夹角小于45°，向前推进击球。

专家提示

易犯错误及纠正

与发高远球易犯错误相同。另外，在随前动作中制动也是易犯的错误，应该在击球后便制动。

（3）平射球：这种球比平高球的弧线还要低、速度还要快。

① 动作方法：站位比发平高球稍后些（防对方很快回到本方后场），充分利用前臂带动手腕爆发力向前方用力，球直接从对方的肩稍上高度越过，直攻对方后场。发平射球关键是出手的动作要小而快，但前期动作应和发高远球一致。发平射球时还应注意不要过手、过腰犯规。

② 动作要点：击球时，拍面仰角较小，前臂内旋带动手腕快速闪动向前击球。击球点在规则允许的范围内可争取略高一些。

专家提示

易犯错误及纠正

发平射球大致与发高远球、平高球类似，不同的是爆发力量不易控制，易造成发球出界；路线离接发者太近，易被对手攻击。还应该特别注意出现击球点"过手""过腰"的违例动作。

（4）网前球：发网前球是在双打中主要采用的发球技术。

① 动作方法：击球时，握拍要放松，大臂动作要小，主要靠小臂带动手腕向前切送，用力要轻。发网前球时应注意手腕不能有上挑动作，另外，落点要在前发球线附近，发出的球要贴网而过，这可免遭对方扑杀。

② 动作要点：引拍时不必过多向右转，挥拍时前臂挥动的弧度小些，腕部伸展也小些。

专家提示

易犯错误及纠正

① 握拍太紧，以致不能控制发力及缓冲，难以把球很低地发过网。

② 站位错误。除了与发高远球类似外，站位太后也不利于发好网前球。

③ 挥拍击球时不是从右向左斜面切削击球，而是像发高远球一样击中球托，向上挥拍击球，这样击球不易控制飞行弧度，球过网后往往还向上飞行。

④ 击球点超过腰部的违例动作，及拍框上缘部分超过腕部的过手违例动作，均属于必须纠正动作。

2. 反手发球

反手发球的特点是动作小、出球快、对方不易判断。在双打比赛中多采用此发球技术。

① 动作方法：站在前发球线后10～50 cm及发球区中线的附近，也可以站在前发球线及场地边线附近的地方（双打比赛中，从右场区发球时可以看到）。面向球网，两脚前后站立（左脚或右脚在前均可），上体稍前倾，身体重心在前脚上。右手反手握拍，左手拇指、食指和中指捏住球的二三根羽毛，球托明显朝下（避免犯规），球体与拍面平行或球托对准拍面放在拍面前方。击球时，小臂带动手腕朝前横切推送。发网前球时，用力要轻，主要靠"切"送；发平快球时，发力要突然，击球时拍面要有"反压"动作（图5-6-4）。

② 动作要点：击球时拇指稍稍往前顶球拍，用手指、手腕的力量向前推球。

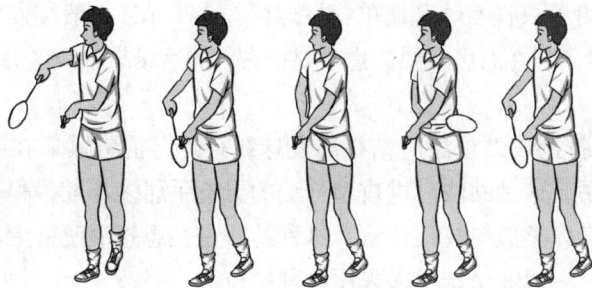

图5-6-4 反手发球

专家提示

易犯错误及纠正

站位错误，站位太靠前或太靠后；握拍太紧，以致不能发力及缓冲；有击球点"过手""过腰"的违例动作。

练习方法

单人多球练习发各种球。

（三）接发球

接发球是羽毛球运动的一项重要基本技术。接发球质量往往直接影响一个回合开始的主动与被动。

1. 接发球准备姿势

单打接发球准备姿势是左脚在前，右脚在后，侧身对网，重心放在前脚上，膝关节微屈，后脚跟稍提起，收腹含胸，注视对方发球的动作。双打接发球准备姿势与单打基本相同，膝关节弯曲的程度更大一些，以便能直接进行后蹲起跳。

2. 接发球的站位

（1）单打站位：站在离发球线1.5 m处，在右发球区时站在靠近中线的位置，以防发球方以平射球攻击头顶区域；在左发球区时站在中线与边线的中间的位置上，这样站主要是防备对方直接进攻反手部（图5-6-5）。

图5-6-5 单打站位

（2）双打站位：由于双打发球区比单打发球区短0.76 m，一般接发球站位法是站在离中线和前发球线适当的距离，在右区时要注意不要把右区的后场靠中线区暴露出来；在左区时注意保护头顶区域。

① 动作方法：双打抢攻站位法应站在离发球线很近，前脚紧靠在前发球线，而且身体倾斜度较大，球拍高举，这种站法以进攻型打法的男选手居多。较为稳妥的站法是站在离前发球线有一定距离，身体类似单打站位法，这种站法是在思想混乱、无法适应对方发球情况下采用的过渡站位法，一般业余选手多采用这种站位法。

② 练习方法：由一人发球，练习者按要求进行接发球练习。

（四）击球

羽毛球击球技术，按其特点进行分类，有以下几种：正反手高空击球、吊球、杀球、搓球、推球、勾球、扑球、挑球。下面仅介绍后场正手击高远球、杀球技术。

1. 高远球

以较高的弧线将来球击到对方场区底线附近叫击高远球。击高远球是一切上手击球动作的基础。高远球的特点是球的弧线高、滞空时间长，它的作用是逼迫对方远离中心位置退到底线去接球，一方面可以减弱对方进攻的威力，为我方进攻寻找机会，另一方面在己方被动情况下，有较多的时间调整站位，摆脱被动局面。上手击高远球分为：正手击高远球、反手击高远球、头顶击高远球。

① 动作方法：首先判断来球的方向和落点，侧身后退使球在自己右肩稍前上方的位置，左肩对网，左脚在前，右脚在后，重心在右脚上，左手自然上举，眼睛向上注视来球，使拍面对着球网。引拍时，球拍上提并后引，使躯干成微微的反弓形；身体同时左转或面向球网，右肘上提，使拍框在身后下摆，形成引拍的最长距离。击球时，后脚蹬地、向左转体、收腹，肘部向前摆动，前臂旋内加速向前上方挥动。同时，屈腕并握紧拍柄，运用拇指和食指的顶、压，产生出最大的爆发力。在持拍手臂伸直能触到球的位置，以正面击打球托底部，将球击出至对方底线。左手顺势放下至体侧，协助转体动作。击球后，右手顺势向左下方减速摆臂，最后回收至体前（图5-6-6）。

② 动作要点：击球点在右肩前最高点，击球时手臂几乎伸直。击球时前臂外旋带动手腕快速闪动，产生爆发力，以正拍面将球击出。

图5-6-6　正手击高远球

专家提示

易犯错误及纠正

握拍太紧，身体正对球网击球，准备时没有先半侧对球网，这样不但影响了击球动作的隐蔽性，而且也影响了利用身体蹬转力量来协助上肢发力击球的效果；击球点没有选择在右肩的前上方，而是偏低、偏前或偏后；在击球前已握紧球拍，整个击球动作紧张僵硬，影响发力；发力的方法不对，主要用肩和伸展肘关节的力量击球，而没有主要利用前臂内旋和屈腕的力量，向前上方"甩臂"挥拍击球；击球后，不是习惯性收拍于体前，而是将球拍朝右下方挥动，收拍于身体右侧。

练习方法

① 挥拍练习法。
② 投球练习法。
③ 悬球击球练习法。
④ "喂球"练习法。
⑤ 原地对打练习法。
⑥ 移动对打练习法。

2. 扣杀球

把对方击来的高球全力向下扣压叫杀球，其特点是力量大、速度快，是主动进攻的重要技术。杀球分正手杀球、反手杀球和头顶杀球。下面仅介绍正手杀球。

① 动作方法：击球前的准备姿势和击球动作与正手击高远球基本一样。击球点选在右肩前上方，击球前获得较大的力臂距离，引拍动作可较后场击高远球大一些，充分利用下肢、腰腹产生的力量；在准备击球前身体后仰几乎呈弓形，在击球瞬间将全身的力量，通过手腕由伸到屈的快速闪动，用正面向前下方全力发力击压球（图5-6-7）。

② 动作要点：击球点在肩的前上方（比击高远球时的击球点稍前），前臂内旋，腕前屈、微收、闪腕发力击球的后部（球拍正面击球）。

图5-6-7 扣杀球

> **专家提示**
>
> ### 易犯错误及纠正
>
> 　　与击高远球易犯的错误基本相同，不同的是击球瞬间球拍与水平面的夹角，高远球应大于90°，杀球应小于90°。
>
> ### 练 习 方 法
>
> 　　① 定点杀直线练习法。
> 　　② 定点杀对角线练习法。
> 　　③ 定点杀球上网练习法。
> 　　④ 不定点杀球上网练习法。

3. 吊球

把对方击来的后场高球，以向下的弧度还击到对方的网前去，称吊球。吊球可分为正手、反手和头顶吊球。

　　① 动作方法：与击高远球的动作要领一致，只是在击球一瞬间改变拍面的运行角度，并向球的运行方向减速挥拍，手腕快速切削下压。

　　② 动作要点：击球时手腕由伸腕到屈收带动手指捻动发力，并以手指转动使球拍形成一定的外旋，用斜拍面"切击"球托后部。

> **专家提示**
>
> ### 易犯错误及纠正
>
> 　　与击高远球易犯的错误基本相同，不同的是快吊对角时须切击球托右侧后下部，而不是正击，手腕动作下压不明显也是错误的。
>
> ### 练 习 方 法
>
> 　　① 定点吊直线练习法。
> 　　② 定点吊对角线练习法。
> 　　③ 前后移动一点吊一点练习法。
> 　　④ 前后移动两点吊一点练习法。
> 　　⑤ 前后移动两点吊两点练习法。

（五）步法

羽毛球比赛时，运动员在场上为了到达合适的位置击球，而采取的快速、合理、准确的移动方法，称之为步法。羽毛球步法有垫步、交叉步、蹬步、跨步、跳步、并步等基本步法，还有由基本步法组成的上网步法、后退步法、两侧移动步法、起跳腾空步法等组合步法。羽毛球步法移动原则是始终要保持在场地的中心位上。其动作要领是踝部、髋部要灵活，移动要迅速，回位要及时。

1. 垫步

① 动作方法：当右（左）脚向前（后）迈出一步后，后脚跟进，紧接着以同一脚向同一方再迈一步，为垫步。

② 动作要点：动作急促、幅度小。

2. 交叉步

① 动作方法：左右脚交替向前、向侧或向后移动为交叉步。另一脚向前面的为前交叉步，而另一脚向后面的为后交叉步。

② 动作要点：前脚用力蹬地，利用腰部力量带动转胯。

3. 并步

① 技术方法：右脚向前（或向后）移动一步时，左脚即刻向右脚跟并一步，紧接着右脚再向前（向后）移动一步，称为并步。

② 动作要点：加速快，重心转换快，步幅调整合理。

专家提示

易犯错误及纠正

站位选择不准；启动与回动不及时。调整步伐的灵活运用。

练习方法

① 单一步法配合挥拍练习：是在单一步法练习中结合挥拍动作进行练习的方法。

② 组合步法配合挥拍练习：是在组合步法练习中结合挥拍动作进行练习的方法。

③ 看手势进行步法与挥拍练习：一人用手势指挥，另一人进行向前、后、左、右、跳等步法和挥拍动作练习。

三、基本战术

羽毛球战术是运动员在羽毛球比赛中根据对手的实力和技术特点，选择不同的攻防技术手段，达到取得比赛胜利目的的方法。一般分为单打战术和双打战术。

（一）单打战术

1. 发球抢攻战术

多采用发网前低球、平击快球获得主动进攻机会的战术。

2. 接发球战术

接发球虽然处于被动、等待的状态，但由于发球时受到规则诸多的限制，使发球不能给接发球者带来太大的威胁。发球者发球只能发到对角线的接发球区内，而接发球者只需防守半个不到区域，却可还击到对方整个场区。所以，接发球者若能处理好这一拍，也可取得主动。如在接发高远球、平高球时，可采用平高球、吊球或杀球还击；接发网前球时，可用平推球、放网前或挑高球还击。接发平快球时，可借用对方的发球力量快杀空当或打追身球，也可借助反弹力拦吊对角网前。

3. 攻后场战术

通过击高远球、平高球压对方底线两角，迫使对方还击无力来获得进攻机会的战术。

4. 攻前击后战术

先用搓球、吊球、放网前球将对手调到网前，然后再用扣杀和平高球来攻击对方的后场的战术。

（二）双打战术

1. 攻人战术

攻人战术是指在比赛中有意专门攻打对方实力较弱的队员。一般在男女混双比赛中应用较多。

2. 攻击中路战术

攻击中路战术是指当对方两人平行站位时，适时攻击对方中间空隙的战术。

3. 后杀前封战术

后杀前封战术是指充分利用本方后场队员的大力扣杀，网前队员积极移动寻找时机及时在网前进行封杀的战术。

四、羽毛球竞赛规则

（一）基本设备

羽毛球的比赛场地分为单打场地和双打场地，其场地规格如图（图5-6-8）所示。羽毛球柱的高度为1.55 m，球网中央上沿距地面的高度为1.524 m。羽毛球上的羽毛共16根，重量为4.74~5.5 g。

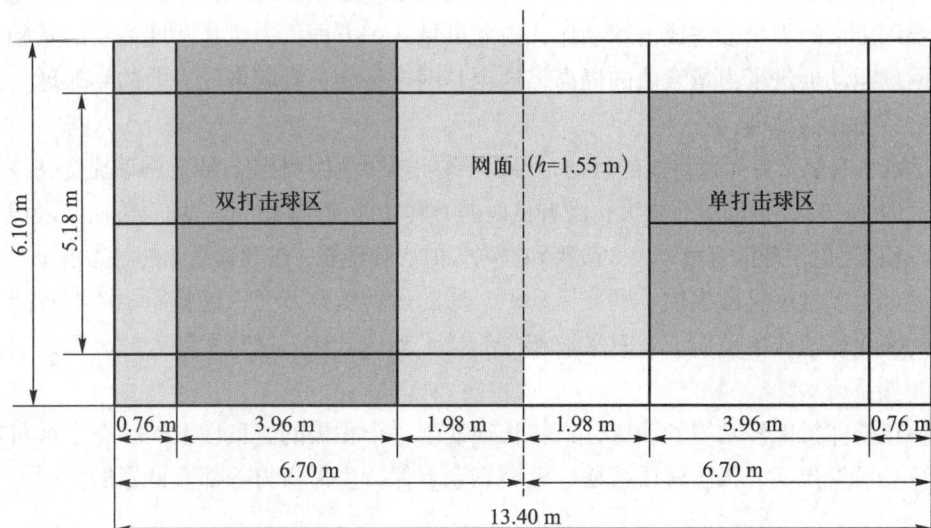

图5-6-8　羽毛球比赛场地

（二）基本规则

（1）羽毛球每场比赛为三局二胜制，每局为21分，采取每球得分制。比赛开始前，双方通过抽签方式确定发球方。如遇每局双方打到20平时，一方领先2分即算该局获胜；如遇双方打成29平时，率先得到第30分的一方为胜方。决胜局，比分达到11分时，双方须交换比赛场地后再继续比赛。首局获胜一方在接下来的一局比赛中率先发球；每局比赛达到11分时，比赛暂停90 s，双方队员休息；每局比赛之间的休息时间为2 min。

（2）队员发球须在发球区内，发球高度不能超过1.15 m，其球拍不得高于握拍手，否则判发球违例。

（3）单打比赛，发球先从右边发球区开始，将球击到对方的右边发球区，如果得分，则要移到左边发球区继续发球；如果对方得分，则由对方在左边发球区发球。所有发球必须将球击到对方对角线的接发球区。发球区的交换要按照每方的得分单数和双数进行交换，双数始终在右边发球区发球，单数始终在左边发球区发球。

（4）双打比赛，只是当发球方得分时，得分方队员的位置须交换，并由得分方的发球队员继续发球，对方队员的位置不变；其他与单打比赛发球轮换区域的方法相同。

第七节　网 球 运 动

一、网球运动的健身价值

身体素质是身体发育状况和生理功能状况的综合表现。长期的网球锻炼，可提高人的速度、力量、柔韧、灵敏等身体素质，从而提高人体的运动能力，对年龄较大的网球参与者而言可以大大延缓运动能力的下降过程。

网球运动对力量素质要求较高。由于网球拍比其他小球项目的球拍如乒乓球拍、羽毛球拍重，需要用更大的力量去完成击球动作，由此可见，一方面，力量是网球运动的基础，另一方面，网球运动促进了力量素质的提高，这也是网球运动员看起来比一般的乒乓球、羽毛球运动员更为强壮的原因。

网球是既有有氧又有无氧供能的运动，可以很好地发展耐力素质。职业网球比赛往往要打3～5局，耗时2～4 h，运动量非常大，没有良好的心肺功能就难以胜任一场艰苦而又漫长的网球比赛。一定强度的网球锻炼可以大大改善和提高人的心肺功能，进而提高人的耐力水平。

网球运动可以发展灵敏素质。网球运动中，球的运动瞬息万变，这就需要练习者能及时根据来球的变化快速作出反应，及时采取相应的技术动作方法，这对发展人的灵敏素质益处极大。

由于各项身体机能经常得到锻炼，人体长期处于一个积极的、良性发展状态，这对控制体重，减少心血管疾病、预防骨质疏松、延缓衰老、保持生命活力等都有良好的作用。

网球运动的起源

　　网球与高尔夫球、保龄球、桌球并称为世界4大绅士运动。它的起源可以追溯到12—13世纪的法国，当时在传教士中流行着一种用手掌击球的游戏，方法是在空地上两人隔一条绳子，用手掌将布包着头发制成的球打来打去。这种运动不仅在修道院中盛行，而且也出现在法国宫廷。1358—1360年，这种供贵族玩的古式网球从法国传入英国，英国国王爱德华三世对网球产生很大兴趣，下令在宫中修建一片室内球场。15世纪，人们发明了穿弦的球拍。16世纪，古式室内网球成为法国的国球。以后，古式室内网球有了自己的规则，在欧洲，尤其是在英国得到了较好的开展。

　　近代网球起源于英国。1875年，随着这项运动在8字形球场上风靡起来，全英槌球俱乐部在槌球场边另设了一片草地网球场，紧接着，古式网球的权威组织者玛利博恩板球俱乐部为这项运动制定了一系列规则。1877年，在英国伦敦郊外温布尔顿设置了几片草地网球总会，草地网球在英国得到了进一步的开展。同年7月，举办了首届草地网球锦标赛，即温布尔顿第一届比赛。亨利琼斯同另外两个人为这次比赛制定了全新的规则，他本人担任了比赛的裁判。可以说，亨利琼斯是现代网球的奠基人。

二、网球运动技术

（一）网球基本技术

　　网球技术是队员在比赛中为攻守目的所运用的各种专门动作的总称，是队员进行比赛的主要手段。基础阶段的基本技术，直接影响着队员在提高阶段技术的提高和对高难度技术动作的掌握。因此，在基础阶段打好基本技术的基础，对今后比赛取胜有着重要的意义。

　　1. 脚步动作

　　有人说"网球是用脚打的"，这种说法虽然有些夸张，但是网球比赛中运动员跑动是否迅速、步法是否灵活确实至关重要。在网球的各种击球中，必须使人与球保持一个适当的距离，这需要一种合适的站位，才能得心应手地打出各种好球。步法大致包括：闭锁式步法、开放式步法、滑步、跨步、蹬步、交叉步、跑步、跳步和小步调整等。

　　（1）开放式步法：这是正手击球时常见的站位方式。若从开立的准备姿势起动，则以右脚为轴，向右转体转肩，左脚向右前方跨出，与端线约成45°角，使左肩对网，跨出的左脚较右脚仍在偏左侧的场地，身体成开放姿势。

　　（2）闭锁式步法：这是反手击球时常见的站位。从开立的准备姿势起动，以左脚为轴，向左转体转肩，右脚向左前方跨出，步子较大，超过左脚落左侧的场地，使右肩对网，甚至使右肩胛骨对网。身体成闭锁姿势。

网球技术是在运动实践中逐步形成、发展、完善起来的。随着网球运动进攻与防守的发展，竞赛规则不断演变、队员身高、素质与文化素质的提高，攻守对抗日益紧张激烈，促使网球技术不断改进、完善、丰富和创新。技术的发展也从单个技术向综合技术、从简单技术向高难度技术方向发展。

为了便于学习，将网球技术分类如下：握拍的方法、正手击球技术、反手击球技术、发球技术、网前截击技术。

2. 握拍的方法

（1）球拍拍柄的形状与命名

① 拍柄的各个平面：拿到一支球拍后我们会发现球拍拍柄是由8个平面组成的柱形，其底面截图如图5-7-1所示：

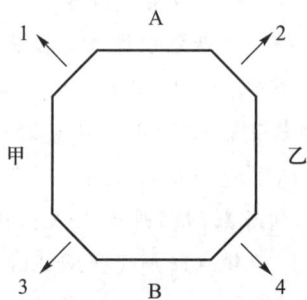

图5-7-1 拍柄底面截图

② 拍柄的各条棱线：拍柄上各个平面相交接处形成了拍柄上的各条棱线，这些棱线是握拍时的重要参考。为了能更准确地握好球拍，我们将球拍上的各条棱线进行了编号，在握拍时可以对应各条棱线以手的虎口位置对准相应棱线，有助于准确握好球拍。

（2）握拍方法分类

① 东方式握拍法：左手握住球拍拍颈，使拍面与地面垂直。右手掌根贴紧拍柄右上斜面底部2~3 cm开始变粗的部位，虎口正对拍柄右上斜面与右垂面交界的棱线。手指环握拍柄，拇指位置放于中、食指中间部位，食指略向上伸展贴紧拍柄。

② 东方式反手握拍法：由东方式正手握拍开始，沿顺时针方向旋转球拍约90°。掌根压紧拍柄左上斜面，虎口正中正对左垂面与左上斜面交界处的棱线，拇指贴在左垂面上，食指中间关节压在拍柄右上斜面。

变换握法时可以使球拍保持不动而转动手到相应的位置，也可以转动球拍使手基本不动，还可以转拍转手相结合。

③ 大陆式握拍法：掌根贴在拍柄右垂面根部，虎口正对上平面与右上斜面交界处棱线上；拇指压在拍柄左垂面上；食指与其余3个手指略分开些，食指上关节贴压在拍柄右垂面上；中指无名指和小拇指环握住拍柄。

④ 西方式握拍法：手掌根贴在拍柄右下斜面，虎口正对拍柄右垂面与右下斜面之间的棱线，食指下关节在拍柄右下斜面，拇指环握拍柄其末端位于中食指中间。

动作要点：将球拍平放在地面，右手虎口正对拍柄右垂面与右下斜面之间的棱线，将球拍抓起，虎口向前，手心向左侧下，像端着一口平锅一样。

⑤ 混合式握拍法：介于东方式和西方式握拍法之间。

⑥ 双手反拍握法：右手以东方式反手握球拍法握好，左手按左手东方式正握球拍的握法握在右手上部，两手要靠紧。

（二）正手击球技术

1. 准备姿势

面对球网，双脚向前自然分开与肩同宽，双膝微屈，身体略向前倾，重心落在双脚的前脚掌上，右手握拍，左手轻托拍颈，双肘微屈，球拍舒适地放在身前，托面垂直于拍头指向对方，两眼注视对方来球，做好击球准备。

2. 后摆引球

当判断来球需用正拍回击时，转动双脚，左脚跟抬起并向右倾，前方上步，右脚向右转90°与底线平行，同时转肩转髋带动右手向后摆动引拍（此为关闭式步法，适用于初学者转体；开放式步法，左脚不必上步，两脚平站但需要更多的向右转体动作），引拍时，肘部弯曲、自然下垂，拍头低于膝盖，左手伸向前方，保持身体平衡，后摆引拍时，身体重心移向右脚，左肩对着右侧的网柱，手腕固定，挥拍转动约180°，拍头指向后方。

3. 击球动作（前挥击球）

从后摆向前挥动时紧握球拍，手腕后伸、固定，用力蹬脚，转动身体和挥拍，正拍的击球点在身体的右侧前方不超过腰的高度，击球时的挥拍速度最快，球打在拍面的中心，自上而下挥动拍头使球稍带上旋。

4. 随挥跟进动作

球触拍后，使拍面平行于网的时间尽量长些，挥拍沿着球飞行的方向前送，重心前移落在左脚上，身体也随着转向球网，挥拍动作在左肩上方结束，拍头指向上方高出头部。随挥跟进动作要比后摆动作大且充分，保证击球的稳定性，随挥跟进结束，立即恢复准备姿势，准备下一次击球。

专家提示

易犯错误及纠正

① 击出的球太高，球出界：主要由于球拍接触球的部位偏下，拍面后仰角度过大或击球过早而导致。纠正方法是先调整球拍角度，再调整击球时期，并调整击球时球与身体的位置即可解决。

② 击出的球过低，球下网：由拍面前倾角度过大，击球部位过于靠上，击球时间过晚造成。纠正方法是调整击球时的拍面角度，将球拍触球的部位向上调整并调整击球时间。

③ 击球无力，球打不远：没有用球拍的甜点打到球是造成这一现象的主要原因，另外挥拍动作不连贯，动作僵硬也是一个常见的原因。纠正方法是加强练习，通过击球次

数的累积可以有效地改进和提高。同时，要加强击球动作的模仿练习。

④ 击出的球不正，偏出界外，是由左手持球和右手击球时拍面的方向和角度没有控制好造成。纠正方法是首先从左手持球位置的调整开始，左臂要完全伸直，左手持球一定要位于左脚的右侧前方，抛球时不加外力，只要手指松开即可；其次要加强击球时手腕对球拍角度的有效控制，如击出的球偏向左侧，要调整手腕角度，腕关节背屈角度稍大些，反之，则要小些。

（三）反手击球技术

1. 准备姿势

面对球网，双脚向前自然分开与肩同宽，双膝微屈，腰部略向前，用非握拍手轻托拍颈，拍头与下颚齐平，双肘弯曲，将球拍伸在前面，身体前倾，重心落在双脚上。当判断对方来球朝我方反拍方向飞来时，轻握拍颈的左手应该迅速帮助右手握拍变换为反拍握拍法。正拍若使用东方式的正拍握法或西方式握法，在打反手位来球时应变化为相应的反拍握拍法。双手握拍的人，大多也需要变化握法。

2. 后摆引球

向左肩转髋带动右手向左后方摆动，左脚向左转90°与底线平行，同时右脚向左前方上步，左肩对着球网，手腕绷紧、后伸，双肩夹紧，右手拇指靠近左腿的上部。后摆时肘关节自然弯曲，下垂，重心移向后方的脚上。反拍的后摆动作应比正拍后摆更早地完成。单手反拍时，左手可轻托拍颈，伴随着向左转的协调动作；若是双手反拍挥臂，需要更充分的转体动作，右肩转向左侧的网柱。

3. 前挥击球

从后摆进入向前挥动时应紧握球拍，手腕固定，右脚与网平面成45°角，转动双肩、躯干和臀部，挥拍向球，反拍的击球点应在身体的左侧前方，击球时球拍与右脚应在一条直线上。击球瞬间，挥拍头的挥动最快，对准来球把球打正，肘部应伸直，球拍与手齐平，双眼盯住球。随着身体重心从后脚移向前脚。反拍上旋球的击球动作其拍头轨迹是自上而下的。

4. 随挥动作（跟进）

球击出后，拍面平行于网的时间尽量长些，挥拍沿着球飞行的方向前送，球拍随球向前的距离小于60 cm，重心前移，落在右脚上，身体也随着转向球网，挥拍在右肩上方结束，拍头指向上方（削击球则不同），完成好随挥动作有助于控制球的落点和方向。随挥动作要比后摆动作大而充分，从而保证击球动作的完整和稳定。随挥跟进动作结束，身体转向球网，迅速恢复原来的准备姿势，准备下一次击球。

专家提示

易犯错误及纠正

① 击出的球太高，球出界：主要由于球拍接触球的部位偏下，拍面后仰角度过大或击球过早而导致。纠正方法是先调整球拍角度，再调整击球时期，并调整击球时球与身体的位置即可解决。

② 击出的球过低，球下网：由于拍面前倾角度过大，击球部位过于靠上，击球时期过晚造成。纠正方法是调整击球时的拍面角度，将球拍触球的部位向上调整并调整击球时期。

③ 击球无力，球打不远：没有用球拍的甜点区打到球是造成这一现象的主要原因，另外挥拍动作不连贯，动作僵硬也是一个常见的原因。纠正方法是加强练习，通过击球次数的累积可以有效地改进和提高。同时，要加强击球动作的模仿练习。

④ 击出的球不正，偏出界外：是由于左手持球和右手击球时拍面的方向和角度没有控制好造成的。纠正方法是首先从左手持球位置的调整开始，左臂要完全伸直，左手持球一定要位于左脚的右侧前方，抛球时不加外力，只要手指松开即可；其次要加强击球时手腕对球拍角度的有效控制，如击出的球偏向左侧，要调整手腕角度腕关节背屈角度稍大些，反之，则要小些。

（四）发球技术

（1）网球握拍法：大陆式或东方式反拍握拍法。

（2）准备姿势：全身放松，侧身站立在端线外中场标记旁边（单打），左肩对着左边网柱，面向右边网柱，两脚分开约同肩宽，左脚与端线约成45°，右脚约与端线平行，重心在左脚上。左手持球轻托球拍在腰部，拍头指向前方。呼吸均匀，精神集中。

（3）抛球与后摆抛球：与后摆拉拍动作是同步开始的，持球手拇指、食指和中指三指轻轻托住球，掌心向上。当球拍向下向后引拍时，待持球手同时下降至右腿处，紧接着当球拍从身后向头上方做大弧度形摆动，身体做转体、屈膝、展肩时，持球手柔和地在身前左脚前上举，直至伸高及头顶。抛球动作要协调、平稳，球送至最高点再离开手指抛向空中。此时右肘向后外展约同肩高，拍头指向天空，左侧腰、胯成弓形，身体重心随着抛球开始先移向右脚，然后平稳地开始前移，同时，肩与球网成直角。

（4）击球动作：当左手抛出球时，球拍继续向上摆起，这时握拍手的肘关节放松，可以使向前转动的身体和右肩自动地使手臂产生一个完美的绕圈。当球下降至击球点时，迅速向上挥拍击球，左脚上蹬，使手臂和身体充分伸展，当身体向前上方伸展击球时，肩、手臂已经回转，双肩与球网平行。挥拍击球时，持拍手腕带动小臂有一个旋内的"鞭打"动作，这就是发球发力的关键动作，也是其他诸如重心前移、蹬腿、转体、挥拍等力量聚集的总和。

（5）随挥动作：球发出后，身体向场内倾斜，保持连续完整的向前上方伸展的随挥动作。球拍挥至身体的左侧（美式旋转发球球拍随挥至身体的右侧），重心移向前方，做到完全自然地跟进并保持身体平衡。

（五）网前截击技术

1. 网前截击球的准备姿势

两脚自然开立约与肩同宽，重心放在前脚掌上，足跟提起，两手持拍置于胸前，拍头竖起在眼前，两肘离开身体，左肘高于右肘，上体微前倾，两眼注视来球，成为一个可向任何方向移动的待发状态。

2. 网前截击的动作要领

（1）手腕略竖起，拍头高于手腕。

（2）拉拍动作要小，要用举拍转肩、转体来带动上臂，肘要离开身体，不要夹臂。

（3）击球时以肘为轴，肩关节固定，随身体向前转动，封闭腕关节，使手掌、网拍和球在一条直线上，击球刹那屏住呼吸。

（4）击球后随挥动作很小，身体重心移动不大。

3. 截击球击球动作

截击球是一个短暂的撞击动作，网拍后引动作小，不要过肩，大小臂之间夹角不要大于90°，后引时要使肘领先小臂和拍子。击球点要处在身前，如果球落在体侧或身后，就变成挡球了，完全失去了控制球的能力；若击球点太靠前，就回去够球，结果是拍子向前下方挥动，造成击球下网或失掉重心。击球点高度应以眼睛高度为佳。

三、网球基本战术

以下主要介绍单打比赛中的打法类型与基本战术。

（一）上网型打法基本战术

上网型打法在实战中比较多见，尤其在草皮场地的比赛中更是如此。上网型打法的主要指导思想是利用网前技术作为进攻得分的主要手段，这类打法要求运动员要有较突出的奔跑速度、快速的反应能力和很好的控制球的能力。上网型打法主要分为发球上网、随球上网、接发球上网、伺机上网战术。

1. 发球上网战术

利用发球的力量、速度、旋转与角度使对方出现被动接球，并随着发球所获得的优势主动上网抢攻。

2. 随球上网战术

随球上网战术主要是指在实战中当对方回球出现质量不高的中场球或落点较浅的球时，利用正拍或反拍抽出较大角度和较深落点的球，这在比赛中是一项主要得分手段。该战术要求上网时要看准时机，只有在对方回球出现质量不高的来球时使用，必须较好地控制抽球动作并做到抽出落点深、角度大、速度快的球，以保障上网截击的绝对主动。随球上网战术既要做到看准时机果断上网，又要有能力主动创造机会争取上网。

3. 接发球上网战术

接发球上网战术也可以称之为上网接发球战术，此战术主要针对接对方"二发"。由于二发无论从力量上还是从速度上都要小于一发，所以二发的攻击性比一发要小得多，有利于接发球方。接发球上网战术就是以此而作为实施基础的。接发球上网战术要求运动员要有较快的反应速度和启动速度，而且上网接发球一般要在球的上升期击球，这对上网接发球的击球技术要求较高，一般要有较强的击上升期球的技术做保障。

（1）对方左区二发己方外角球时，可利用拉抽上旋球、正拍击下旋球或推送式击球方法打直线球，击球目标为对方底线左角。

（2）对方右区二发己方外角球时，可利用平抽或抽上旋球打斜线并随之上网，击球目标为对方底线右角附近。

4. 伺机上网战术与偷袭战术

伺机上网与偷袭上网战术在实战中具有出奇制胜的效果，一般在对方发球注意力较为集中的情况下，突然改变接发球方式而主动上网，使对方防不胜防。另外，在底线对峙时利用加深击球落点或加大击球角度而突然随球上网也会收到同样的效果。伺机上网与偷袭上网战术的采用要在对方意想不到的情况下实施，或者在当对方注意力集中在一种打法的情况下采用。其主要目的和作用就是破坏对方击球节奏，打乱对方战术意图，从而获取场上主动。在实战中偷袭上网与伺机上网主要有以下几种方式：

（1）在通常底线接发球的情况下，根据战术需要突然改为接发球上网。

（2）在一般接第二发球上网的情况下，突然改为底线接二发而在接发球后随击球动作上网。

（3）在底线对峙的情况下，突然打出大角度或深度落点或有力的上旋球而随击球动作上网。

（二）底线型打法的基本战术

底线型打法的战术内容非常丰富，在实战中富于变化。通常的底线型选手都是以正、反手抽球为主要的战术基础，并在此基础上进行战术组织与战术变化。底线型打法的关键要素在于速度、力量、落点、线路和旋转。底线战术的基本形式可以划分为对攻型战术、拉上旋球进攻型战术、控制落点伺机进攻型战术、侧身进攻型战术、防守反攻型战术、压迫式进攻型战术等。

1. 对攻型战术

采用此战术的选手一般对自己的底线攻球有很强的自信，并具有连续进攻的能力。通过在战术实施过程中进一步加强自信同时削弱对手的自信，使自己的主动进攻成为主宰比赛胜负的主要因素。

2. 拉上旋球进攻型战术

上旋球一方面可以有效地限制对方进攻，另一方面可以使对方的击球位置后撤，这样就会为自己创造出有利的得分机会进而得分。在运用此战术时必须要很好地掌握平抽技术及其他攻击性击球技术，以保障自己在得分机会来到时可以给对方致命一击。

3. 控制落点伺机进攻型战术

这种战术一般在自己底线抽球力量和速度不足以明显压制对手的情况下采用，主要作用是抑制对手进攻，为自己创造出绝对主动的进攻机会，最后一击定乾坤。

4. 侧身进攻型战术

侧身进攻型战术需要强有力的侧身攻击的能力，一旦侧身攻球出现击球无力或击球角度与线路不合理的情况，自己场地的正手位会给对方留下进攻的大空当。

5. 防守反攻型战术

防守反攻型战术在对手进攻能力较强时，利用自己的防守能力，力争控制好击球的落点、角度和击球线路，在对方回球出现被动的情况下或对方回球质量不高的情况下进行反攻的战术。

6. 压迫式进攻型战术

压迫式进攻型战术主要指在击球速度上压迫对方，使其没有充分的击球准备时间而只能被动还击，在此基础上进行连续的攻击，使对手不得喘息，进而争取主动并得分。

四、网球规则简介

（一）发球规则

1. 发球前的规定

发球员在发球前应先站在端线后、中点和边线的假定延长线之间的区域里，用手将球向空中任何方向抛起，在球接触地面以前，用球拍击球。球拍与球接触时，就算完成球的发送。

2. 发球时的规定

发球员在整个发球动作中，不得通过行走或跑动改变原站的位置，两脚只准站在规定位置，不得触及其他区域。

3. 发球员的位置

（1）每局开始，先从右区端线后发球，得或失1分后，应换到左区发球。

（2）发出的球应从网上越过，落到对角的对方发球区内，或其周围的线上。

4. 发球无效

发球触网后，仍然落到对方发球区内；或接球员未做好接球准备。

5. 交换发球

第一局比赛终了，接球员成为发球员，发球员成为接球员。以后每局终了，均依次互相交换，直至比赛结束。

（二）计分方法

1. 赛制

网球比赛实行淘汰赛。一场比赛中，男子单打比赛除大满贯赛事和ATP 1000大师系列赛决赛采用五盘三胜制以外，均使用三盘两胜制。女子比赛全部采用三盘两胜制。

2. 胜1分

遇到下列情况时，判对方胜1分：

（1）发球员连续2次发球失误或脚误时。

（2）接球员在发来的球没有着地前用球拍击球，或球触及自己的身体及所穿戴的衣物时。

（3）在球第2次落地前未能还击过网时。

（4）还击球触及对方场区界线以外的地面、固定物或其他物件时。

（5）还击空中球失败时。

（6）在比赛中，击球员故意用球拍拖带或接住球，或故意用球拍触球超过1次时。

（7）"活球"期间，运动员的身体、球拍（不论是否握在手中）或穿戴的其他物件触及球网、网柱、单打支柱、绳或钢丝绳、中心带、网边白布或对方场区以内的场地地面。

（8）还击尚未过网的空中球（过网击球）。

（9）除握在手中（不论单手或双手）的球拍外，运动员的身体或穿戴的物体触球。

（10）抛拍击球时。

（11）比赛进行中，运动员故意改变其球拍形状。

3. 一局

（1）每胜1球得1分，先胜4分者胜1局。

（2）双方各得3分时为"平分"，平分后，净胜两分为胜1局。

4. 一盘

（1）一方先胜6局为胜1盘。

（2）双方各胜5局时，一方净胜两局为胜1盘。

5. 决胜局计分制

在每盘的局数为6平时，有以下两种计分制。

（1）长盘制：一方净胜两局为胜1盘。

（2）短盘制（抢七）：决胜盘除外，除非赛前另有规定，一般应按以下办法执行。

① 先得7分者胜该局及该盘（若分数为6平时，一方须净两分为胜）。

② 首先发球员发第1分球，对方发第2，3分球，然后轮流发两分球、直到比赛结束。

③ 第1分球在右区发，第2分球在左区发，第3分球在右区发。

④ 每6分球和决胜局结束要交换场地。

（三）场地规则

1. 球场

球场应为长78英尺（23.77 m），宽27英尺（8.23 m）的矩形。中间由一条挂在最大直径为1/3英寸（0.30 m）粗的绳索或钢丝绳上的球网分开。其平面图如图5-7-2所示：

2. 球网

球网粗绳索或钢丝绳最大直径为1/3英寸（0.30 m），网的两端应附着或挂在两个网柱顶端，网柱应为边长不超过6英寸（15 cm）的正方形方柱或直径为6英寸（15 cm）的圆柱。

3. 球场线

球场两端的界线叫底线，两边的界线叫边线。在距离球网两侧21英尺（6.4 m）的地方各画一条与球网平行的线，为发球线。

4. 永久固定物

网球场地上的永久固定物不只包括球网、网柱、单打支杆、网绳、钢丝绳、中心带及网带，以下物品也算永久固定物，如球场四侧的挡板、看台、环绕球场固定或可移动的椅子、观众，以及所有场地周围和上方的配套设施，还有出于各自预定位置的裁判、司网裁判、脚误裁判、司线员和球童。

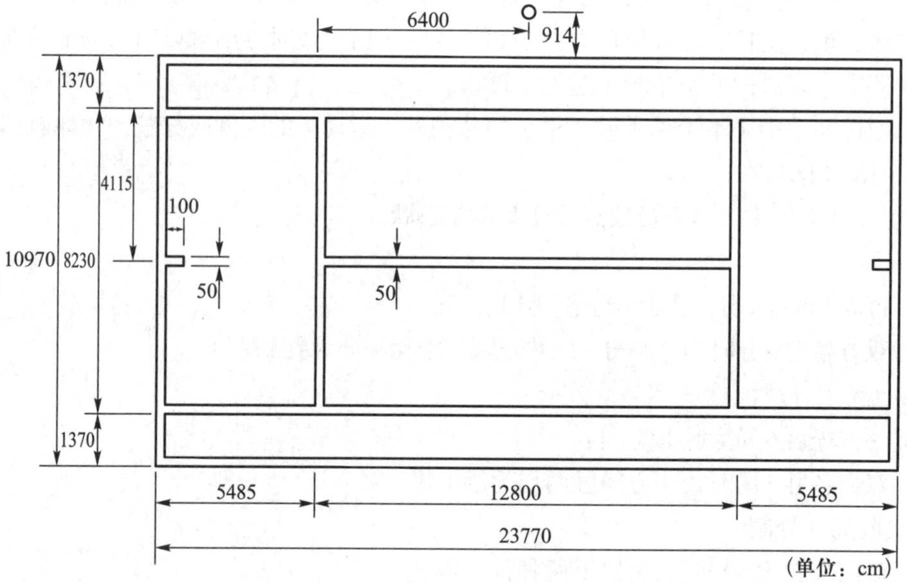

图 5-7-2　网球场平面图

第八节　毽球运动

一、毽球运动的健身价值

毽球运动主要是下肢的运动，大幅度的摆腿动作，有助于增强髋部和腰部的灵活性，促进骨盆的生长发育。有节奏的弹踢动作，可增进盆带肌肉的力量。经常参加毽球运动，能促进身体的全面发展，提高弹跳、灵敏、耐力、速度、力量等身体素质以及反应能力，培养团结协作的团队精神以及勇猛顽强、坚毅果断、机智灵活等意志品质。毽球竞赛富有趣味性，具有较大的吸引力，参加者不受年龄、性别的限制，都能达到增强体质、促进健康的目的，对丰富人们的业余文化生活和建设精神文明起到一定的积极作用。

相关链接

毽球运动的起源

踢毽源于古时蹴鞠，与蹴鞠同宗、同源，是蹴鞠的一个分支，起步于20世纪中期。中国毽球协会于1987年成立。进入20世纪90年代，毽球运动先后被全国少数民族运动会、全国农民运动会和全国中学生运动会等大型综合性运动会列为比赛项目。1999年11月，由中国、越南、匈牙利、德国、老挝、荷兰等国家和地区发起，在越南成立了国际毽球联合会。

二、毽球运动的基本技术

（一）准备姿势与步法

准备姿势是运动员在场上未接球时身体的一种等待状态。保持良好的姿势，是使身体随时在瞬间由静到动，由被动的状态变主动状态的关键。

1. 准备姿势

（1）左右开立站姿：这种站姿使运动员能从静止状态快速转向左右移动的状态，在比赛防守过程中运用较多。

（2）前后开立站姿：这种站姿便于运动员从静止状态快速转向前后移动状态，较多运用在比赛过程中的接发球和防守当中。其动作要点是膝关节微屈，脚跟稍提起，上体前倾，重心前移，保持随时移动的状态。

2. 步法

步法是移动的灵魂。步法移动一般有8种，分别为前上步、后撤步、滑步、交叉步、并步、跨步、转体上步、跑动步等。

专家提示

易犯错误及纠正

准备姿势时，膝关节没有弯曲，上体直立，重心太高；移动时，身体重心不稳；蹬地、转动时，脚步、腰、胯的灵活性不足。

练习方法

①从站立开始，练习准备姿势。

②原地练习移动和控制重心。例如，在原地做跨步、转身、转体等动作。

③在移动中练习各种步法变化。

（二）基本踢法

1. 脚内侧踢球

动作方法：膝关节向外张，大腿向外转动，稍有上摆，不要过大，髋和膝关节放松，小腿向上摆，踢毽时踝关节发力，脚放平，用内足弓部位踢球。在运用上主要多用在传接球方面（图5-8-1）。

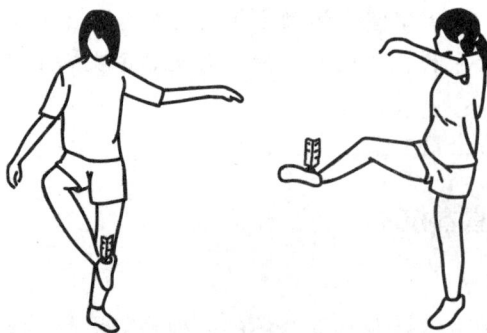

图5-8-1　脚内侧踢球

专家提示

易犯错误及纠正

踝关节不会发力或发力不足，膝关节不会外张（外翻）或外张不够。

练习方法

① 直接将毽球放在右足内侧上，用右手指尖轻轻地按住右膝关节内侧，限制膝关节的上摆，然后踝关节发力。

② 可选用25 cm左右的平台，将足底平稳地踏在平台上，直立腿的足尖距平台底部约为一个足长，膝关节发力自内向外翻，踏在平台上的脚不要离开平台，随膝关节的翻转而滚动至足外侧平放在平台上，然后膝关节发力还原，这样进行反复练习多次。

2. 脚外侧踢球

动作方法：要稍侧身，向体侧甩踢小腿，勾脚尖，用脚外侧踢球。注意要想获得较低的起球点，必须使支撑脚做适当的弯曲。还要注意身体重心应放在支撑脚上（图5-8-2）。

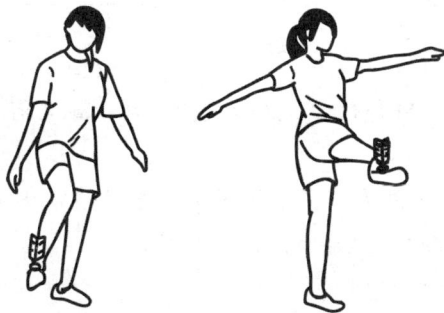

图5-8-2　脚外侧踢球

专家提示

易犯错误及纠正

踢毽球时，足内侧不能平行于地面，踝关节发力不足。膝关节向上提起或向前摆出。

练习方法

① 纠正足内侧不能平行地面时，可选择高度为30 cm左右的平台，练习者侧身站在平台边，距离约为半个体宽，按动作要领，左小腿向体后侧抬起，将足内侧平放在平台上，双腿膝关节并拢，停留4个8拍，多次进行练习。

② 练习者按引导练习的方法，站立不动，教师蹲下，一手握住足尖，一手握住足跟，教师腕关节发力上下抖动，使练习者体会踝关节发力的感觉。

③ 踢毽脚一侧面对墙壁站好，距离约为一个体宽。用手将毽子向体侧抛出，用足外侧将毽球踢起，如果踢毽时脚碰到了墙壁，便是膝关节上提过大或是向前摆出，要及时纠正。

---

3. 脚背踢球

动作方法：脚背踢球，一般用正脚背，要注意绷脚尖和抖动脚腕发力击球。此踢球技术相对其他基本技术是难度较大的一种，要求动作不但要快，还要求有一定的准确度，一旦抖动脚腕发力击球的节奏过快或过慢都会影响完成踢球的质量。

专家提示

易犯错误及纠正

小腿不会向前摆动或较为僵硬，不会足尖三趾发力，脚的勾起过大或不足。

练习方法

① 把毽球放在足尖外三趾部位，踝关节发力带动小腿向前上摆动，将毽球垂直抛起，用手将毽球接住，反复进行练习。

② 练习者面对墙壁，距离为一个半体宽，用手将毽球在体前垂直抛起，用"绷踢"将毽球踢起，用手将毽球接住。这样反复进行练习。

---

4. 触球

动作方法：在身体膝关节以上部位的踢球都叫触球，可以分为大腿触踢球、腹部触踢球、胸部触踢球、头部触踢球。大腿触踢球时，要注意抬大腿迎球，放松小腿，用大腿正面前段击球。腹部触踢球、胸部触踢球（图5-8-3）、头部触踢球，都要注意触球时将腹部、胸部或头部稍向前去主动迎接球，并控制球落在自己的前方，然后用脚将球踢出。

图 5-8-3　胸部触踢球

专家提示

易犯错误及纠正

大腿触球时，小腿自然下垂不够。在腹部、胸部、头部触球时，不能主动去迎接球。

练习方法

教师发令，学生抬大腿，使身体与大腿成90°夹角，放下大腿然后抬起大腿动作反复练习。两人一组，一人抛毽球，一人用腹部或头部或胸部主动触接球，反复练习。

---

5. 发球

发球是比赛的开始，又是一项进攻技术，发球的时候可以采用盯人、找空、压后、吊前等手段发出各种战术球，以达到破坏对方组织进攻或直接得分的目的。

（1）脚内侧发球

动作方法：脚内侧发球的时候要抬大腿带小腿，用内足弓部位向前上方送髋推踢。其特点是既稳又准，破坏性强。

（2）正脚背发球

动作方法：注意绷脚尖，用正脚背向前上方发力挑踢。它的特点是平、快、准。

（3）脚外侧发球

动作方法：稍侧身站位，绷脚尖，用脚外侧发力扫踢，其特点是既快又狠，攻击力强。

专家提示

易犯错误及纠正

击球点偏高，击球部位不正，发力时机不准。

练 习 方 法

一人抛球，一人击球，找准击球点，发力准，动作要快。反复多次进行练习。

6. 花样踢法

（1）盘踢：用脚内侧互换踢毽，膝关节向外张，大腿向外转动，稍有上摆，不要过大，髋和膝关节放松，小腿向上摆，踢毽时踝关节发力。踢起的毽子一般不超过下颌。

（2）磕踢：用两腿膝盖互换将毽子磕起（撞起）的踢法。髋关节、膝关节放松，小腿自然下垂，膝关节发力，将毽子磕起，大腿不要外张或里扣，踢起的毽子一般不超过下颌。

（3）拐踢：用两足外侧互换踢毽，大腿放松，小腿发力向体后斜上方摆动，勾足尖，踢毽时大腿不得摆到体前，小腿向体后斜上方摆动不要过高，毽子和足外侧相碰的一刹那，踢毽脚的内侧离地面一般不超过30 cm，踢起的毽子高度随意。

（4）绷踢：有的地方叫做"绷尖"，是用两足尖外三趾部分互换踢毽，单足踢毽也可以。绷踢能踢起即将落地的毽子，毽子被踝关节的发力一绷而起，所以叫绷踢。其动作是，大腿向前抬起，和身体成150°～160°夹角，小腿向前摆动，髋关节、膝关节要放松，踝关节的发力，要在踢毽子的一刹那，足尖外三趾向上猛地用力，将毽勾起。踢起的毽子高低都可，但应避免忽高忽低，为以后的花样踢法打下基础。

7. 花样踢法"标准十法"

"准"（动作准确，不失误或少失误）。

"实"（动作要规范、准确不假，动作之间不得混淆）。

"稳"（心态平和，精力集中，动作不慌乱）。

"脆"（动作干净利索，不拖泥带水）。

"真"（动作的运行轨迹要明确，来龙去脉要清楚）。

"恰"（动作发力的大小和动作的完成要恰到好处）。

"巧"（动作灵活巧妙，美观大方）。

"变"（动作变化多端，穿插连接有秩，不单调）。

"改"（动作偶然失误，能随机应变，不强求）。

"整"（完整无缺，有始有终）。

三、毽球运动的基本战术

（一）二传组织进攻战术

该进攻形式经三人次击球后，由一名主攻手把球攻入对方场地，须做到分工明确，节奏明显，指挥集中，战术灵活，是毽球进攻战术的基本组织形式。

（二）一次传组织进攻战术

该战术指某一队员利用两次击球的规则，把球直接传给进攻队员进行网前进攻，减少了二传环节，破坏对方的防守节奏。

（三）自传自攻战术

进攻队员利用个人技术与能力，合理运用二次击球机会把球攻入对方场区的战术方法。

（四）抢攻战术

当对方回球过高且离网较近时，队员利用及时的判断，快速的移动，抢占有利攻击点，把球反击回对方场区的进攻形式。

另外，还有防守战术，包括封网战术及后排防守战术、防封回球战术、防推攻球战术等。

四、毽球竞赛规则简介

（一）比赛场地

采用羽毛球场双打场地，长 11.88 m，宽 6.1 m。场地上空 6 m 以内（由地面计算）和场地四周 2 m 以内不得有障碍物。距两端线中点两侧各 1 m 处向场外各画 1 条长 20 cm 与端线垂直的短线叫发球区线（此线不包括在发球区内）。发球区线向后无限延长的区域叫发球区。球网的中部顶端距地面垂直高度为 1.60 m（男子）或 1.50 m（女子）。网的两端距地面的垂直高度必须相等，两端的高度与中间的高度相差不得超过 2 cm。在球网的两端有垂直于边线和中线的白色标志带和在标志带外侧的标志杆。两杆内侧相距 6 m，标志杆长 1.20 m，直径 1 cm，用玻璃纤维或类似的材料制成。标志杆应高出球网上沿 44 cm。

（二）基本规则

1. 发球

发球队员须站在本方发球区内，用手持球，将球抛起，用脚踢向对方场区，使比赛进行。发球队员必须在发球区内发球，在球发出后才能进入场区。发球时 2、3 号队员不得有任何掩护动作，否则，判由对方发球。掌握发球的一方将球击入对方场区内，如对方失误，则发球方得 1 分，发球队员继续发球，直到发球方失误则换对方发球。凡是赢得发球权的一方，该队队员应先按顺时针方向依次轮转一个位置，由 1 号位队员发球继续比赛。

2. 击球

比赛中，双方队员可以用身体任何部位触击球（除手和手臂外），每方队员击球不能超过 3 人次共 4 次击球，如超出即违例，由对方发球。

3. 换人与暂停

比赛中（成死球）双方均可以暂停或换人，每局只能换 3 人次，每局只能暂停 2 次。

4. 队员位置

每队上场队员 3 人，其中队长 1 人（左臂应佩带明显标志）。队员的场上位置，站在靠近球网的两名队员从左到右分别为 3 号位和 2 号位队员，靠近端线的队员为 1 号队员。场上队员的位置必须与登记的轮转顺序相符合。

5. 计胜方法

正式比赛采用三局二胜制，第三局采取每球得分制。接发球失误，应判对方得1分；发球队失误，则判对方发球。某队得15分并至少比对方队多得2分时，则胜1局。如比分是14：14时，比赛应该继续进行，直至某队领先2分，方为胜1局。

五、毽球运动的练习方法

（一）单人连踢练习法

练习时，以脚内侧连续踢，还可进行单人或分组的比赛，以次数多者为胜。

（二）多人围成圈练习法

由3人以上围成圈进行踢、传、停练习，保持球不落地。

（三）双人对踢练习法

两人保持2~3 m的距离进行对踢练习。

（四）隔网比赛法

在毽球场地上隔网进行一对一、二对二或三对三比赛。

第九节　游泳运动

一、游泳运动的健身价值

游泳是一项很有锻炼价值和实用价值的运动，经常游泳，可以增强内脏器官的功能，特别是呼吸系统的功能。游泳还能增强机体适应外界环境变化的能力，抵抗寒冷，预防疾病。

相关链接

游泳运动的起源

生活在江河湖海附近的古代人为了生存，经常到水中捕捉水鸟和鱼类作为食物，通过观察和模仿，逐步学会了青蛙和鱼类的水中动作，因而学会了游泳。现代游泳运动起源于英国，1837年，在英国的伦敦成立了第一个游泳组织，同时举办了最早的游泳比赛。1896年，第一届雅典奥运会把男子游泳被列为9个比赛项目之一。1908年，在伦敦举办的第4届奥运会上成立了国际业余游泳联合会，并制定了游泳规则。1912年，在第5届奥运会上设立了女子游泳项目。竞技游泳分为蝶泳、仰泳、蛙泳和自由泳。当今，欧美体育强国的竞技游泳项目仍处于领先水平。我国女运动员从1992年巴塞罗那奥运会开始多次获得奥运会游泳金牌。

二、游泳竞技技术

（一）自由泳基本技术

1. 技术应用

自由泳是所有游泳中效率最高、速度最快的一种姿势。在游泳比赛中，运动员往往选择自由泳参赛。

自由泳技术动作包括身体姿势、手臂动作、腿部动作、两臂配合的形式、手臂与呼吸的配合及完整配合。

2. 身体姿势

为了正确地掌握自由泳技术，重要的是使身体尽可能地保持流线型和水平位置，双腿和双臂必须连续运动，每只手臂依次对水做推进动作。同时，为保持身体平衡，两腿必须交替向上和向下打水。脸没入水中，转头呼吸（图5-9-1）。

图5-9-1　自由泳身体姿势

3. 手臂动作

首先转动左手，大拇指领先入水，手掌向外和向下。手臂稍弯曲，靠近身体的中心线（图5-9-2①）。一旦手处于水中，开始屈肘，并像一把桨似地向后推水。此时，身体要向左侧作稍微地转动，有助于手靠近中心线。脸回到水中（图5-9-2②）。当左手向下，并朝大腿向后移动时，开始屈肘关节（图5-9-2③）。

当左臂伸直时，大拇指要轻擦大腿而过，头面向前下方。同时，抬左肘，领先手先出水。转动手，使小拇指领先（图5-9-2④）。再抬左肘，手出水时，朝入水手转肩。

4. 腿部动作

自由泳腿的动作主要是维持身体的平衡，使身体在水中保持良好的流线型，并配合双臂完成交替打水。

腿的动作是从髋关节发力开始，微屈膝，使力通过大腿到下肢，两脚稍内扣，并以踝关节和脚的鞭水动作结束（图5-9-3）。

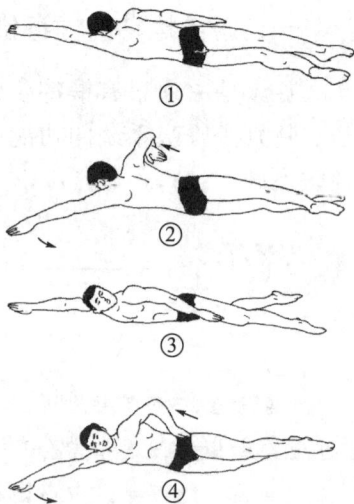

图5-9-2　自由泳手臂动作

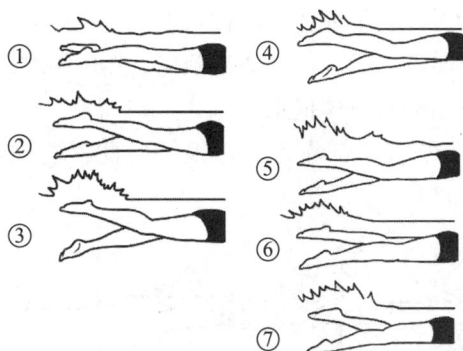

图5-9-3 自由泳腿部动作

5. 两臂配合

自由泳的两臂配合有三种形式，即前交叉配合、中交叉配合和后交叉配合（图5-9-4）。

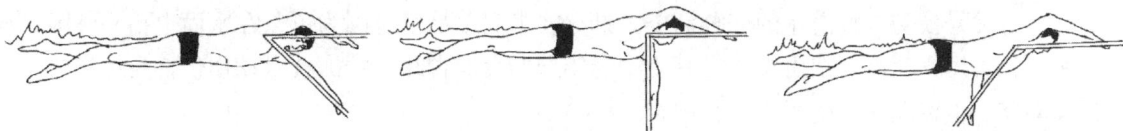

图5-9-4 自由泳的两臂配合

前交叉配合是指一臂入水时，另一臂在肩的前方，与水平面成锐角；中交叉配合是指一臂入水时，另一臂划至肩下；后交叉配合是指一臂入水时，另一臂划至腹下。

6. 手臂与呼吸的配合

呼吸是学习自由泳技术的难点，掌握正确的呼吸时机和动作要领，就能学会正确的游泳技术，而且对游泳的速度和耐力都有较大的帮助。

随着肩的转动，在手要出水时，朝移臂的一侧转头吸气。此时，要把口张大，在脸没入水中之前，在前浪的后面深深地吸一口气。当脸没入水中时，要慢慢地呼气。在转头出水，开始吸气时，要用力把气吐出，即作"爆发性"呼吸（图5-9-5）。

图5-9-5 自由泳手臂与呼吸的配合

7. 完整配合

当左臂向前伸展时，头向右侧转动。此时，要快速吸气，然后将脸返回水中。当右手经过大腿出水时，身体朝左侧转动。

自由泳的配合方式为6:2:1，即6次打水，2次划水和1次呼吸。此外，还有4:2:1、2:2:1等多种配合形式。

当手通过水向下和向后快速推水时，要将手掌转向脚的方向。当右手在水上移动时，上臂应靠近耳朵前伸。

当左手朝大腿向后移动时，右手前伸，准备入水。

当左手通过大腿时，要转动左手，使小拇指领先。然后抬左肘，使其首先出水，接着手出水。此时，右手入水，开始沿着身体抱水。

当左臂向前移动时，要使双手都靠近中心线。为此，要屈肘，并朝入水手一侧转肩（图5-9-6）。

图5-9-6 完整配合

（二）蛙泳基本技术

1. 技术应用

蛙泳是模仿青蛙游水的一种泳姿。蛙泳技术简单易学是因为可以在水面上抬头呼吸，游距可长可短，速度可快可慢，尤其受中老年和妇女的青睐。蛙泳技术动作包括身体姿势、腿部动作、手臂动作、呼吸及完整配合。

2. 身体姿势

游蛙泳时，当手和腿完成有效的动作后，身体几乎平卧在水面上，两臂向前伸直并拢，手心向下，头几乎没入水中，身体保持良好的流线型（图5-9-7）。

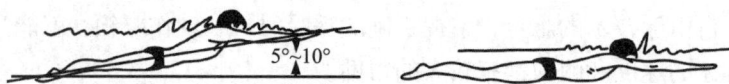

图5-9-7 身体姿势

3. 手臂动作

划臂是从完全伸展的蹬腿滑行位开始，身体保持良好的流线型，两手臂将耳朵夹紧，每次充分划臂之间都要保持这个位置（图5-9-8）。

从滑行开始，两手向外进入比肩稍宽的抓水点，然后向下转动手掌。使手掌和前臂感到有压力。

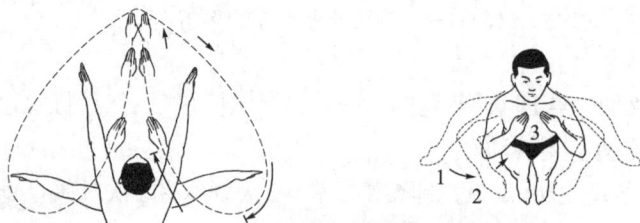

图5-9-8 手臂动作

在进入抓水点后，迅速屈肘，手掌做弧形的向下和向后划水，并逐渐向前和向上抬高头部和肩部。

继续屈肘，双手作圆周运动，双手朝下颚方向带动肘和双手向上移动。

双臂向前伸展，并回到原先的滑行位，降低头部的位置，再次保持良好的流线型。

4. 腿部动作

蛙泳腿的动作分为"宽蹬腿"和"窄蹬腿"两种。绝大多数运动员采用窄蹬腿技术都取得了优异的成绩。为了便于分析，可把腿的动作分成收腿、翻脚、蹬腿和滑行4个阶段，但在实际蹬水中，又是密不可分的完整过程。

（1）收腿：从身体保持良好的流线型开始。大腿放松，此时，大腿就会借助自身的重量和所受到的水的阻力下沉，开始屈髋关节和膝关节，两膝边向前收边逐渐分开，踝关节伸展，小腿和脚跟在大腿和臀部的后面，在髋关节的投影截面内轻松地向前收，以减少阻力。当脚接近臀部时停止收腿。这时，两膝的距离稍比臀部宽（图5-9-9①～④）。

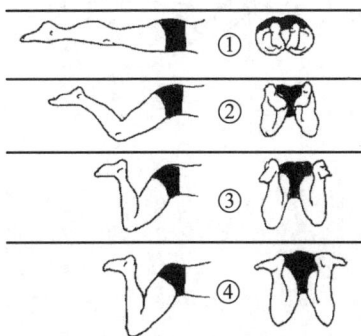

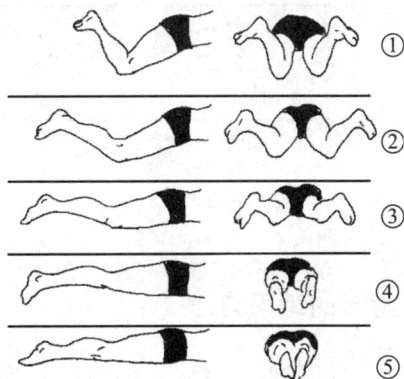

图5-9-9　收腿动作　　　　　　图5-9-10　翻腿和蹬腿动作

（2）翻脚：当脚跟靠近臀部时，两脚开始向外转动，脚趾朝胫骨方向移动，即做"勾脚腕"动作，并使脚尖转向外侧，完成"翻脚"动作，同时也完成了翻小腿的动作。完成收腿动作时，大腿与躯干的角度为130°～140°，膝关节屈到最大程度（图5-9-10①）。

（3）蹬腿：蹬腿是推进身体前进的主要动力，髋关节和膝关节的伸展顺序，也就是发力的先后决定蹬腿的效果。值得强调的是，要先伸髋关节，然后伸膝关节，最后伸踝关节。在伸膝关节的同时，两脚要向后做弧形的强有力的蹬水（图5-9-10②、图5-9-10③、图5-9-10④）。随着膝关节的伸展，脚开始转向内，大腿逐渐并拢，直到膝关节和踝关节完全伸直。蹬腿动作结束后，要保持短暂的滑行（图5-9-10⑤）。

（4）呼吸动作：蛙泳的呼吸与其他姿势的呼吸相同，都是用嘴吸气，用嘴和鼻呼气。吸气时抬头，使嘴露出水面。一般的配合方式是每划水1次，吸气1次。蛙泳呼吸有"早吸气"和"晚吸气"两种方式。早吸气是在两臂划水中抬头吸气，划完臂低头呼气；晚吸气是两臂划水几乎结束时才开始抬头，在两臂划到胸前使身体达到最高点时吸气，臂前伸时低头呼气，这种办法一般为优秀运动员采用（图5-9-11）。

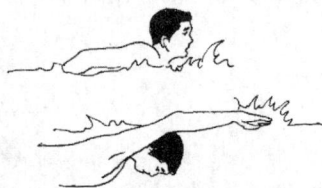

图5-9-11　呼吸动作

（5）完整配合：身体从良好的水平位开始，两臂前伸，掌心向下，手指自然并拢，头没入水中，头顶稍露出水面（图5-9-12①）。双手处于抓水点时，身体的其余部分保持以前的同样位置（图5-9-12②）。抓水后，屈肘作向后的弧形划水时，逐渐开始向前和向上抬头和抬高肩部，并开始屈膝（图5-9-12③）。当头和肩抬出水面时吸气，此时，臀部的位置开始下降。当双手位于肘关节的下方时，双脚朝上，并向外转动（即脚的外翻动作），做好向后蹬水的准备（图5-9-12④）。当双腿向后弧形蹬腿时，双臂要向前伸展，并回到原来的滑行位，将头部没入水中，再次保持良好的流线型（图5-9-12⑤）。

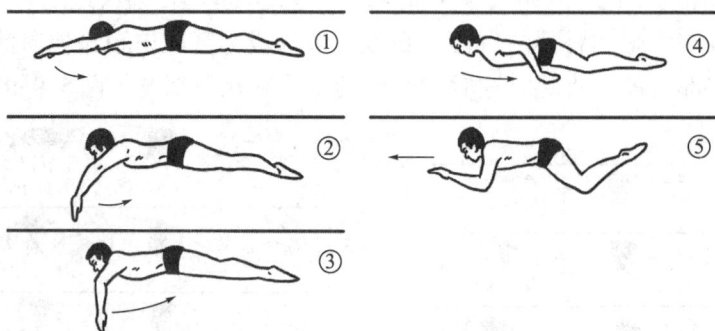

图5-9-12　完整配合

三、游泳的练习方法

（一）水中行走

要熟悉水性有各种形式的水中走动和跑跳练习，可在池边做向前、向后、向两侧和各种方向的走动；可做各个方向的跑跳动作。

（二）水中憋气

（1）在水下直立，水齐腰部或胸部。在水面上快吸一口气后，将口闭住，弯腰，慢慢地将脸没入水中，在水中用嘴和鼻慢慢吐气，待在水中停留1~5 s后，将头抬起，然后快速张口吸气。

（2）若在游泳池学习，要求扶住水线或扶池边的沟槽或拉住同伴的手进行憋气练习。两腿在水中直立，两手扶住水线或沟槽，头部面向正前方。深吸一口气后，憋气，逐步弯曲双膝，将头慢慢没入水中，头部在水中停留5~10 s后，将双膝伸展，使头部露出水面，迅速张口吸气。也可在同伴的帮助下重复此动作（图5-9-13）。

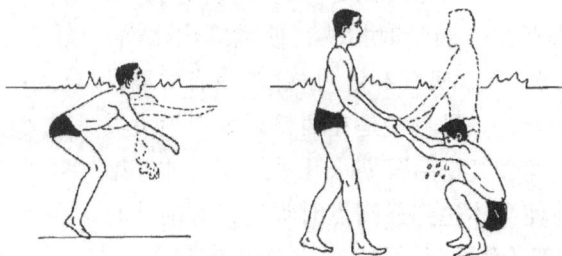

图5-9-13　水中憋气

（三）水中漂浮练习

1. 抱膝浮体练习

深吸气后，憋气，曲膝下蹲，将脸没入水中，头部靠紧大腿，双手抱紧双膝。此时，借助水的浮力，可使人体逐渐向水面浮起。若要站立，可将双手打开，双臂前伸，在双手向下压水的同时抬头。此时，双腿向下伸，直至蹬到池底，恢复到站立位（图5-9-14）。

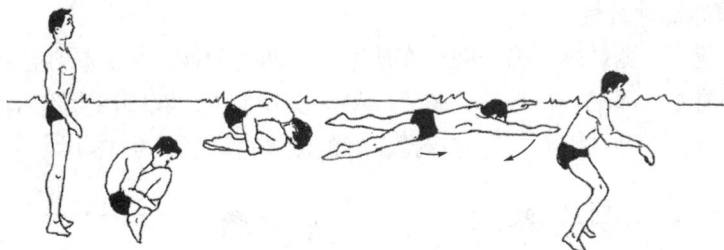

图5-9-14　抱膝浮体练习

2. 扶水线漂浮

水中直立，水齐胸部。两手扶住水线，头部面向前方。深吸一口气后，憋气，迅速将头没入水中，而后屈膝后蹬，两脚并拢，头部和身体与水面平行，两手臂伸展，放松扶住水线。在水中停留5~10 s后，收腹屈膝，抬头，换气，使身体恢复到原位。在熟练掌握以上动作后，可以做放手漂浮，即在身体稳定的同时，将双手慢慢放开水线。此时，可将双手和双腿分开，呈"大"字形（图5-9-15）。

3. 原地展体漂浮

两腿稍分立，两臂前伸，手心向下，头面向前方，深吸一口气后，憋气，将头没入水中。双脚轻轻蹬离池底。此时，人体就会平卧在水面上（图5-9-16）。

图5-9-15　扶水线漂浮

① ② ③

图5-9-16　原地展体漂浮

（四）水中滑行

1. 蹬离池底滑行

两腿稍分立，两膝稍弯曲，两臂前伸，手心向下，头面向前方，深吸一口气后，憋气，将头没入水中。双脚用力蹬离池底。此时，人体向前滑行，平卧在水面上，身体保持良好的流线型（图5-9-17）。

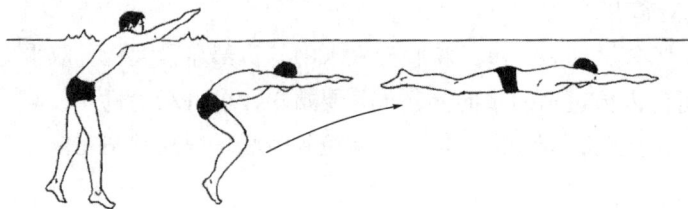

图5-9-17　蹬离池底滑行

2. 持浮板蹬离池壁滑行

身体背向池壁，一腿站立，另一腿蹬在池壁上，两臂前伸，两手扶住浮板的侧面或浮板的前沿，头面向前方。深吸一口气后，憋气，将头没入水中，双脚用力蹬离池底。此时，人体会向前快速滑行，平卧在水面，身体保持良好的流线型（图5-9-18）。

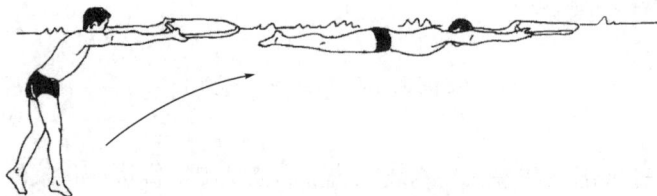

图5-9-18　持浮板蹬离池壁滑行

3. 蹬离池壁滑行

身体背向池壁，一手拉池壁或扶池边，一臂前伸，同时一脚站立，另一脚蹬在池壁上。深吸一口气后，低头，憋气，将头没入水中，同时上体前倾，提臂，向上收支撑腿，两脚紧贴池壁，两臂并拢前伸，手心向下，头夹于两臂之间，双脚用力蹬离池壁，使身体呈俯卧流线型。此时，人体会向前快速滑行，平卧在水面上（图5-9-19）。

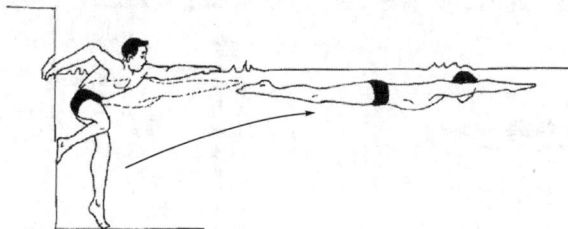

图5-9-19　蹬离池壁滑行

四、自由泳和蛙泳比赛规则

在自由泳比赛中，运动员可采用任何泳式。但在个人混合泳及混合泳接力比赛中，自由泳是指除蝶、仰、蛙以外的泳式。转身和到达终点时，可用身体的任何部位触池壁。在整个游程中，运动员身体的一部分必须露出水面，在转身过程中允许运动员完全潜入水中，但在出发和每次转身后潜泳距离不得超过15 m，在潜泳距离达到15 m前运动员的头必须露出水面。

　　蛙泳比赛出发和每次转身后，从第1次手臂动作开始，身体应保持俯卧姿势，任何时候不允许呈仰卧姿势。两臂和两腿的所有动作都应同时并在同一水平面上进行，不得有交替动作。两手应同时在水面、水下或水上由胸前伸出，并在水面或水下向后划水。除转身前最后一个动作、转身过程中和终点触壁前的最后一个动作外，在手臂的完整动作中，两肘不得露出水面。除出发和每次转身后的第1次划水动作外，两手向后划水不得超过臀线。在蹬腿过程中，两脚必须做外翻动作，不允许做剪夹、上下交替打水或向下的海豚式打水动作。只要不做向下的海豚式打腿动作，允许两脚露出水面。在每次转身和到达终点时，两手应在水面、水上或水下同时触壁，触壁前的最后一次划水动作结束后，头可以潜入水中，但在触壁前的一个完整或不完整的配合动作中，头的某一部分应露出水面。在每个以一次划臂和一次蹬腿完整动作周期内，运动员头的某一部分应露出水面。只有在出发和每次转身后，运动员可在全身没入水中时，做一次手臂充分的向后划至腿部的动作和一次蹬腿动作，但在第2次划臂至最宽点并在两手向内划水前，头必须露出水面。

五、游泳的卫生和水中救护

　　（一）游泳的卫生要求

　　以下几种疾病患者都不宜下水，以免影响自己或传染他人。

　　（1）高血压患者：动脉血压持续增高，大于或等于140/90 mmHg（18.7/12.0 kPa）者为高血压。由于游泳强度的增大，可引起脑血管痉挛，导致脑水肿和颅高压。

　　（2）冠心病：冠心病亦称缺血性心脏病，可导致原发性心脏骤停、心绞痛、心肌梗死、心力衰竭和心律失常。

　　（3）传染病：经空气途径传播的常见疾病有肺结核、普通感冒和流感等；经水途径传播的常见疾病有霍乱、伤寒、痢疾和甲型病毒性肝炎等。此外，还有病毒传染性的皮肤病，如带状疱疹、疥疮、疣、性病等。

　　（4）中耳炎：中耳炎患者常见于儿童和婴幼儿。在游泳中，由于水的压力容易把薄弱的愈合瘢痕击破，一旦患者的耳朵进水，会导致病情的加重。

　　此外，精神病、癫痫病、开放性创伤患者；饭后、酒后、饥饿时、剧烈运动后锻炼者也不宜游泳。女子月经期游泳要采取卫生措施。

　　（二）水中救护

　　在户外或室内游泳池，若看到有人溺水，首先要大声呼喊，这样可以引起岸上和陆上人群的注意。一般来说，直接救护要在极短的时间内了解溺水者的体力和溺水情况，分析判断溺水者的所在位置，决定采取不同的急救措施。游近溺水者，一般采用速度较快的抬头自由泳，若自由泳技术不是很好，也可采用抬头蛙泳。采用抬头泳姿的目的都是便于观察溺水者的位置，不至于失去目标。同时，要注意保存一定的体力。当游到离溺水者2~3 m时，要先吸一口气潜入水中，用蛙泳潜近溺水者。若溺水者面向自己，则在水下用两手抱住其髋部，并将其身体转为背向自己，同时，将他向水面抬起，使溺水者的头部露出水面（图5-9-20）。

图5-9-20 水中救护

第十节 柔力球运动

一、柔力球运动的起源与发展

1991年，山西省晋中市卫生学校的体育教师白榕老师根据多年的体育教学实践经验，把太极拳的拳理和现代球类技术相结合，创造出一项全新的太极化的球类运动——柔力球，并发明了柔力球运动使用的器材和一套科学练习的方法。

1992年，他正式向社会推出了此项目。1994年，柔力球运动通过了原国家教委全国中小学体育教学改革指导小组、全国高等学校体育教学指导委员会公共体育组的评定；1996年，全国总工会和国家体委批准将柔力球列为第三届全国工人运动会的正式比赛项目；1999年，湖北省第九届省运会将柔力球列为正式比赛项目。

经过十几年的不断研究和完善，柔力球运动已初步形成了一个较为完整的运动项目体系，由过去的仅有竞技比赛逐渐演变为"以套路为基础，以竞技为核心"的发展趋势。目前，该项目已被传到日本、澳大利亚、美国、德国等国家，受到了广泛的好评，并得到一定规模的开展。

相关链接

柔力球技术三大要素

柔力球从入球到出球是由"迎""引""抛"三个部分组成的一个连贯、自然流畅的弧形引化过程。

（1）"迎"：当球飞来时手持球拍，对着来球的方向主动伸拍迎球。

（2）"引"：在球快入球拍时，球拍顺球的运动方向和轨迹相向运动，顺势引球。

（3）"抛"：抛球过程是身体带动持拍臂和球拍，进行一个同半径、同转轴（横轴、纵轴、矢状轴）、同平面的匀速圆弧运动。

在抛球过程中，球拍的横截面应始终处于抛球圆弧的切线上，使球保持在球拍的内侧。抛球过程的用力是在抛球的初始阶段，球拍与球在抛球弧线中是匀加速或匀减速运动，在抛球开始后，不得再出现第二次突然用力和改变原有弧线轨迹的动作。在球出球拍的瞬间，出球点的拍框外缘应与出球方向保持一致。

二、柔力球技术

（一）基本技术

1. 握拍法与基本站位

（1）握拍方法：握拍方法是最基本的技术，正确的握拍法对于准确、全面、迅速地掌握基本技术意义重大。

① 正手握拍：用拇指和食指第1指节的指腹部位相对，捏住拍把与拍面平行的两个宽面处，其余手指顺势扣握，拍把的尾部靠在手掌的小鱼际处，掌心要空出，以便球拍在手中自如运转（图5-10-1）。

② 反手握拍：在正手握拍的基础上转动拍柄，拇指和食指捏握在两个窄面处（图5-10-2）。

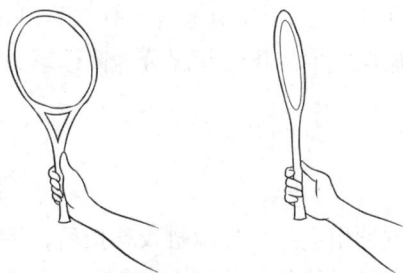

图5-10-1 正手握拍　　　　　　　图5-10-2 反手握拍

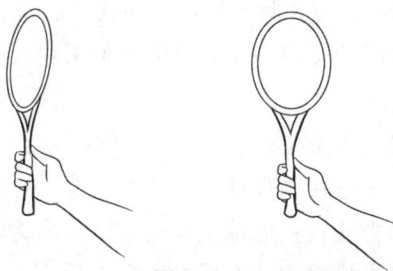

（2）基本站位。

① 正手基本站位：正手基本站位是指运动员正手握拍，接抛身体右侧来球的站位方法（图5-10-3）。

图5-10-3 正手基本站位

② 反手基本站位：反手基本站位是指运动员反手握拍，接抛身体左侧来球的方法（图5-10-4）。

图5-10-4 反手基本站位

2. 基本步法

柔力球运动的步法主要包括滑步和旋转。在滑步时，上体要保持中正，两脚开立，脚跟提起，两膝弯曲并内扣；在旋转时，要以前脚掌为支撑点，脚跟提起，另一只脚蹬地为身体旋转做好准备。

3. 发球

发球是最基本的技术之一，是太极柔力球比赛中唯一不受对方制约和限制的技术，可以最大限度地施展自己的战术意图，因此，具有极大的自主性。

发球时，支撑脚不得移位和脱离地面，一只手将球向后上方明显地抛出（不少于10 cm），发球动作必须保持一个完整的弧形引化过程。以发出球在空中的飞行状况分为高远球、平快球和网前球三种。

4. 正手接抛球

（1）正手接抛高球

动作方法：正握球拍，持拍臂以肩为轴，向右前方伸出迎球，当球触及球拍后，迅速顺势向后经右后上方、右后方、向右后下方做弧形引化，从身体的右前下方将球抛出。在球入球拍时应从球拍的侧框切入，并从入球点对面的侧框出拍，在球出球拍的瞬间，球拍的侧框对向出球方向（图5-10-5）。

图5-10-5 正手接抛高球

（2）正手接抛低球

动作方法：正握球拍，持拍臂以肩为轴，向右前下方伸出迎球，当球触及球拍后，迅速顺势向右侧后45°方向作弧形引化，经右前上方将球抛出（图5-10-6）。

图 5-10-6 正手接抛低球

5. 反手接抛球

（1）反手正握接抛高球

动作方法：正握球拍，持拍臂以肩为轴，手臂外旋，拇指在下，四指在上，向左前上方伸出迎球，球拍的边框对着来球。当球触及球拍后，双脚蹬转，使力集中在腰部，由腰带动持拍臂向左侧后下方作弧形引化后，将球由左前下方向前抛出（图 5-10-7）。

图 5-10-7 反手正握接抛高球

（2）反手正握接抛低球

动作方法：正握球拍，持拍臂以肩为轴，向左侧前下方伸出迎球，持拍手拇指在上，四指在下，当球触及球拍后，使全身的力集中在腰部，以腰带动持拍臂向左后上方作弧形引化后，将球由左前上方向前抛出（图 5-10-8）。

图 5-10-8 反手正握接抛低球

（3）反手反握接抛高球

动作方法：反握球拍，接抛身体左侧前上方来球，动作过程同反手正握接抛高球。

（4）反手反握接抛低球

动作方法：反握球拍，接抛身体左侧前下方来球，动作过程同反手正握接抛低球。

6. 体前平弧球

体前平弧球是指接球队员在体前用水平弧形引化方法的接抛球技术。接抛体前平弧球可用正握拍，也可用反握拍，因为它的引化动作是有支撑点无实体轴的运动，动作缺少力量，但是变化非常丰富。

（1）正拍右拉球

动作方法：正握球拍，将接球点置于体前偏左侧，小臂外旋，向左前下方伸拍迎球，球拍的侧框对向来球方向，拍面要与地面垂直，拍头对向地面。当球入球拍后，迅速在体前向右侧作水平弧形引化，并将球在身体右侧择向抛出（图5-10-9）。

图5-10-9 正拍右拉球

（2）正拍左拉球

动作方法：正握球拍，将接球点置于体前偏右侧，小臂内旋，向右前下方伸拍迎球，球拍侧框对向来球方向，拍面要与地面垂直，拍头对向地面。当球入球拍后，迅速在体前向左侧作水平弧形引化，并将球在身体左侧择向抛出（图5-10-10）。

图5-10-10 正拍左拉球

（3）反拍右拉球

动作方法：反握球拍，动作过程同正拍右拉球。

（4）反拍左拉球

动作方法：反握球拍，动作过程同正拍左拉球。

（二）隐蔽技术

1. 右侧头后球

动作方法：正握球拍，将接球点置于头部右侧位，拍头向上，球拍持球面向身体纵轴，持拍臂在引球入拍后，带球由头的右侧向头后作弧形引化，同时右脚和左脚同时蹬地，使身体向右旋约90°，将球从左侧肩上方抛出（图5-10-11）。

2. 左侧头后球

动作方法：正握球拍，将接球点置于头部左侧位，持拍臂小臂外旋，拍头向上，持球面向身体纵轴，引球入拍后，在全身的整体带动下，球拍以身体的纵轴为中心，顺势向头后作水平弧形引化，右脚向左前跨上半步，并向左转体约90°，将球从右侧肩上抛出（图5-10-12）。

图5-10-11　右侧头后球　　　　　　　　　　图5-10-12　左侧头后球

（三）高级技术

1. 水平右旋球

动作方法：正手基本站位，右手持拍向右前上方伸拍迎球，同时以右脚为支撑，左脚迅速蹬地，使身体向右后方顺时针方向水平旋转，持拍臂带球，拍头朝上，球拍的持球面对向身体的纵轴，并围绕着身体纵轴，进行水平弧形引化旋转，在旋转的过程中，头部要稍领先于身体的旋转（图5-10-13）。

图5-10-13　水平右旋球

2. 水平左旋球

动作方法：反手基本站位，动作和水平右旋球相似，只是方向相反。

3. 原地右侧旋球

动作方法：正手基本站位，右手持拍向右前下方伸拍迎球。同时右脚后撤支撑，左脚迅速蹬地，在身体合力的带动下，持拍臂由右下方侧旋至身体的左上方，将球沿旋转圆弧的切线方向甩出球拍（图5-10-14）。

图5-10-14 原地右侧旋球

4. 原地左侧旋球

动作方法：反手基本站位，右手持拍向左前下方伸拍迎球，动作和原地右侧旋球相似，只是方向相反。在旋转过程中，圆心和半径要固定，弧线保持在一个平面上（图5-10-15）。

图5-10-15 原地左侧旋球

相关链接

柔力球技术运用

柔力球的打法比较自由，随机性和时效性很强，每一个点上都有很多个动作可供选择，如当对方将球攻到：

○ 身体右侧时，可以采用正手接抛球、背后球、右侧头后球、向左平拉球、水平右旋球、腾空左侧旋球、正手高点球等。

○ 身体中央上部时（追身球），可以采用右侧头后球、右侧水平旋球。

○ 身体中下部时，可以向右或向左闪转身体，然后利用背后球、腋下球、向左或向右的侧旋来完成接球。

○ 身体左侧时，可以采用反手接抛球、左侧头后球、左侧腋下球、左水平旋球、左侧旋球等。

三、柔力球基本战术

柔力球的战术打法近似于羽毛球、网球等运动项目。总的战术原则是以柔克刚，后发制人。

（一）单打战术

1. 压后场战术

遇到技术不够熟练、后场还击能力差、回球路线和落点盲目性大的对手时，一般采用以压对方于后场底线附近造成对方被动，然后伺机进攻的策略。

2. 放前攻后战术

在对付移动步伐较慢，网前应变能力不强的对手时，先以吊放网前小球，打乱对方的阵脚，然后突然攻击对方的后场底线。

3. 打四方球结合突击战术

这种战术对付体力差、步伐慢的对手时较为有效。它以快速、准确的落点攻击对方场区的四个角落，调动对方前后左右奔跑，并在对方来不及回位时，向其空当部位进攻。

4. 攻后吊前战术

先用长线高点进攻球压攻对手的后场，然后突然利用旋转时的速度变化或隐蔽技术手段将球吊在网前。

5. 真假变换战术

充分利用弧形引化过程中的时间，用身体的假动作、眼神等，以真真假假、虚虚实实让对方琢磨不定，疲于应对，然后伺机攻其不备而得分。

6. 追身球战术

人的裆部到头部之间是正反手接抛都最感困难的部位，是防守中的弱点，用追身球直指对方胸前，可使对方接抛困难或直接造成失误。

（二）双打战术

1. 攻人战术

在双打中集中力量攻击对方两队员中较弱的一个，尽量使对方的长处得不到发挥，从而使弱点更充分暴露。

2. 攻间隙战术

对方分边站位时，将球尽可能地攻到两人之间的空隙区，造成对方争夺回击或犹豫不决而漏接失误，这是对付配合较差对手的有效战术。

3. 拉开掩护战术

双打中己方一人接抛球时，另一人积极跑位，拉开掩护，用准备接球进攻的行动，吸引对方防守队员，为接球手进攻创造机会。

四、柔力球竞技项目比赛规则简介

柔力球既有套路表演，也有竞技对抗。表演项目有规定套路（1~5套）和自选套路。自选套路中又有单人、双人和集体项目。竞赛项目包括男、女单打，男、女双打，男、女混合双打，团体赛，且各种竞赛形式均有全国统一的竞赛规则。

（一）比赛场地

单打场地长12 m，宽5 m；双打场地长12 m，宽7 m。球网高度1.80 m。场地规格如图5-10-16所示。

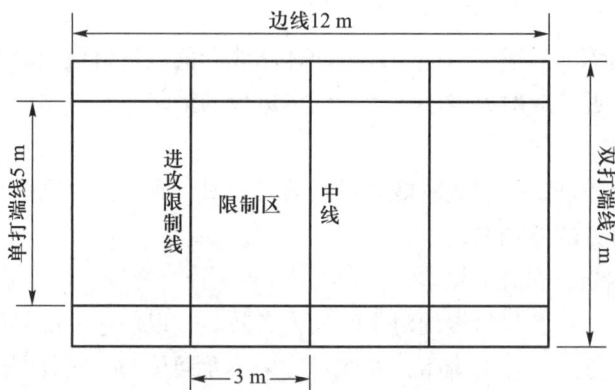

图5-10-16 比赛场地

（二）计分方法

比赛实行每球得分制，对方未能合法还击或出现其他违例，我方则胜一球得1分。在一局比赛中先得21分的一方为胜方，20平后多得2分或先打满25分的一方为胜方。

比赛采用三局两胜制，先胜两局的一方为胜方。某方弃权或拒绝继续比赛，则另一方以21∶0的比分和2∶0的比局取胜。

（三）发球与接发球的规定

（1）发球队员必须站在发球区内，有一只支撑脚不得移位和跳起，一只手将球向后上方明显地抛出（不少于10 cm），另一只手持拍迎球，球入球拍后以正确的弧形引化动作将球经网上抛入对方比赛场区。发球队员不得踏及场区（包括端线和发球区以外地面）。若发球队员抛球离手后，未做任何挥拍动作，手和拍也都未触球，可重新发球。

（2）每局比赛开始后，每发满5个球，双方即交换发球权，打满20∶20以后开始轮换发球。

（3）双打必须按A_1、A_2、B_1、B_2区站位，发球队员必须站在发球区，另一人可选择任何恰当的位置，但不能影响对方的视线。接发球方可选择本方场地任何位置。每赛完一局，本方队员可调换位置，事先应通知主裁判，但发球顺序不变。

双打比赛，竞赛双方应确定每局比赛场地右边的队员为第一发球员（A_1）。整局的发球秩序应为A_1、B_1、A_2、B_2，A_1……以此类推，直至每局比赛结束。

（四）接抛球方法的规定

1. 合法接抛球

球拍触及球的一瞬间，通过来球运行方向和路线，以相应的拍形和缓冲速度，顺势将球引入球拍，并以明显的、完整的引化动作（圆弧形曲线）连贯流畅地将球抛出，经比赛球网的上方落入对方有效区内的球为合法接抛球，在球入球拍后的抛球过程中允许脚步移动，但不得超过两步。

2. 合法接抛次数

在任意一个回合中，双方队员只能通过一次合法的接抛球（含发球）动作使球过网。双打时可采用一次或两次合法接抛球动作使球过网，但场上每个队员只限接抛球一次。

3. 接抛球违例

（1）硬性撞击：球拍表面触及球的瞬间无完整缓冲"引化"过程与球相对发生的碰撞为硬性撞击。如有不明显的撞碰现象但做出了完整的"引化"动作，球拍与球是相向运动，这样有接触响声可不判犯规或违例。

（2）弧形引化中断：球拍在弧形引化过程中，出现间断、停顿、变向等任何引起引化运动轨迹中断的现象为弧形引化中断。

（3）二次发力（也称引化间断）：在弧形引化轨迹任意一点上，球拍引化运行出现短暂的间歇后，又继续引化抛球为引化间断。

（4）引化持球：在引化过程中任何阶段出现引化停止、球在球拍上的离心力消失、持拍托球，为引化持球。

（5）折向发力：突然改变球的引化路线、拍弧关系出现错误，将球推、压、扣、挑出拍为折向发力。

（6）连击球：球在球拍上发生一次以上的触及为连击球。

（五）进攻球的规定

（1）当球通过球网的垂直面，则被认为是完成一次进攻球。

（2）高点进攻球：在进攻时采用支撑或腾空旋转以及低入高抛等加速、加力的进攻球为高点进攻球。

（3）运动员在前场区（含限制线）抛向对方的进攻球：第一，不得进行加速、加力抛球；第二，即使没有加速加力，球在出拍时所运行的切线不得低于网上水平面（由上向下的吊小球）。出球切线只能平行或高于这个水平面，否则被视为前场进攻违例。

（4）攻方队员在做加速加力的高点进攻球时，青少年组支撑点或起跳点以及进攻动作完成后的第一、第二落点，不得触及场地的限制线和限制区。

五、柔力球运动的练习方法

柔力球运动具有广泛的适应性，它不受场地和气候的限制，室外锻炼，有点场地就行，门庭小径，房前房后都可以因地开展，空旷场地更佳；刮风下雨，室内床前也照样可以挥练自由。练习者可单人或多人随着音乐手持球拍翩翩起舞，亦可支网相斗、围圈嬉戏，还可左右手各持一拍进行练习，运动负荷能大能小，运动量完全由练习者自己掌握。

常用的健身方法有：单人独练、两人对抛、多人互传、隔网竞技、套路表演等。

第十一节 气排球运动

一、气排球运动的锻炼价值

气排球具有体积大、重量轻、弹性好的特点，并且手感较好，易学又技术难度小。这一运动动作比较稳定和舒适，长时间训练对身体健康也没有危害，趣味性强，技术多变，击球动作较为多样，可以提升训练效果，同时一传到位率低，比赛过程中回球次数会大幅增加。在比赛中气排球落地概率低，有益于球员和观众兴趣的增强。气排球竞技健身性以及娱乐观赏性较强，不同技术水平以及性别和年龄的人都适合参与，对规则以及场地和人员方面的限制较小，非常适合高校学生参与及观赏，除此之外还有娱乐和健身的功能。同时，气排球运动是有氧运动，有助于人呼吸以及心血系统增强功能，提升骨骼弹性和韧度，促进大脑协调、迅速和准确地实现对运动神经的支配，符合高校公共体育课教学的主要目标，在教学中气排球运动是趣味性较强的综合性有氧运动，有利于学生身心实现健康发展，促进学生终身体育意识的强化。

相关链接

气排球的起源与发展

在1984年，呼和浩特铁路局济宁分局的领导想方设法开展老年人体育活动，在没有任何规则限制的情况下，组织一群离退休职工用气球在排球场上打着玩儿，最后由于气球易爆，又改用儿童软塑球。不久后他们受到排球规则的启发，参照排球规则，想出了非常简单的比赛规则，这就是中国本土的特色运动"气排球"的诞生过程。这项"中国制造"的运动最开始由中国火车头老年体协推出，随后在浙江、福建、湖南、上海、江苏、广西、重庆等地逐渐以星火燎原之势取得良好的群众爱好者基础，打球的人越来越多，以广西最为普及。由于最初设计的目的性以及该项运动的技术特性，爱好者中以老年人居多，目的是为了健身娱乐，这一点跟竞技排球的比赛有所不同。1987年1月，灵川县老人体育协会副秘书长龚艺组织协会工作人员，开办了灵川县第一届老年人"气排球"迎春比赛。首届比赛刚刚开始，便引来社会各界人士热烈反响，一共有37支队伍参赛，同年的"五一""五四"等节假日，全县性的"气排球"比赛如火如荼开办，此后，这一项体育运动开始在全国各地推广发展，渐渐蔓延开来，各种比赛层出不穷，全国刮起一阵"气排球浪潮"。

二、气排球技术

（一）气排球基本技术

1. 垫球

（1）准备姿势：正面对正来球方向，两脚开立略宽于肩，一脚在前，两脚跟提起，前脚掌着地，两膝弯曲微内收，重心稍前倾，双臂自然弯曲置于腹前。

（2）手形、击球点和触球部位：当球接近腹前时，两手重叠，掌根靠拢，合掌互握，两拇指平行朝前，手臂伸直，手腕下压，用前臂旋外形成的三角形区域靠近手腕的部分击球后下方。击球点在腹前一臂左右距离，便于控制用力大小并可根据垫球的方向，调整手臂的角度。

（3）击球用力：两臂靠拢前伸插入球下，靠手臂上抬力量增加对球的作用力，同时配合趴地跟腰动作，使身体重心向前上方移动。击球时，两臂要形成一个平面，身体和两臂要有自然的随球伴送动作，以便控制球的落点和方向。垫球时，还应根据来球的力量控制手臂的动作（图5-11-1）。

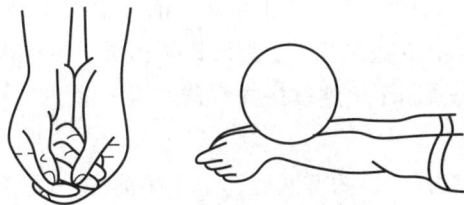

图5-11-1　垫球姿势

2. 挡搬球

（1）准备姿势：面对来球，两脚开立与肩同宽，成半蹲或稍蹲姿势站立。

（2）基本手型：两肘弯曲，两手掌根相对，一手掌心朝上，另一手扶持并夹住来球，夹角大于90°，位于胸前（图5-11-2）。

图5-11-2　挡搬球

（3）挡搬球时，一手插入球底托住来球，另一手迅速扶住来球外侧并挡住来球。击球瞬间，两手呈挡搬姿势，前臂上抬，靠手腕手指触球形成的弹力将球挡搬击出。击球点，一般在胸前或两肩外侧。挡搬球特点，伸手动作快，可挡击任何位置来球，特别是胸前、腰上来球。挡搬球技术特点是可扩大防守范围，容易控制球的落点和方向。挡搬球动作技术易学、实用，是气排球垫球常用的重要技术之一。

3. 捞球

（1）准备姿势：面对来球，两脚开列与肩同宽，成半蹲或稍蹲姿势站立。

（2）基本手型：两肘弯曲，上臂与前臂夹角大于90°，两手平行成一个平面，置于腹前，两手掌心朝上，手背与前臂成45°夹角，来球时，前臂前伸，掌心朝上，两手形成一个平面（图5-11-3）。

图5-11-3 捞球

（3）击球瞬间，两手插入球底部，托住来球，前臂上抬，靠两手触球捞住来球并击出。击球点，一般位于膝关节以下或膝关节以上腰腹以下区域，左右两侧来球。气排球捞球技术是垫球技术重要补充，特别适用于垫速度快的低球。

4. 捧球

（1）准备姿势：两脚自然开立，两臂微屈，上体稍前倾，观察一传、二传来球。

（2）基本手势：两肘弯曲，上臂与前臂夹角成90°，掌心向上，手指张开，成微紧张状，捧球时接触球的下方，利用手指、手腕、抬臂、屈肘的全身协调用力，将球捧起（捧球用于对方攻击过来的一般球，特别是网前接吊球，双手单手均可使用）（图5-11-4）。

（3）来球时，两手基本形成一个平面。击球瞬间，两掌心插到球后部捧住来球，靠前臂、手腕手指力量击出来球，击出点一般在身体腹部前方，气排球捧球技术特别适用于垫对方速度快的追身球。

图5-11-4 捧球

5. 抓球

（1）准备姿势：两脚开列，成高重心姿势。

（2）基本手势：两肘弯曲，上臂与前臂夹角成90°，五指张开，大拇指朝上，手掌心相对（图5-11-5）。

图5-11-5 抓球

（3）击球瞬间，两臂前伸，两手夹住来球的外侧并抓住来球，靠手腕手指的力量击出来球。击球点，一般在腰部以下正前方位置。抓球技术适合于脚步移动较慢的爱好者。

6. 发球（正面上手抛球发球）

（1）准备姿势：面对球网站立，两脚自然开立，左脚在前，左手持球于体前。

（2）抛球：左手将球平稳地垂直抛于右肩的前上方，抛球高度为1.5 m左右。

（3）引臂：屈肘后引，上体稍向右转，手停于耳旁。

（4）挥臂击球：收腹、振胸、挂肘，上臂带动前臂向前上方弧形挥摆，伸直手臂，在肩的上方用全掌击球的后中下部。

（5）击球手法：包满打转，边包裹边推压；全手掌击球，使球呈下旋飞行（图5-11-6）。

图5-11-6 气排球上手抛球发球

相关链接

发球的变化

因击球部位不同和手势变化，除常规发球外，还可发出正旋、反旋、下旋，左旋球击在球的中间偏右侧，球呈向左香蕉弧线；右旋球击在球的中间偏左侧，球呈向右香蕉弧线；上旋球为击球时带搓球动作，球发出后弧线大、后部急坠；飘球为球过网后呈左右摇摆状态。

发球不要急，根据选择的发球手势抛球到位。同时，发球力度大小和击球速度快慢决定球速和球的飞行路线，快速击球有利于提高球的力度和速度。

7. 传球

接发球（即一传）是组织进攻战术的基础技术，要求准确地、平稳地把球接送给二传队员或扣手（即一传到位），尽量减少失误，以便形成有力的进攻战术。

二传是接应一传或防守后，把球传给扣手进攻的技术。二传要求不仅要把球稳准地托起，而且要求球不转，并要尽可能迷惑对方，避开拦网，组成快速多变的进攻战术，以达到助攻的目的。

（1）准备姿势：看清来球，迅速移动到球的落点，对准来球，两脚左右开立，约同肩宽，左脚稍前，右脚脚跟稍提起，两膝微屈，上体稍前倾，两臂弯曲置于胸前，两肘自然下垂，两手成传球手形，眼睛注视来球方向。

（2）手型：当手触球时，手腕稍后仰，两手自然张开，手指微屈成半球状。两拇指相对成"一"字形或"八"字形，两拇指间的距离不能过大，以防漏球（图5-11-7）。

（3）击球点：击球点在前额上方约一球左右。

（4）球触手的部位：拇指外侧，食指全部，中指的二三指节，无名指第三指节和小指第三指节的半个指节。简称为"3、2、1、半和拇指外侧"。

（5）击球部位：后中下部。

（6）用力顺序：蹬腿、展腹、伸臂最后用手指手腕的弹力将球向前上方传出。背传、跳传也是传球的必要技术。

图5-11-7　气排球传球手势

专家提示

易犯错误及纠正

① 击球姿势不合理（正手垫球4字诀：插压提夹），两小臂不合拢，手臂弯曲大，垫球容易飞，且毫无方向性控制。鉴于气排球球体的特点，也有部分用手掌捞球式接一传，实际效果也还可以。但如果对方发的球速快，这种手掌捞球的姿势就难以接好一传了！

② 接球前身体重心高，移动接球时很难接好。接球前的准备动作很重要，一要做好微蹲姿势，降低重心，左右两脚不要站实，应该一脚实一脚虚，这样才最有利于移动步伐；二不要抱着拳头移动（或摆着垫球姿势进行步伐移动）。

8. 扣球技术(正面扣球)

（1）准备姿势：站在离隔网2 m以外，观察二传来球，随时准备向各个方向助跑起跳。

（2）助跑：助跑的时机、方向、步法、速度、节奏是根据来球的方向、速度和弧线来决定。

（3）起跳：在助跑跨出最后一步的同时，两臂绕体侧向后引，左脚在落地制动的过程中，两臂自后积极向前摆动，随着双腿蹬地向上起跳，两臂配合起跳用力上摆。

（4）空中击球：起跳后，挺胸展腹，上体稍向右转，右臂向后上方抬起，身体成反弓形。挥臂时，以迅速转体、收腹动作发力，带动肩、肘、腕各部位关节成鞭甩动作向前上方挥动。击球时，五指微张成勺形并保持紧张，用全手掌包满球，以掌心为击球中心，击球的后中下部，同时主动用力屈腕屈指向前推压，使扣出的球加速下旋。击球点在起跳和手臂伸直最高点的前上方（图5-11-8）。

（5）落地：应用双脚的前脚掌先着地，同时顺势屈膝，缓冲身体下落的力量。

图5-11-8　并步起跳扣杀球

相天链接

扣球击球时应注意

① 击球要准确，以全手掌击球后中上部或后中部，使全手掌包满球，手掌和手腕控制球的方向、弧线和落点。② 击球时要有提肩动作，手臂充分伸直，保持高点击球。③ 挥臂要迅速，加快前臂的挥动速度，并有明显的抽鞭动作，猛甩手腕，借以加大对球的作用力。

9. 拦网

拦网队员应当紧盯住对方传球的路线，判断对方向本方击球时的球在空中的位置，然后迅速平移至球网本方一侧的对应位置后，贴近球网（身体任何部位不能碰到球网），面向对方击球队员，原地起跳，起跳的同时将双手手臂伸直上举，微微前倾，十指尽可能地张开绷紧，手腕与手臂成约110°，挡在其球的攻击线路上。拦网结束身体下落时，手臂不要弯曲，仍保持拦网时的伸展状态，待与球网保持一定距离后，身体方能放松，以避免触网（图5-11-9）。

① ② ③

图5-11-9 气排球正面拦网

相关链接

拦网的要领

直上直下，上体绷紧，切莫下压。拦网的起跳时机非常重要，起跳的时机要与对方击球的节奏一致，才能起到很好的作用，发现对方击球队员踩越2 m线时，可不予拦网，立即退后，参与防守。

（二）气排球基本战术运用

打好气排球，除了个人有扎实的基本功，场上队员有团队精神以外，还要有临场意识和战术素养。要做到集中精神，充满信心，沉着冷静，善于隐蔽地观察对方，做到知此知彼，攻其不备与弱点，要攻守兼备，防守反击，快打快攻。

1. 发球

（1）发到离二传最远的位置（二传站位靠两边时）。

（2）发到对方空位（如两排队员的中间，两名队员的中间等）。

（3）发给对方接球水平较差的队员。

（4）对方站位较靠前时，发到后场，反之，发前场。

（5）发给进攻力较弱的主攻手。

（6）发对方4号位与5号位的左手位（直线球）。

（7）直跑跳发与侧跑跳发（具有杀伤力的发球）。

2. 拦网

（1）球在对方场地时，前排3名队员要随时在网前做好拦网准备。

（2）前排中间位置队员随时与左边或右边队员做好拦截从对方左边或右边方向进攻的

球，另一名队员作拦网或救球准备。

（3）对方从中间进攻时，前排3名队员应并排拦网。

3. 后排队员的卡位（防守卡位）

当我方3名前排队员拦网时，后排队员1名要卡在对方进攻来球的直线位置上，另一名卡在斜线位置，并随时准备将对方吊向离自己位置最近的球救起。

4. 进攻

（1）把球打至对方最弱的（或空当）位置。

（2）往对方身高最矮的拦网队员处扣球。

（3）球在我方场地，除留二传一人在网前外，其余4名队员都要在进攻线外随时启动准备扣球。

（4）像硬排式的快打快攻（短平快）打法，提前起跳并有其他队员做掩护性进攻（目前最具有杀伤力与较完美的进攻）。

（5）进攻时，发现对方拦网队员已做好充分准备时：强攻，有可能突围成功，打手出界；巧打，变线，吊球或抹球；往拦网队员的手上部轻打，由我方保护队员将球救起，重新组织进攻。

专家提示

一传个人战术易犯错误及纠正

（1）易犯错误：① 移动慢，对不正球。② 重心高，击球不稳，不到位。③ 挡球时手腕后仰不够，控制球的能力差，球向前平飞。④ 两臂用力不当，臂摆过大，用力过猛，动作不协调。

（2）纠正方法：① 多练移动抢救球及多练垫固定球。② 徒手分解练习，屈膝降低重心传垫球。③ 自垫自挡练习；或一抛一挡多做较大力量的来球练习。④ 垫固定球，体会用力和协调发力或近距离抛垫低球和连续自垫低球。

二传个人战术易犯错误及纠正

（1）易犯错误：① 取位不及时，移动速度慢。② 转方向传球时，身体不转或侧转。③ 二传不到位，未达到预想的战术。④ 跳传时起跳时间过早，动作不隐蔽。

（2）纠正方法：① 练习用头顶球，迫使其必须移动，取位于球下。由近距离开始，球稍高，然后逐渐增大难度。② 要求每次传球右脚尖必须指向传球方向。先传小角度来球，要求球和目标均落在视线上。③ 练习双手远距离上手投篮动作抛球入筐。自传高低变化的球，提高对球下落时间和出手力量大小的判断。④ 每次都晚跳及跳传较低的球。

扣球个人战术的战术要求

（1）扣球时避开拦网队员的手：① 扣球时运用路线变化，灵活采用扣直线、斜线和小斜线等。②运用转体、转腕等扣球技术，达到突然改变扣球路线。③运用超手扣球技术扣球。④运用时间差扣球技术。⑤利用两次球，使对方不能组成拦网。

（2）扣球时利用拦网队员的手：①利用打手出界技术来破坏对方严密的拦网。②采用轻扣拦网队员的手，造成球随拦网队员一同下落。③运用平打造成对方拦网触手后落入后区。

（3）根据临场情况采取相应的扣球技术。①利用单脚起跳扣球或假传球而突然原地起跳扣球，使对方来不及组织拦网。②根据对方拦网队员的身高和技术情况，避强打弱。如对方二传队员身材矮、弹跳力差，就可以从这个拦网队员的区域进行突破。

（三）气排球基本阵型

五人制阵型队员场上位置：双方队员各分为前排3名，后排2名。前排左边为4号位，中间为3号位，右边为2号位，后排左边为5号位，右边为1号位（图5-11-10）。发球时判断队员的位置错误，应以队员身体着地部分为依据，在发球队员击球的一刹那，球未击出前，同排队员的站位不得左右超越或平行，前后排队员不得前后超越或平行。即4号位队员不得站在3、2位队员的右边，2号队员不得站在3、4位队员的前面或前后平行。否则，应判失球权或对方得分。发球队员与本方5号位队员不受站位的限制。每局比赛开始，场上队员必须按位置表排定的次序站位，在该局中不得调换。在新的一局，每个队上场队员的位置可重新安排（图5-11-11）。

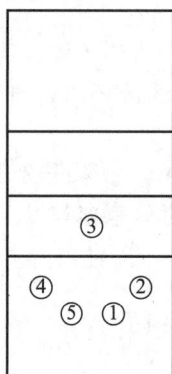

图5-11-10

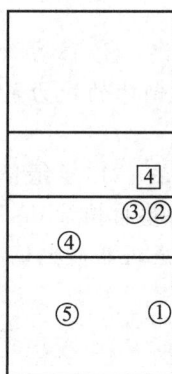

图5-11-11

图5-11-10 这个站位是最开始的站位，也是对方发球时我方的基本站位。图5-11-11这个站位是对方4号位边路进攻时，我方的基本站位（其中，2、3号位负责拦网；4号位负责我方进攻区内的对方"吊球"进攻的防守；5号位负责对方"斜线扣球"进攻的防守；1号位负责对方"直线扣球"进攻的防守）。

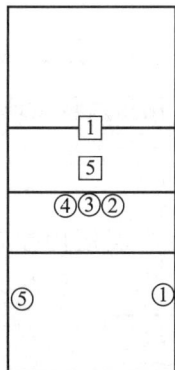　　　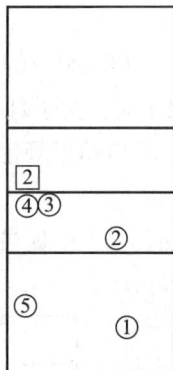

图 5-11-12　　　　　　　　　　　图 5-11-13

图 5-11-12 这个站位是对方 1、5 号位中路进攻时，我方的基本站位（其中，2、3、4 号位负责拦网；5 号位负责我方左边半场的区域防守；1 号位负责我方右边半场的区域防守）。

图 5-11-13 这个站位是对方 2 号位边路进攻时，我方的基本站位（其中，3、4 号位负责拦网；2 号位负责我方进攻区（两米线）内的对方"吊球"进攻的防守；1 号位负责对方"斜线扣球"进攻的防守；5 号位负责对方"直线扣球"进攻的防守）。

三、气排球竞赛规则

（一）场地和站位

（1）比赛场地长 12 m、宽 6 m，从地面向上至少有 7 m 高的无障碍空间。

（2）每个场区各画一条距离中线中心线 2 m 的进攻线。进攻线（包括进攻线的宽度）前为前场区，进攻线后为后场区。进攻线外两侧各有间距 20 cm、长 15 cm 的三段虚线为进攻线的延长线。两条进攻线的延长线之间、记录台一侧边线外的范围为换人区。

（3）场上比赛队员 5 人，前排 3 名队员，后排 2 名队员，替补队员 5 人。每局比赛开始后，各队的站位轮位次不得变换，违者判失分（图 5-11-14）。

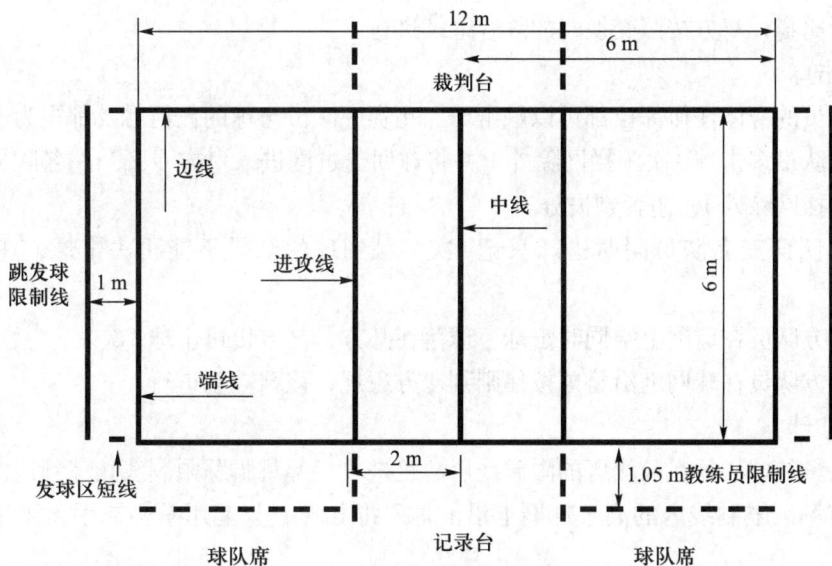

图 5-11-14　场地

（二）球和网高

比赛用球由柔软的塑胶制成的圆形彩色球，球的圆周长为80~83 cm，重量为100~120 g。男子球网高度2.1 m、女子球网高度1.9 m。球网高度用量尺从场地中间丈量。球网两端离地面必须相等，不得超过规定高度2 cm。

（三）场上位置

发球队员击球时，双方队员(发球队员除外)必须在本场区内按轮转次序站位（图5-11-15）。

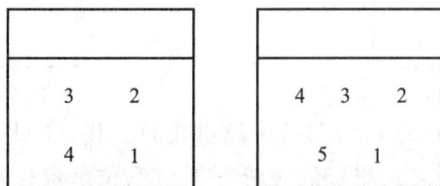

图 5-11-15

四人制比赛队员位置：靠近球网2号位（右）、3号位（左）二名队员为前排队员，另外二名队员1号位（右）、4号位（左）为后排队员。1号位队员与2号位队员同列，3号位队员与4号位队员同列。

五人制比赛队员位置：靠近球网2号位（右）、3号位（中）、4号位（左）三名队员为前排队员，另外二名队员1号位（右）、5号位（左）为后排队员。1号位队员与2号位队员同列，4号位队员与5号位队员同列。

（四）得分和记分

比赛采用每球得分制。发球方得分记1分，若失球，对方记1分。每局先得21分同时超过对方2分为胜一局。当比分20:20时，比赛继续进行至某队领先两分（22:20、23:21、……）为胜一局。决胜局，先得15分同时超过对方2分的队获胜，当比分14:14时，比赛继续进行至某队领先两分（16:14、17:15、……）为胜一局。决胜局8分时双方队员交换场地进行比赛，双方按照交换时的阵容继续进行。

（五）击球

（1）队员的身体任何部位都可以触击球。比赛中队员与球的任何触及都视为击球。

（2）每队最多击球3次（拦网除外）并将球回击过网进入对方专区。一名队员不得连续击球两次（拦网除外），违者判失分。

（3）本队两三名队员同时击球只记1次，触到球的队员不能再去击球，违者判犯规失分。

（4）双方队员在球网上空同时击球，球落在某方，某方仍可击球3次。

（5）双方队员在球网上沿将球按住则判双方犯规，该球重新进行。

（六）扣球

（1）队员扣球必须在前场区的限制线后起跳进攻，起跳脚踩限制线扣球判违例失分。

（2）前场区限制线内的高于球网上沿的球不准扣球，只能用拳头或手顶挑过去或传出去，不能用手抓、按、抹或反带等明显的压腕动作击球，违者判失分。

（七）拦网

（1）前排队员可以单人或集体拦网。拦网触球后的队员仍可击球。

（2）不准拦发球和前场区过网的球，违者则判失分。

（3）后排队员不准到前场区进行拦网，违者判失分。

（4）除不能直接拦发球外，前排队员可随时起跳拦对方的进攻球。

（5）前排队员起跳后不能过网、压腕拦球，违者判失分。

（八）触网

比赛进行中，触网即犯规，比赛过程中在任何情况下都不得触网。队员的身体任何部位触及球网，则判犯规失分。因对方击球使球网触及本方队员时，则不判犯规。

（九）过中线

比赛进行中，队员双脚踏越中线，应判犯规失分。

（十）换人

换人由教练员或场上队长请求，如果要替换两名或两名以上的队员，要用手势表明请求替换人次，换人位置不限。

（十一）暂停

每次暂停时间为30 s。

📚 **复习与思考**

1. 田径运动的特点是什么？同其他运动项目相比具有哪些优势？

2. 篮球运动中，全队防守战术配合有哪几种？

3. 乒乓球接发球有哪些练习方法？

4. 排球运动中，正面双手垫球的动作方法有哪些？

5. 足球比赛中如何根据本队的特点制订战术方案？

6. 羽毛球比赛中，正手头顶击高远球与正手头顶吊球有什么区别？

7. 网球比赛是如何站位和发球的？

8. 毽球的基本踢法有哪些？

9. 竞技游泳有几种姿势？为什么自由泳是最快的姿势？

10. 柔力球运动的主要技术特征是什么？

第六章　健体防身技能

学习目标：了解武术的基本理论知识，武术的发展概况及锻炼价值。熟悉武术基本动作和基本套路，掌握运用武术运动进行身体锻炼的方法，培养学生克服困难，勇敢顽强的意志品质以及团队意识。

情景导入：武术是由中华民族创造和发展起来的，具有健身、护体、防敌、制胜的作用，被称为中国四大国粹之一，为各族人民所喜闻乐见。

武术的健身价值：武术可以防身，可以强身健体。①武术运动对心血管系统的影响：一个武术运动员每天要练习拳术和器械套路15～20套（不包括基本功练习），这些练习对身体的影响是十分巨大的，心血管系统机能正是在不断接受这样大的刺激的过程中，逐步得到提高的。②武术运动对呼吸系统的影响：武术练习对呼吸系统的要求极高。例如，初级长拳这种简单的套路练习，呼吸频率可达31～34 次/min，肺通气量可达20～29 L/min，氧债达70%～80%，氧债完全消除需8～9 min。因此，经常练习武术可以增强呼吸系统机能。③武术运动对神经系统机能的影响：经常练习武术，可增强身体各部肌肉的协调配合。④武术运动对肌肉力量和关节柔韧性的影响：从事武术专业的学生和一般的大学生的力量和柔韧性对比可以看出，其背肌力量（山羊挺身持续时间）要好（长19～77 s），腹肌力量（仰卧起坐次数）也强（36～46次），腿力（纵跳高度）亦佳（要高1～14 cm）。

第一节　散　　打

一、散打的起源与发展

散打，亦称散手，古称相搏、手搏、卞、牟、白打等。散打是以踢、打、摔为内容，以双方格斗为形式的对抗性体育项目，是武术徒手搏击的组成部分。1979年3月，中国散打被确定为试点项目，经过近十年的公开表演、竞赛，在不断总结经验的基础上，1989年，原国家体委把散打列为全国正式竞赛项目。目前，武术散打已初步形成较为系统的组织程序和体系，走向世界的步伐也在加快。

二、基本技术

基本技术是指在实战中完成进攻与防守动作的方法，是竞技水平的重要体现。其主要内容有实战姿势、步法、拳法、腿法、摔法、实战对抗等。

（一）实战姿势

动作方法：两脚前后开立步站立（以左脚在前为例），两手握拳，左前右后，拳眼均朝上，左手臂弯曲，肘关节夹角为90°～110°，左拳与鼻同高；右手臂弯曲，肘关节夹角小于90°，大小臂紧贴右侧肋部，身体侧立，下颌微收，闭嘴合齿，面部和左肩、左拳正对对手，身体重心落在两腿之间（图6-1-1）。

动作要点：实战姿势是实战时的预备姿势，要求进攻灵活，防守严密，移动方便。姿势不可太低，两手紧护躯体，尽量护好暴露部位。

（二）步法

1. 前进步

动作方法：后脚蹬地，前脚先向前进半步，后脚再跟进半步（图6-1-2）。

动作要点：先蹬后进。

2. 后退步

动作方法：前脚蹬地，后脚先后退半步，前脚再退回半步（图6-1-3）。

动作要点：先蹬后退。

图6-1-1　实战姿势　　　　图6-1-2　前进步　　　　图6-1-3　后退步

专家提示

易犯错误及纠正

前进和后退容易出现脚步腾空，要贴地滑步。

练习方法

按照动作要领反复练习。

（三）拳法

1. 直拳

（1）左直拳

动作方法：由实战姿势开始，右脚蹬地，发力于腰，上体略右转；同时，左臂由屈到

伸，顺肩伸肘，使拳面向前击打目标后收回原位
（图6-1-4①②）。

动作要点：右脚蹬地，发力于腰，顺肩伸肘。

（2）右直拳

动作方法：由实战姿势开始，右脚蹬地，发力
于腰，上体左转；同时，右臂由屈到伸，拧腰转体
顺肩直臂击打目标后收回原位（图6-1-5①②）。

动作要点：右脚蹬地，发力于腰，顺肩伸肘。

① ②

图6-1-4 左直拳

① ②

图6-1-5 右直拳

2. 摆拳

（1）左摆拳

动作方法：从实战姿势开始，上体微向左转，左拳向外、向前、向内成平面半圆形横
掼，臂微屈，拳心向下，力达拳面，击打目标后左拳收回原位（图6-1-6①②）。

动作要点：上体微向左转，拳心向下，力达拳面。

（2）右摆拳

动作方法：从实战姿势开始，右拳向外、向前、向内成平面半圆形横掼；同时腰胯发
力，力达拳面；击打目标后，右拳收回原位（图6-1-7①②）。

动作要点：腰胯发力，力达拳面。

① ②

图6-1-6 左摆拳

① ②

图6-1-7 右摆拳

3. 勾拳

（1）左勾拳

动作方法：由实战姿势开始，上体微左转，左拳略向下，屈臂由下向上勾击，拳面朝

上；同时腰向右转，发力于腰；击打目标后收回原位（图6-1-8①②）。

动作要点：发力于腰，拳面朝上。

（2）右勾拳

动作方法：由实战姿势开始，右拳略向下，屈臂由下向上勾击；同时腰向左转，发力于腰，力达拳面，击打目标后收回原位（图6-1-9①②）。

动作要点：发力于腰，拳面朝上。

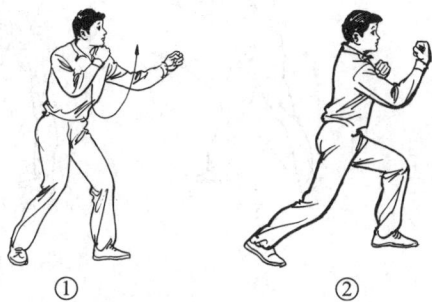

①　　　　　　　　②　　　　　　　　①　　　　　　　　②

图6-1-8　左勾拳　　　　　　　　　图6-1-9　右勾拳

专家提示

易犯错误及纠正

只是手发力，不蹬地，不拧腰转体。

练　习　方　法

反复多次蹬地拧腰出拳。

（四）腿法

1. 左蹬腿

动作方法：由实战姿势开始，左腿屈膝抬起、勾脚；当膝稍高于髋时，以脚领先向前蹬出，力达脚跟。也可送髋，脚掌下压，力达脚掌（图6-1-10①～③）。

动作要点：脚领先向前蹬出，力达脚跟。

①　　　　　　　　②　　　　　　　　③

图6-1-10　左蹬腿

2. 右蹬腿

动作方法：由实战姿势开始，身体稍左转，左脚跟稍内扣，身体重心移到左腿；同时右腿屈膝前抬，勾脚，以脚领先向前蹬出，力达脚跟（图6-1-11①～③）。

动作要点：脚领先向前蹬出，力达脚跟。

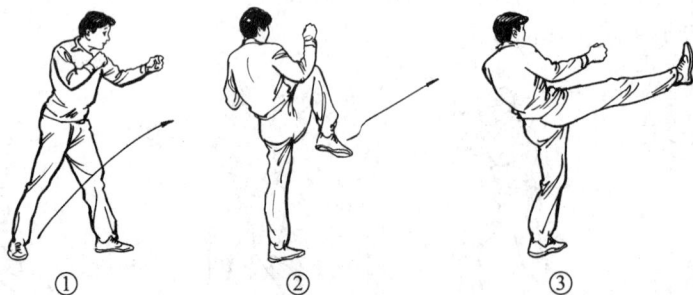

图6-1-11　右蹬腿

3. 左踹腿

动作方法：由实战姿势开始，身体重心移向右腿，右腿跟内扣；左腿屈膝抬起与髋同高，脚尖勾起，由屈到伸向侧前踹出，同时展髋，力达脚底；击打目标后，左脚收回原位（图6-1-12①～③）。

动作要点：展髋，力达脚底。

图6-1-12　左踹腿

4. 右踹腿

动作方法：由实战姿势开始，身体左转，左脚跟内扣，重心移至左腿；右腿屈膝抬起与髋高，脚尖勾起，随后由屈到伸向前踹出，同时展髋，力达脚掌；击打目标后，右脚收回原位（图6-1-13①～③）。

动作要点：展髋，力达脚底。

图6-1-13 右踹腿

5. 左转身后摆腿

动作方法：由实战姿势开始，上右步，重心移至右腿；左脚离地，同时发力于腰。随即向左后转体360°，随转体左腿经左后向前横扫，力达脚掌；击打目标后，左脚落回原位（图6-1-14①～④）。

动作要点：发力于腰，左腿经左后向前横扫，力达脚掌。

图6-1-14 左转身后摆腿

6. 右转身后摆腿

动作方法：由实战姿势开始，重心移至右腿，发力于腰。随即向右后转体360°，随转体右腿直腿由后向前横扫，力达脚掌，目视右脚（图6-1-15①～③）。

动作要点：发力于腰，右腿直腿由后向前横扫，力达脚掌。

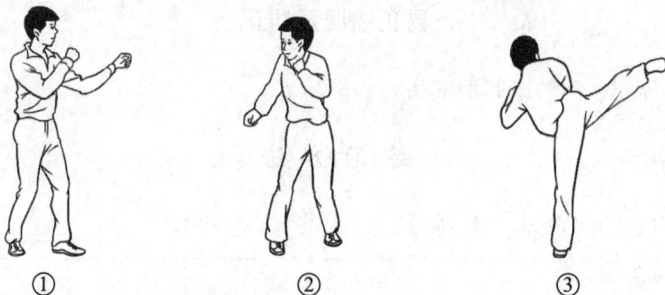

图6-1-15 右转身后摆腿

专家提示

易犯错误及纠正

不拧腰，不展髋，直接出腿。

练 习 方 法

反复拧腰，展髋蹬腿。

（五）摔法

1. 抱双腿前顶摔

动作方法：由实战姿势开始，双方对峙，当对方以拳击我方头部时，我方迅速上步，下潜躲闪，两手抱住对方的双腿膝窝处，然后屈肘，两手用力回拉，同时用肩部顶住对方的髋关节或腹部，将对方摔倒。

动作要点：下潜快，抱腿紧，两臂回拉，肩顶有力。

2. 抱单腿别腿摔

动作方法：由实战姿势开始，双方对峙，当对方用鞭腿进攻时，我方外抄抱住，并向对方的支撑腿后插步，上体转动，用自己的腿别对方腿，同时用肘下压对方抱住的腿，将对方摔倒。

动作要点：抱腿准，有力，转身压腿协调。

3. 抱单腿涮摔

动作方法：由实战姿势开始，双方对峙，当对方以蹬腿蹬我方腹部时，我方立即用两手抓握对方的脚踝处，两腿屈膝，两手向后、向下、向上弧形摆荡提起，将对方摔倒。

动作要点：抓握要准确，拉摆要连贯有力。

专家提示

易犯错误及纠正

上体不下潜，抱腿不准，上步不快。

练 习 方 法

多做下蹲练习，多做快速上步练习。

（六）实战对抗

1. 隔挡摆拳反击

动作方法：由实战姿势开始，当对方使用后踹腿进攻时，我方以左隔挡防守，随后以右摆拳反击对方面部。对方若以前腿进攻，则以右手防守，左手反击（图6-1-16①~③）。

动作要点：左隔挡防守，右摆拳反击。

图6-1-16 隔挡摆拳反击

2. 挂挡直拳反击

动作方法：由实战姿势开始，当对方使用后摆拳进攻时，我方以左挂挡防守，随后以右直拳反击对方面部。对方如以前拳进攻，则以右手防守，左手进攻（图6-1-17①~③）。

动作要点：左挂挡防守，右直拳反击。

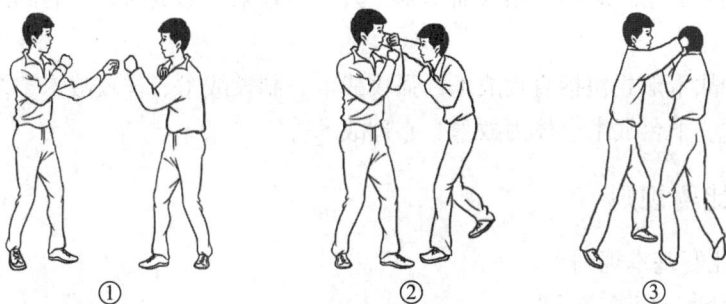

图6-1-17 挂挡直拳反击

3. 掩肘鞭腿反击

动作方法：由实战姿势开始，当对方使用鞭腿进攻时，我方以左肘防守，随后，以后腿反击对方肋部。对方如以前腿进攻时，则以右肘防守，前腿反击（图6-1-18①②）。

动作要点：左肘防守，后腿反击。

图6-1-18 掩肘鞭腿反击

专家提示

易犯错误及纠正

防守不准确，反击不及时。

练 习 方 法

练习反应能力，身体放松，准确判断。

三、基本战术

散打战术是运动员运用攻守原则和方法的总称。战术的目的就是针对比赛双方的各种具体情况，确定运用技术的方法和形式，以便能充分发挥自己的特长，抑制对方技术水平的发挥，减少自身的消耗和无效行动。散打战术的作用在于把已经获得的技能、体能、智能等，在比赛中最优化地运用，取得"制人而不制于人"的效果，形成对自己有利的局势，掌握比赛的主动权。

武术散打的战术形式包括直攻战术、强攻战术、制长战术、佯攻战术、多点战术、反击战术、突袭战术、下台战术、体力战术、心理战术等。

四、散打比赛规则

（一）散打比赛基本规则

1. 比赛中运动员应遵守礼节

介绍运动员时，运动员向观众行抱拳礼；每场比赛开始前，运动员相互行拳礼；宣布结果后，运动员先相互行抱拳礼，再向裁判员、对方教练员行抱拳礼。

2. 禁打部位与得分部位

禁打部位：后脑、颈部、裆部。

得分部位：头部、躯干、大腿和小腿。

3. 禁用方法和可用方法

禁用方法：用头、肘、膝和反关节的动作进攻对方；用转身后摆腿进攻对方头部；用迫使对方头部先着地的摔法或有意砸压对方；一方倒地，另一方用脚进攻对方头部。

可用方法：除禁用方法的各种武术流派的招法。

（二）裁判与场地

1. 裁判方法的运用

主裁判：处理"2"s有两种情况，互打2 s或抱缠2 s。处理"3"s：一方使用主动倒地动作时，超过3 s不进攻，对方得1分。处理"8"s：比赛中双方对峙均不主动进攻达8 s，指定消极一方进攻，如8 s内不进攻，则对手得1分。

边裁判：处理好双方同时或依次连续击中有效部位，处理好明显击中和击中不明显判定；处理好对踢腿动作防守的评分；处理好双方互相抱缠乱打乱踢的评分。

2. 散打竞赛场地

场地为长 800 cm，宽 800 cm，高 60 cm 的木质结构台，台面上铺有软垫，软垫上有帆布盖单，台中心画有直径 100 cm 的阴阳鱼图。台面边缘有 5 cm 宽的红色边线，台面四边向内 90 cm 处画有 10 cm 宽的黄色警戒线。

台下四周铺有高 20 ～ 40 cm，宽 200 cm 的保护垫。

五、散打运动练习方法

（一）打沙袋

动作方法：直拳打沙袋，摆拳打沙袋，勾拳打沙袋，蹬踢沙袋，踹腿打沙袋，转身后摆腿打沙袋。

（二）打木桩

动作方法：勾踢木桩，侧踢木桩（用脚弓内侧），臂靠木桩，肩、髋靠木桩。

（三）打墙靶练习

动作方法：将一块垫子或一打纸固定在墙上或木板上，高度同本人身高。适用于多种散打技术的练习，尤以直线性击打效果最佳。

（四）拍打练习

动作方法：自我拍打，拍击自己的胸、腹、肋等部位。两人相互打胸、腹、肋部位。两人相互踢打胸、腹、肋、大腿等部位。

（五）靠背练习

动作方法：两人以背相对，约半步距离，开步站立，两臂屈抱于胸前，用背部相互撞击。

（六）靠臂练习

动作方法：双方同时屈臂外旋，自下而上，两臂相撞击于胸前。双方同时伸臂内旋，自上而下两臂相撞击于腹前。

相关链接

体弱者防身须知

弱与强是相对的，正义者首先在精神上应当是强者。如果身体弱而遭到欺凌时，要避实击虚，尽可能不与对方直接接触，不能硬打；不让对手抓住，也不要抓住对手；要积蓄力量积极防守，趁机突然发动还击；空则打，打完就走，避开对方打击的范围，以弱对强是不得已而为之，多用智，以闪躲还击为主，扬长避短，乘势借力（对方），攻击其短。

第二节 24式太极拳

一、太极拳运动的起源与发展

太极拳是中国武术重要拳种之一，在长期的演变中形成了许多流派，其中流传较广，特点较显著的派别有陈式、杨式、吴式、武式、孙式。中华人民共和国成立后，太极拳运动得到蓬勃发展，从20世纪50年代开始，原国家体委组织专家陆续编写出版了24式、42式等太极拳书籍，又将传统的陈、杨、吴、武、孙式太极拳整理出版。太极拳在国外也得到了广泛的传播，受到各国人民的喜爱。1989年，中国武术研究院编写了适应竞赛的陈、杨、吴、孙式太极拳和综合太极拳竞赛套路，为太极拳进一步向世界推广，迈出了可喜的一步。

作为竞技运动，太极拳已成为亚运会、世界锦标赛的竞赛项目。

二、练好太极拳的总体要求

（1）安静自然：心静体松，且架势平稳、动作舒展不僵不拘。

（2）连贯圆活：动作速度均匀，前后贯串，转接和顺，如同行云流水，连绵不断。

（3）协调完整：上下相随，以腰为轴，由躯干带动四肢，使身体躯干、四肢各部分之间密切配合。

三、24式太极拳技术图解

相关链接

太极拳种及特点

陈式：其主要特点是显刚隐柔，快慢相间，呼吸讲究"丹田内转"。

杨式：其特点是舒展简洁，动作和顺，速度均匀，绵绵不断。

吴式：其特点是以柔化刚，拳式小巧灵活。

武式：其特点是姿势紧凑，出手不过足尖，左右手各管半边身体。

孙式：其特点是进退相随，转变方向时多以开合相接，故又称"开合活步太极拳"。

预备势　身体自然直立，两脚完全并拢，头颈正直，下颌微微内收，胸腹放松，两手自然下垂贴于大腿两侧，精神集中，眼睛平视前方，呼吸保持自然（图6-2-1）。

1. 起势（图6-2-2①～③）

（1）左脚由脚跟提至脚尖向左横开半步，再由脚尖下落至脚跟，脚尖向前，重心移至两腿之间。

（2）两手外翻向前平举，与肩同高，手心向下。

（3）两腿微屈半蹲，同时两掌轻轻下按至腹前，掌膝相对。

动作要点：两肩下沉，两肘松垂，手指自然微屈。屈膝松腰，身体重心落于两腿中间。两臂下落和身体下蹲的动作要协调一致。

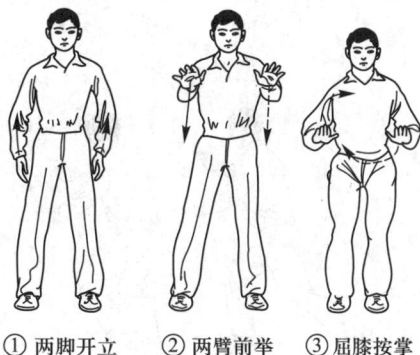

① 两脚开立　② 两臂前举　③ 屈膝按掌

图6-2-1　预备势　　　　　图6-2-2　起势

2. 左右野马分鬃（图6-2-3①～⑪）

（1）重心移至右腿，左脚收至右脚旁点地，同时两臂右上左下画弧成抱球状在胸前，上手在胸，下手在腹掌心相对。

（2）向左前方转腰迈步脚跟着地，重心继续停留在右腿，两手抱球不变。

（3）重心前移成左弓步，同时继续向左转腰并左手上挑高与眼平，手心斜向上，肘微屈，右手下按至胯旁，手心向下，指尖向前，目视左手。

（4）重心回坐，左脚尖翘起并向外摆约45°，左脚掌落实。重心前移向左转腰，同时左手掌心微向下翻，右手微向前探。

（5）右脚收至左脚旁点地，同时两手左上右下画弧成抱球状在胸前，上手在胸，下手在腹，掌心相对。

（6）向右前方转腰迈步脚跟着地，重心继续停留在右腿，两手抱球不变。

（7）重心前移成右弓步，同时继续向右转腰并右手上挑高与眼平，手心斜向上，肘微屈，左手下按至胯旁，手心向下，指尖向前，目视右手。

（8）与（4）动作相同方向相反。

（9）与（5）动作相同方向相反。

（10）与（6）动作相同方向相反。

（11）与（7）动作相同方向相反。

动作要点：重心移动时保持身体平稳，不可前俯后仰；身体转动以腰为轴，动作保持弧型，步与手移动速度均匀。

① 收脚抱球　　② 左转出步　　③ 弓步分手

④ 后坐撇脚　　⑤ 跟步抱球　　⑥ 右转出步　　⑦ 弓步分手

⑧ 后坐撇脚　　⑨ 跟步抱球　　⑩ 左转出步　　⑪ 弓步分手

图6-2-3　左右野马分鬃

3. 白鹤亮翅（图6-2-4①～③）

① 跟半步胸前抱球　　② 后坐举臂　　③ 虚步分手

图6-2-4　白鹤亮翅

（1）重心继续前移，右脚跟进半步，两手左上右下画弧成抱球状在胸前，掌心相对，目视两掌。

（2）重心回坐微向右转腰，左腿轻提；同时右手上提停于右额前，手心向左后方，左手随之搭在右腕上。

（3）左脚稍向前落脚尖点地成左虚步，再微向左转腰；同时左手下落并搂至左胯旁，手心向下，指尖向前，目视前方。

动作要点：手脚动作协调一致，完成姿势要收腹敛臀，臀部与脚跟在一条直线上。

4. 搂膝拗步（图6-2-5①～⑫）

① 左转落手　② 右转收脚举臂　③ 出步屈肘　④ 弓步搂推

⑤ 后坐撇脚　⑥ 跟步举臂　⑦ 出步屈肘　⑧ 弓步搂推　⑨ 后坐撇脚

⑩ 跟步举臂　⑪ 出步屈肘　⑫ 弓步搂推

图6-2-5　搂膝拗步

（1）右手向前向下压掌，手背向下，左手由右向前拦掌；同时微向右转腰。

（2）右手由下向后上方画弧抬掌，肘微屈，手与肩平，手心向上，左手向右上方画弧至右肩内侧按掌，手心向下；同时向右继续转腰，左脚收至右脚内侧脚尖点地，目视右手。

（3）微向左转腰，左脚向左前方迈步，脚跟着地；同时右手小臂弯曲指尖对耳尖，左手微下沉至右腹前。

（4）重心前移成左弓步并继续向左转腰；同时右手由耳侧向前立掌推出与鼻同高，左手由右向左搂膝至左胯旁，指尖向前掌心向下目视右手。

（5）重心回坐，左脚尖翘起并外摆约45°，左脚掌落实，重心前移向左转腰；同时左手翻转掌心向上，右手向左拦掌。

（6）左手由下向后上方画弧抬掌，肘微屈手与肩平，手心向上，右手向左下方画弧至左肩内侧按掌；同时向左继续转腰，右脚收至左脚内侧脚尖点地，目视左手。

（7）向右转腰，右脚向右前方迈步，脚跟着地；同时左手小臂弯曲指尖对耳尖，右手微下沉至腹前。

（8）重心前移成右弓步并继续向右转腰；同时左手由耳侧向前立掌推出与臂同高，右手由左向右搂膝至右胯旁，指尖向前掌心向下，目视左手。

（9）与（5）动作相同方向相反。

（10）与（6）动作相同方向相反。

（11）与（7）动作相同方向相反。

（12）与（8）动作相同方向相反。

5. 手挥琵琶（图6-2-6①～③）

（1）重心继续前移，右脚跟进半步，微向左转腰；同时右手翻转掌心向右，指尖向前，左手翻转掌心向左。

（2）重心回坐，向右微转腰，左脚轻提离地面；同时右手回收到腰侧，右手由左向前画弧挑掌，高与鼻尖平，掌心向右。

（3）左脚跟着地，微向左转腰，两手合掌，左前右后，右手放在左肘里侧，掌心斜相对，目视右手。

动作要点：上下协调一致，左手以弧线进行完成，身体姿势平稳自然。

① 跟步展手　　　② 后坐挑掌　　　③ 虚步合臂

图6-2-6　手挥琵琶

6. 左右倒卷肱（图6-2-7①～⑦）

（1）向右转腰，右手翻转，掌心向上，经腹前向后上方画弧平举，臂微屈，左手随之翻掌向上，视线先随右手再转向左手。

（2）右手小臂弯曲，指尖对耳尖；同时右腿向后退步，脚掌着地，重心留在右腿。

（3）重心后坐到左腿成左虚步，右脚跟抬起以脚掌为轴扭正；同时右手由耳侧向前立掌推出，左手屈肘由右手下方回收至腹前，掌心向上，目视右手。

（4）向左转腰，左手翻转，掌心向上，向后上方画弧平举，右手随之翻转，掌心向上，视线先随左手，再转向右手。

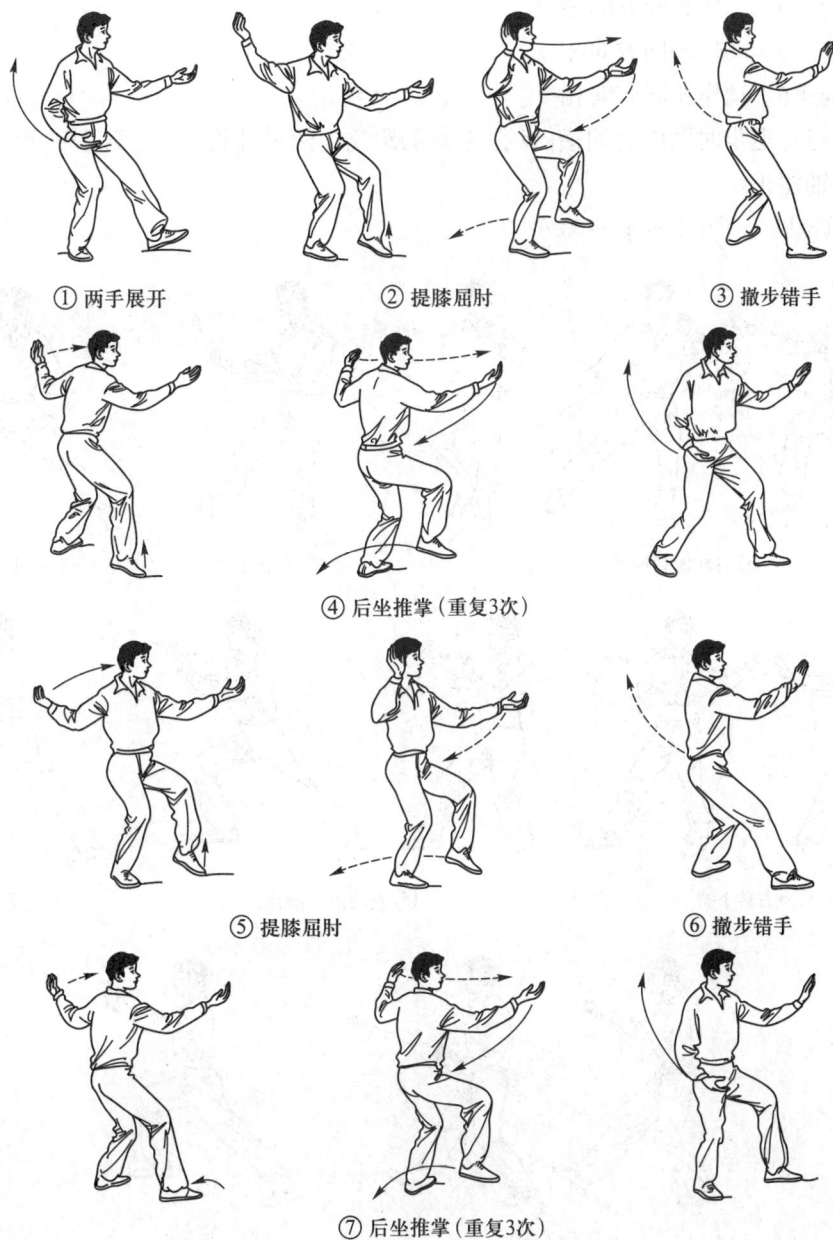

① 两手展开　　② 提膝屈肘　　③ 撤步错手

④ 后坐推掌（重复3次）

⑤ 提膝屈肘　　⑥ 撤步错手

⑦ 后坐推掌（重复3次）

图6-2-7　左右倒卷肱

（5）左手小臂弯曲，指尖对耳尖；同时左腿向后退步，脚掌着地，重心留在左腿。

（6）重心后坐到右腿成右虚步，左脚跟抬起以脚掌为轴扭正；同时左手由耳侧向前立掌推出，右手屈肘由左手下方回收至腹前，掌心向上，目视左手。

（7）与（1）动作相同方向相反。

（8）与（2）动作相同方向相反。

（9）与（3）动作相同方向相反。

（10）与（4）动作相同方向相反。

（11）与（5）动作相同方向相反。

（12）与（6）动作相同方向相反。

动作要点：退步时两脚之间横向约1拳宽的距离，两手推收掌时速度要一致；转腰时前脚以脚掌为轴扭正。

7. 左揽雀尾（图6-2-8①～⑧）

① 右转收脚抱球　　　② 左转出步　　　③ 弓步掤臂

④ 后坐右转下捋　　　⑤ 左转出步搭腕　　　⑥ 弓步前挤

⑦ 后坐分手　　　⑧ 弓步按掌

图6-2-8　左揽雀尾

（1）向右微转腰，左脚收到右脚旁点地；同时两手右上左下，画弧成抱球状在胸前，掌心相对。

（2）向左前方转腰迈步，脚跟着地，重心继续停留在右腿，两手抱球不变。

（3）重心前移至左腿，继续向左转腰，同时左手向左前方掤出，小臂横在胸前约与大臂成90°角，手心向胸口，左手下按至左胯旁，手心向下，指尖向前，目视左手。

（4）微向左转腰，左手向左斜前方伸出掌心向下，右手随之经腹前向左手方向伸出，翻掌向上，重心回坐，前脚不动向右转腰，两手随之向下向后斜向45°捋出，目视右手。

（5）微向左转腰，右手小臂弯曲搭在左手腕内侧；重心向前移成弓步，双手向前挤出并保持半圆形。

（6）右手经左手腕上方向前伸出并两手分开与肩宽高，且与肩平；重心回坐，脚尖翘起，两手屈肘时收至腹前，手心向下，目视前方；重心向前移成弓步；两手向前向上按出，掌心向前。

动作要点：手上动作须保持弧形路线，脚下须保持横向距离，动作须协调一致。

8. 右揽雀尾（图6-2-9①～⑩）

重心回坐，向右转身并内扣右脚尖，同时右手向右下画弧，左手向右横摆，右脚回到左脚旁点地，同时两手左上右下成抱球状在胸前，掌心相对。

动作要点：同左揽雀尾相同。

①后坐扣脚　　②右转分手　　③收脚抱球　　④右转出步

⑤弓步掤臂　　⑥后坐左转下捋　　⑦右转出步搭手　　⑧弓步前挤

⑨后坐分手　　⑩弓步推掌

图6-2-9　右揽雀尾

9. 单鞭（图6-2-10①～④）

（1）重心回坐，脚尖翘起，两手左上右下分掌，左手在面前，右手在腹前。

（2）向左转腰扣脚，左手随之向左横摆，手心向左，右手掌心向下。

（3）继续向左转腰，左手继续右摆，右手经腹前运至左肋前，掌心翻转向上。

（4）向右转腰，重心向右移；同时左手下按右手上挑，两手随转腰一起上下向右画弧运行，左手向内，右手向上。

（5）右手翻转向下勾手，左手上托于右手腕下；同时左脚收到右脚旁点地。

（6）微向左转腰，左脚向左前方迈步，脚跟着地；同时右手微向右拉开。

（7）重心前移，左掌随转腰慢慢翻转向前推出，手心向前，手指与眼齐平，臂微屈，目视左手。

动作要点：左手随转腰翻掌；定势动作左肘与左膝上下相对。

① 左脚扣脚　　　　　　　② 右转收脚展臂　　　　　　③ 出步勾手

④ 弓步推举

图 6-2-10　单鞭

10. 云手（图 6-2-11①～⑨）

（1）重心回坐，向左转身扣脚；同时左手下沉至腹前向右上画弧，手心向内，右勾手变掌，掌心向下，目视左手。

（2）右掌下按至腰侧，左手上挑至面前；同时重心左移，向左微转腰。

（3）继续向左转腰，右脚随之收到左脚旁踩落，两脚之间约 1 拳宽；同时两手左上右下向左画弧云手，两手掌心向内。

（4）左手翻转下按，右手上挑；同时微向右转腰，并左脚跷起，脚掌着地。

（5）两手右上左下向右画弧云手；同时左脚向左横侧一步，脚尖着地后落实。

动作要点：身体转动以腰为轴，动作平稳不可起伏，两臂保持圆活。

① 右转落手　　　　　　　　　② 左转云手

③ 并步按掌　　　④ 右转云手　　　　⑤ 出步按掌　　　　⑥ 左转云手

⑦ 并步按掌　　　　　　⑧ 右转云手　　　　　　⑨ 并步按掌

图 6-2-11　云手

11. 单鞭（图 6-2-12① ～ ③）

（1）向右转腰并右手翻转向下勾手，左手上托于右手腕下；同时左脚收到右脚旁点地。

（2）微向左转腰，左脚向左前方迈步，脚跟着地；同时右手微向右拉开。

（3）重心前移，左掌随转腰慢慢翻转向前推出，手心向前，手指与眼齐平，臂微屈，目视左手。

动作要点：左手随转腰翻掌；定势动作左肘与左膝上下相对。

① 落步右转举臂　　　　② 出步勾手　　　　③ 弓步按掌

图 6-2-12　单鞭

12. 高探马（图6-2-13①～②）

（1）右脚跟进半步，左手翻转掌心向上，右勾手变掌翻转，掌心向上。

（2）重心回坐成右虚步并微向右转腰；右手小臂弯曲，指尖对耳尖；同时左脚轻提离地面。

（3）右手由耳侧向前立掌推出，手心斜向前；同时左脚尖向前点地并微向左转腰。

动作要点：转腰与推手掌协调一致。

①后坐展手　　②虚手推掌

图6-2-13　高探马

13. 右蹬腿（图6-2-14①～⑤）

（1）左脚回收提离地面并向左斜前方迈步，脚跟着地，同时左手前伸至右腕背面，两手背互相交叉；目视右斜前方。

（2）重心继续前移成左弓步，两手向外向下分掌。

（3）两手由下向上捧抱交叉于胸前，掌心向内，右手外，左手内；同时右脚提膝，脚尖向下，目视右前方。

（4）右腿向右斜30°，慢慢蹬出；同时两手右前左后约成180°画弧分开平举，手心向外；右手与右脚上下垂直。

动作要点：分掌时腕与肩平齐；蹬脚时力达脚跟。

①提脚收手　　②左转出步　　③弓步画弧

④合抱提膝　　⑤分手蹬脚

图6-2-14　右蹬腿

14. 双峰贯耳（图6-2-15①～③）

（1）右腿屈膝回收；同时左手向右手靠拢，两掌与肩同宽，指尖向前，目视前方。

（2）两手翻转，掌心向上，并握拳下沉回收至腰侧，同时左腿弯曲，右腿向右斜前下落迈步，脚跟着地。

（3）重心前移成右弓步，两拳由腰侧慢慢向外、向前、向上翻转贯出至面前，两拳相对，拳眼斜向下，拳距10～20 cm，高与眼平。

动作要点：身体自然正直，松腰松胯，两拳松握，弓步时两脚之间1拳宽。

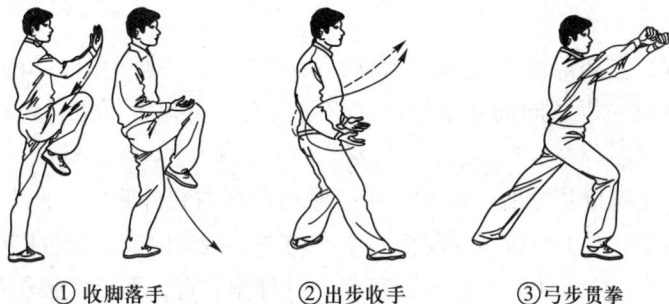

① 收脚落手　　　　② 出步收手　　　　③ 弓步贯拳

图6-2-15　双峰贯耳

15. 转身左蹬脚（图6-2-16①～④）

（1）重心回坐并向左扣脚转腰；同时两拳微向外分。

（2）重心回坐到右腿，继续向右转腰；同时两拳变掌向外分掌，目视左手。

（3）两掌由下向上捧掌合抱于胸前，左手外右手内，掌心向内；同时左脚提膝，目视左前方。

（4）左腿向左慢慢蹬出；脚掌向前，同时两手左前右后约成180°画弧分开平举，手心向外，右手与右脚上下垂直。

动作要点：与右蹬腿相同，只是左右方向相反。

① 后坐扣脚　　　　② 左转展手　　　　③ 合抱提膝

④ 分手蹬脚

图6-2-16　转身左蹬脚

16. 左下势独立（图6-2-17①～⑤）

（1）左腿屈膝回收，微向右转腰；同时右手变勾手，左掌向左画弧回收立于右肩内侧，掌心向右。

（2）右腿屈膝下蹲，左腿下落向左侧伸出成右仆步；同时左手下落向左下顺左腿内侧向前穿出，目视左手。

（3）重心前移，左腿前弓，左脚跟为轴，脚尖外撇，右脚后蹬，脚尖里扣，微向左转腰并向前起身；同时左手背向前立掌伸出，掌心向右，右勾手下落并翻转，勾尖向上，目视左手。

（4）右腿向前提膝成独立势；同时右手变掌由后顺右腿外侧向前向上挑起，高于眼平，肘膝相对，手心向左，左手下按于左胯旁，手心向下，指尖向前，目视右手。

动作要点：收手、收脚协调一致，下势起立时身体立直，不可弯腰驼背。

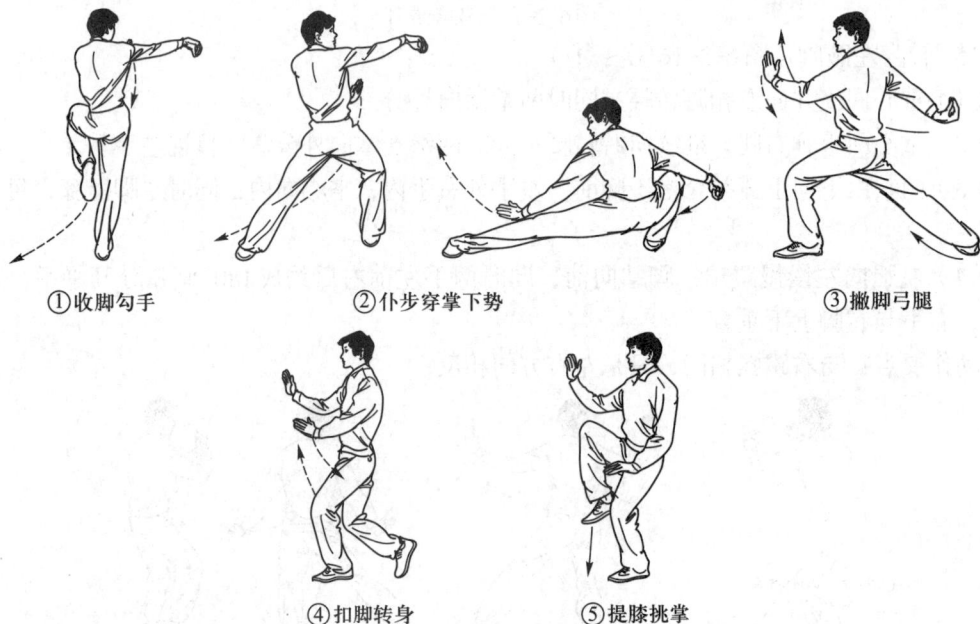

①收脚勾手　　　　　　②仆步穿掌下势　　　　　　③撇脚弓腿

④扣脚转身　　　　　　⑤提膝挑掌

图6-2-17　左下势独立

17. 右下势独立（图6-2-18①～⑤）

（1）右腿下落于左脚旁点地，然后左脚掌为轴，脚跟内转，随之向右转腰；同时左手向左斜上方平举勾手，右掌随转腰向左画弧并回收立掌左肩内侧，目视左手。

（2）同左下势独立（2）动作相同方向相反。

（3）同左下势独立（3）动作相同方向相反。

（4）同左下势独立（4）动作相同方向相反。

动作要点：右脚点地后再做仆步，其他均与左下势独立相同。

①落脚左转勾手　　　　　②仆步穿掌下势

③撇脚弓腿　　④扣脚转身　　⑤提膝挑掌

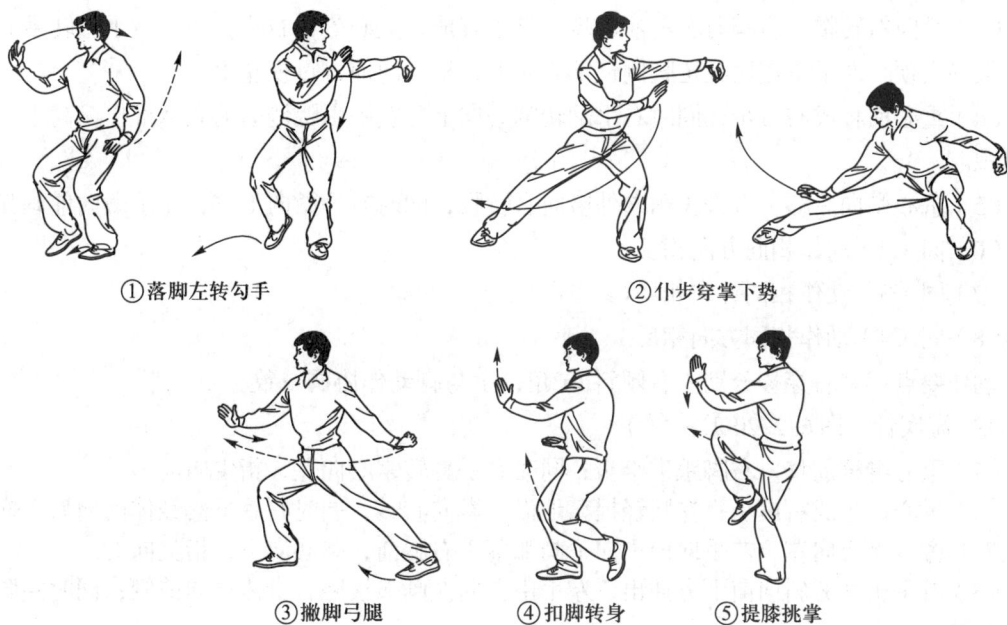

图6-2-18　右下势独立

18. 左右玉女穿梭（图6-2-19①~⑦）

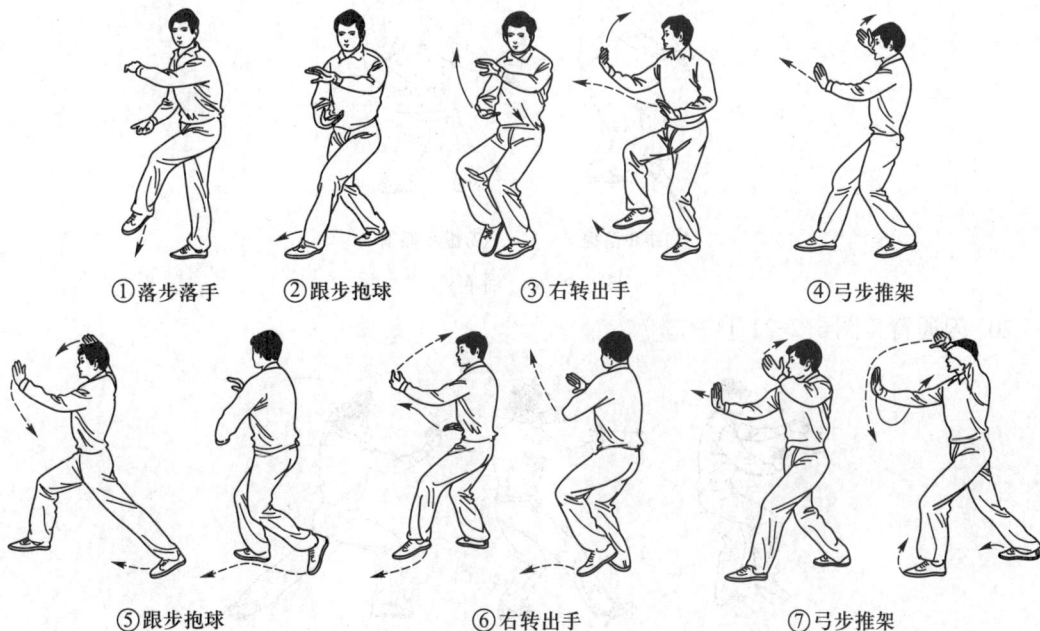

①落步落手　　②跟步抱球　　③右转出手　　④弓步推架

⑤跟步抱球　　　　⑥右转出手　　　　⑦弓步推架

图6-2-19　左右玉女穿梭

（1）右腿屈膝，左脚向左斜前落地，脚跟着地；同时左手微向下按，右手微向前画弧。

（2）重心前移，右手向前画弧，右脚收到左脚旁点地；同时两手左上右下成抱球状在胸前，目视左手。

（3）微向右转腰，右脚向右斜前迈步，脚跟着地，重心落在右腿；同时右手翻转掌心向上举架到头顶，左手下按回收至腰侧，掌心向下，指尖向前，目视左手。

（4）重心前移成右弓步；同时右手翻转掌心向上，左手由腰侧向前立掌推出，高于鼻尖平目视。

（5）重心微向后移，右脚尖稍向外撇向右转腰，同时右手微向下按，左手微向前画弧。

（6）同（2）动作相同方向相反。

（7）同（3）动作相同方向相反。

（8）同（4）动作相同方向相反。

动作要点：左右穿梭分别左右倾斜30°角，手与脚动作协调一致。

19. 海底针（图6-2-20①～②）

（1）重心继续前移，右脚跟进半步；同时右手翻转掌心向左，指尖向前。

（2）重心回坐成右虚步，左腿轻提离地面，微向右转，同时右手下落经体前向后，向上提至右耳旁，掌心向左，左手向前、向下画弧落于右腿前，掌心向下，指尖向右。

（3）右手由耳旁斜向前下方插出，左手由右向左画弧搂膝，身体微向前倾；同时左脚尖向前点地。

动作要点：注意方向的转换，定势动作时身体微向下倾斜。

①跟步落提　　②虚步插掌

图6-2-20　海底针

20. 闪通臂（图6-2-21①～③）

①收脚举臂　　②出步翻掌　　③弓步推架

图6-2-21　闪通臂

（1）左脚回收到右脚旁点地，微向右转腰；同时右手由体前屈臂上提举至头顶，左手上举搭于右手腕上。

（2）左脚向左前方迈步，脚跟着地；同时左手微下落于面前，掌心向前。

（3）重心前移成左弓步继续向右转腰；同时右手翻转掌心向上架于头顶，左手立掌推出，高于鼻尖，目视左手。

动作要点：推掌、架掌与弓腿动作协调一致，两脚间距约一拳宽。

21. 转身搬拦捶（图6-2-22①～④）

（1）重心回坐，向右转腰并左脚内扣；同时右手向右前下落与鼻尖同高，手心向外，左手上举至头顶，手心向上。

（2）重心左移，右手握拳下落于腹前，拳心向内，左手微下落。

（3）右脚回收到左脚旁；同时右拳上提到胸前，左手下按至腹前。

（4）右脚前迈脚跟着地；同时右拳向前搬打；左掌按至胯旁。

（5）向右转腰，右脚尖外撇；同时右拳翻转，拳心向下。

（6）重心前移，右拳向右向外画弧翻转收到腰侧，左手由左向外、向前画弧拦掌。

（7）左脚回收后向前迈步，脚跟着地；重心前移成左弓步；同时右拳由腰侧旋转出拳，拳眼向上，高与肩平，左掌回收至右小臂内侧；重心前移成右弓步；同时两掌向前向上立掌推出。

动作要点：动作注意两手沿弧线路线前进。

①后坐摆掌　　　　②收脚握拳　　　　③右转搬捶

④弓步打拳

图6-2-22　转身搬拦捶

22. 如封似闭（图6-2-23①～④）

左掌从右腕下向前穿出，右拳变掌并两手翻转，掌心向上分于肩宽；重心回坐，左脚尖翘起，两手翻转回收至腰侧；重心前移成右弓步，同时两掌向前、向上立掌推出。

动作要点：收掌时注意两拳弧线运行。

①后坐摆掌 ②收脚握拳 ③右转搬捶

④弓步打拳

图6-2-23 如封似闭

23. 十字手（图6-2-24①～③）

（1）重心回坐，向右转腰并左脚内扣；同时右手向右平摆分掌。

（2）继续向右转腰并外摆右脚，同时右手继续向右平摆分掌。

（3）重心回坐并右脚内扣；同时两掌下沉至腹前，掌心向下。

（4）右脚回收至与肩同宽，重心移至两腿之间；同时两掌经腹前向上交叠捧掌，左手上右手下。

动作要点：捧掌时不可弯腰；收脚时注意两脚宽不可过小。

①后坐扣脚 ②右转撇脚分手 ③收脚合抱

图6-2-24 十字手

24. 收势（图6-2-25①～②）

（1）两掌向外平翻，手心向下并分开与肩同宽。

（2）两掌慢慢下按收于大腿两侧，目视前方。

（3）重心右移，收左腿并步。

动作要点：全身放松，气息下沉。

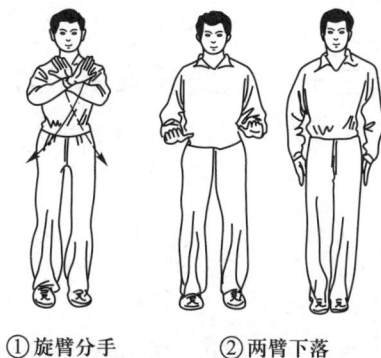

①旋臂分手　　②两臂下落

图6-2-25　收势

专家提示

易犯错误及纠正

身体僵硬，动作不连贯，身体不协调，转换时身体不平衡。

练 习 方 法

1. 站桩练习

（1）抱球桩：两脚平行分开，两手微屈抱于胸前，指尖相对，掌心向内。

（2）开合桩：在抱球桩基础上伸开两臂并吸气（小腹鼓起），收合两臂并呼气（小腹内收）。

（3）起落桩：两脚平行分开，两手向前抬于肩平，掌心向下，稍停，两腿屈膝下蹲，两手随之向下轻按至腹前。

2. 基本动作练习

（1）上步：一腿屈蹲，另一脚提起前迈，脚跟着地，然后重心前移成弓步（两脚换做）。

（2）退步：一腿屈蹲，另一脚提起后撤，脚掌着地，然后重心后坐成虚步（两脚换做）。

（3）侧行步：两腿屈蹲，一脚提起向一侧迈步，脚掌着地，然后重心横移，另一脚收回与之平行向前，两脚间距约20 cm（左右换做）。

（4）左右分掌（原地野马分鬃）。

（5）左右搂手推掌（原地搂膝拗步）。

（6）左右架推掌（原地玉女穿梭）。

（7）左右蹬腿（原地左右蹬腿）。

3. 套路练习

8式太极拳、16式太极拳、24式太极拳。

第三节　初级长拳第三路

一、手形、手法

（一）手形

1. 拳

四指并拢握紧，拇指扣在食指和中指的第二指关节上（图6-3-1）。

动作要点：拳要握紧，拳面要平。

2. 掌

四指并拢伸直，拇指弯曲扣于虎口处（图6-3-2）。

动作要点：掌心要外撑。

3. 勾

五指第一指关节撮拢，屈腕（图6-3-3）。

动作要点：五指撮紧，尽量勾腕。

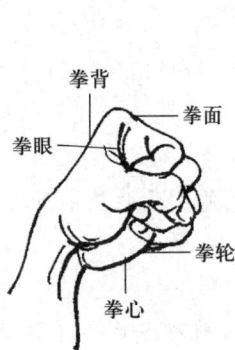

图6-3-1　拳

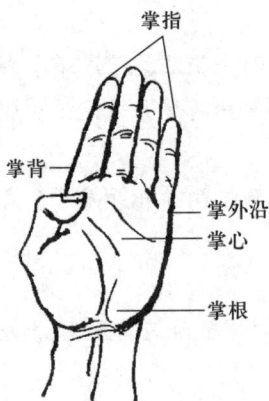

图6-3-2　掌

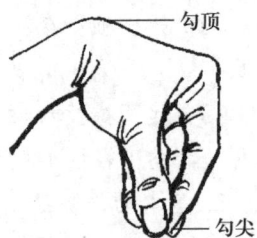

图6-3-3　勾

（二）手法

1. 冲拳

动作方法：两拳收抱于腰间，右（左）拳由屈到伸，迅速向前冲出，高与肩平，拳眼朝上为立拳，拳背朝上为俯拳。

动作要点：冲拳一瞬间要拧腰、送肩、急旋臂。两臂一冲一拉形成合力。

2. 架拳

动作方法：右拳向左经体前向头上方架起，拳轮朝上，臂成弧形。

动作要点：松肩、屈肘、旋臂，力达前臂外侧。

3. 劈拳

动作方法：右拳向左、向上经头前向右下快速劈击，臂伸直与肩同高。

动作要点：肩要松，拳要握紧，力达拳轮。

4. 推掌

动作方法：右拳变掌，向前猛力推击，高与肩平，成侧立掌，同时左肘向后拉紧。

动作要点：要拧腰，送肩，沉腕，侧立掌，快速有力，力达掌外沿。

二、步型、腿法

（一）步型

1. 弓步

动作方法：前脚微内扣，全脚着地，屈膝使大腿接近水平；后腿挺膝伸直，脚跟后蹬，脚尖内扣，挺胸立腰。

动作要点：前腿弓平，后腿蹬直。

2. 马步

动作方法：两脚左右开立为脚长的3~3.5倍，脚尖正对前方，屈膝使大腿接近水平。

动作要点：顶平、肩平、腿平；挺腰、立腰、裹膝、扣足。

3. 仆步

动作方法：一腿全蹲，全脚着地，膝和脚尖向外展；另一腿伸直，全脚着地，脚尖内扣。

动作要点：挺胸、立腰、开髋、全蹲。

4. 虚步

动作方法：后腿屈膝半蹲，大腿接近水平，脚尖外展；前腿微屈，脚面绷直，以脚尖虚点地面。

动作要点：挺胸、立腰。两脚虚实分明。

5. 歇步

动作方法：两腿交叉屈膝全蹲，前脚全脚着地，脚尖外展；后脚跟离地，臀部坐于小腿上。

动作要点：两腿交叉叠紧，挺胸立腰。

（二）腿法

1. 正踢腿

动作方法：并步站立，两臂侧平举，左腿支撑，右腿挺膝勾脚尖向前额快速摆起。

动作要点：腿上摆过腰后加速用力，收髋，上体正直。

2. 单拍脚

动作方法：两脚前后站立，右手握拳于腰间，左手成掌置于前上方，左脚支撑，右脚绷脚尖，挺膝向前上方快速摆起，当脚摆至面前时，左手迎击脚面。

动作要点：击拍脚要脆、快、响。

3. 弹腿

动作方法：左脚支撑，右脚绷脚尖，屈膝，小腿猛向前甩摆，挺膝，力达脚面。

动作要点：收髋，弹腿有寸劲。

4. 侧踹腿

动作方法：右脚支撑，左脚支撑提起，脚内扣，以脚跟为力点，向左上方横脚踢出，上体右倾。

动作要点：展髋，踹脚要脆、快、有力。

三、初级长拳第三路技术动作

（一）动作名称

预备势：虚步亮掌、并步对掌。

第一段：弓步冲拳、弹腿冲拳、马步冲拳、弹腿冲拳、大跃步前穿、弓步击掌、马步架掌。

第二段：虚步栽拳、提膝穿掌、仆步穿掌、虚步挑掌、马步击掌、叉步双摆掌、弓步击掌、转身踢腿马步盘肘。

第三段：歇步抡砸拳、仆步亮掌、弓步劈拳、换跳步弓步冲拳、弓步下冲拳、叉步亮掌侧踹腿、虚步挑拳。

第四段：弓步顶肘、转身左拍脚、右拍脚、腾空飞脚、歇步下冲拳、仆步抡劈拳、提膝挑掌、提膝劈掌弓步冲拳。

结束动作：虚步亮掌、并步对拳。

相关链接

长拳的四击、八法、十二形

四击：踢、打、摔、拿4大技术。

八法：手、眼、身法、步；精神、气、力、功。

十二形：动如涛、静如岳、起如猿、落如鹊、立如鸡、站如松、转如轮、折如弓、轻如叶、重如铁、缓如鹰、快如风。

（二）动作图解

1. 预备势

动作要点：头要端正、下颌微收、挺胸、塌腰、收腹（图6-3-4）。

（1）虚步亮掌（图6-3-5①~②）

动作要点：动作必须连贯。成虚步时，重心落于右腿上，右大腿与地面平行。左腿微屈，脚尖点地。

图6-3-4 预备势

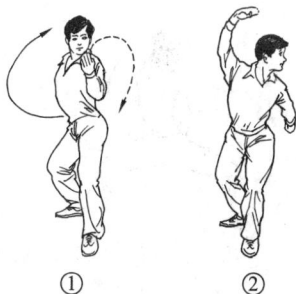

图6-3-5 虚步亮掌

（2）并步对掌（图6-3-6①～④）

动作要点：并步后挺胸、塌腰。对拳、并步、转头要同时完成。

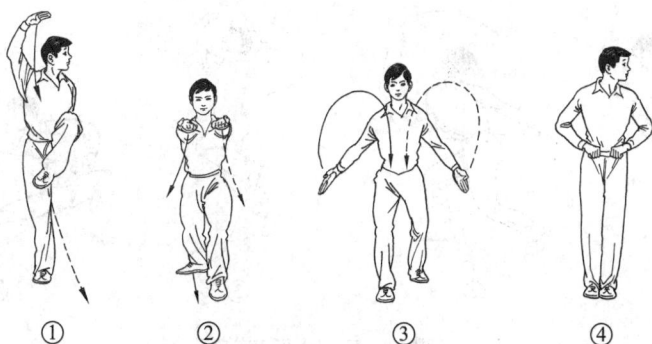

图6-3-6 并步对掌

2. 第一段

（1）弓步冲拳（图6-3-7①～②）

动作要点：成弓步时，右腿充分蹬直，脚跟不要离地，冲拳时，尽量转腰顺直。

（2）弹腿冲拳（图6-3-8）

动作要点：支撑腿可微屈，弹出的腿要有爆发力，力点达于脚尖。

图6-3-7 弓步冲拳

图6-3-8 弹腿冲拳

（3）马步冲拳（图6-3-9）

动作要点：成马步时，大腿要平，两脚平行，脚跟外蹬，挺胸、塌腰。

（4）弹腿冲拳（图6-3-10）

动作要点：支撑腿可微屈，弹出的腿要有爆发力，力点达于脚尖。

图6-3-9 马步冲拳　　　　　　　　图6-3-10 弹腿冲拳

（5）大跃步前穿（图6-3-11①～④）

动作要点：跃步要远，落地要轻，落地后立即接做下一个动作。

① ② ③ ④

图6-3-11 大跃步前穿

（6）弓步击掌（图6-3-12）

动作要点：上体挺直，后腿绷直，前腿弯大于90°。

（7）马步架掌（图6-3-13①～②）

动作要点：成马步时，大腿要平，两脚平行，脚跟外蹬，挺胸、塌腰。

图6-3-12 弓步击掌　　　　　① ②

图6-3-13 马步架掌

3. 第二段

（1）虚步栽拳（图6-3-14①～②）

动作要点：动作②重心移至右腿，下蹲成左虚步。

（2）提膝穿掌（图6-3-15①～②）

动作要点：支撑腿与右臂充分伸直。

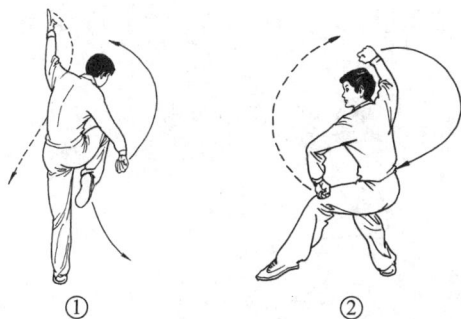

图6-3-14 虚步栽拳

图6-3-15 提膝穿掌

（3）仆步穿掌（图6-3-16）

动作要点：右腿全蹲，左腿向左后方铲出左仆步。

（4）虚步挑掌（图6-3-17①～②）

动作要点：上步要快，虚步要稳。

图6-3-16 仆步穿掌

图6-3-17 虚步挑掌

（5）马步击掌（图6-3-18①～②）

动作要点：右手做拢手时，先使臂稍内旋、腕伸直，手掌向下向外转，接着臂外旋，掌心经下向上翻转，同时抓握成拳。收拳和击拳动作要同时进行。

（6）叉步双百拳（图6-3-19①～②）

动作要点：两臂画立圆，幅度要大，摆掌与后插步配合一致。

图6-3-18 马步击掌

图6-3-19 叉步双百拳

（7）弓步击掌（图6-3-20①②）

动作要点：动作②右掌向下、向后伸直摆动，成勾手，勾尖向上。

图 6-3-20　弓步击掌

（8）转身踢腿马步盘肘（图 6-3-21①～⑤）

动作要点：两臂抡动时要画立圆，动作连贯。盘肘时要快速有力，右肩前顺。

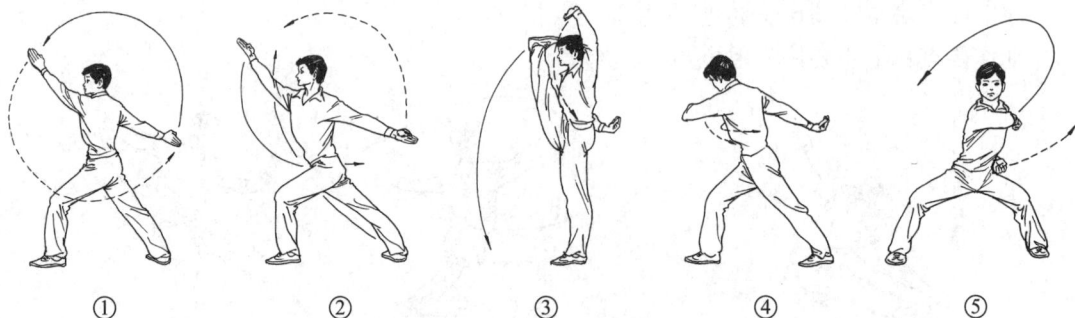

图 6-3-21　转身踢腿马步盘肘

4. 第三段

（1）歇步抡砸拳（图 6-3-22①～③）

动作要点：抡臂动作要连贯完成，画成立圆。歇步要两腿交叉全蹲，左腿大、小腿靠紧，臀部贴于左小腿外侧，膝关节在右小腿外侧，脚跟提起；右脚尖外撇，全脚着地。

图 6-3-22　歇步抡砸拳

（2）仆步亮拳（图 6-3-23①～③）

动作要点：仆步时，左脚充分伸直，脚尖里扣，右腿全蹲，两脚脚掌全部着地。上体挺胸塌腰，稍左转。

① ② ③

图6-3-23　仆步亮拳

（3）弓步劈拳（图6-3-24①～③）

动作要点：左脚上步稍带弧形。

① ② ③

图6-3-24　弓步劈拳

（4）换跳步弓步冲拳（图6-3-25①～④）

动作要点：换跳步动作要连贯、协调。震脚时腿要弯曲，全脚掌着地，左脚离地不要高。

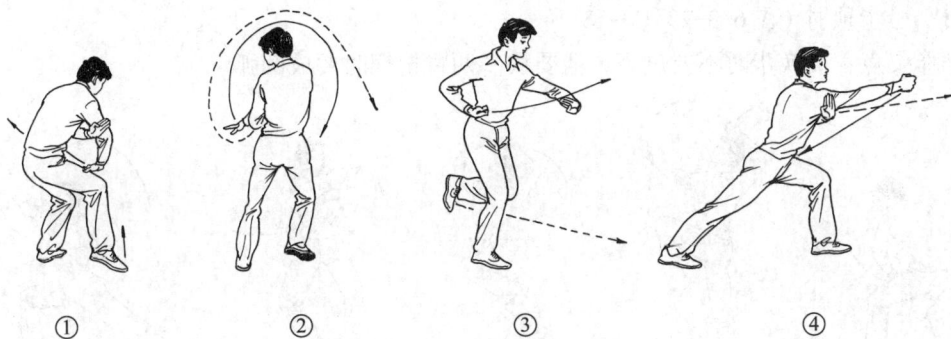

① ② ③ ④

图6-3-25　换跳步弓步冲拳

（5）弓步下冲拳（图6-3-26）

动作要点：右拳自腰侧向左前斜下方冲出，目视右拳。

（6）叉步亮掌侧踹腿（图6-3-27①～③）

动作要点：插步时上体稍向右倾斜，腿、臀动作要一致。侧踹高度不能低于腰，大腿内旋，着力点在脚跟。

①　　　　　　　　②　　　　　　　　③

图6-3-26　弓步下冲拳　　　　　　　　图6-3-27　叉步亮掌侧踹腿

（7）虚步挑拳（图6-3-28①～③）

动作要点：动作③右拳拳眼向上，拳与肩同高，目视右拳。

①　　　　　　　　②　　　　　　　　③

图6-3-28　虚步挑拳

5. 第四段

（1）弓步顶肘（图6-3-29①～⑤）

动作要点：交换步时不要过高，但要快。两臂抢摆时要成圆弧。

①　　　　②　　　　③　　　　④　　　　⑤

图6-3-29　弓步顶肘

（2）转身左拍脚（图6-3-30①～②）

动作要点：右掌拍脚时手掌稍横过来，拍脚要准而响亮。

（3）右拍脚（图6-3-31①～②）

动作要点：与本节的转身左拍脚相同。

图6-3-30　转身左拍脚　　　　　图6-3-31　右拍脚

（4）腾空飞脚（图6-3-32①～③）

动作要点：蹬地要向上，不要太向前冲，左膝尽量上提。击响要在空中完成，右臂伸直成水平。

图6-3-32　腾空飞脚

（5）歇步下冲拳（图6-3-33①～②）

动作要点：下蹲成右歇步，右掌变拳收回腰间，左拳平拳击出，目视前方。

图6-3-33　歇步下冲拳

（6）仆步抡劈拳（图6-3-34①～③）

动作要点：抡臂一定要画立圆。

① ② ③

图6-3-34 仆步抡劈拳

（7）提膝挑掌（图6-3-35①～②）

动作要点：抡臂时要画立圆。

① ②

图6-3-35 提膝挑掌

（8）提膝劈掌弓步冲拳（图6-3-36①～③）

动作要点：动作由①至②时，身体右转90°。

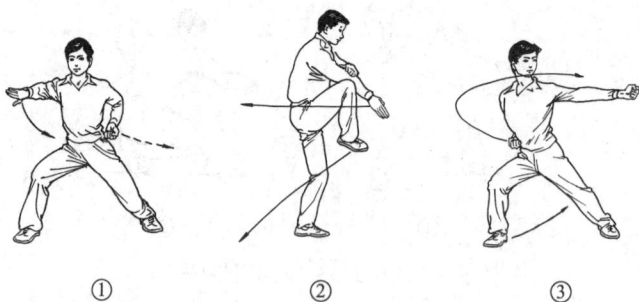

① ② ③

图6-3-36 提膝劈掌弓步冲拳

6. 结束动作

（1）虚步亮掌（图6-3-37①～③）

动作要点：动作③左脚尖稍向右移，右腿下蹲成左虚步。

① ② ③

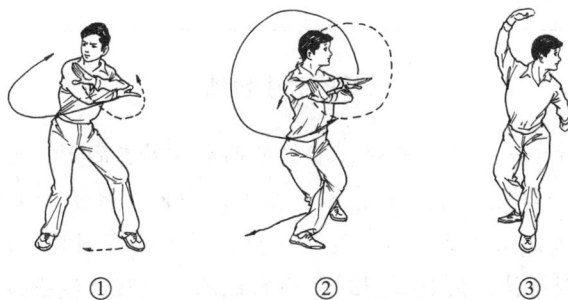

图6-3-37 虚步亮掌

（2）并步对拳（图6-3-38①~②）

动作要点：动作变化时，亮掌变拳，拳心向下。

7. 还原（图6-3-39）

① ②

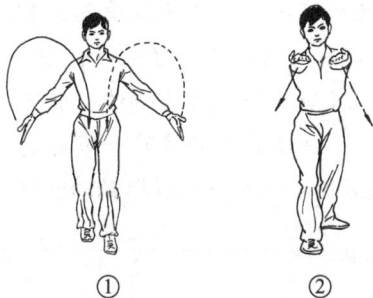

图6-3-38 并步对拳   图6-3-39 还原

专家提示

易犯错误及纠正

手脚不协调，出拳僵硬，手眼配合不到位。

练 习 方 法

套路技术训练旨在提高套路演练技巧和水平，增强身体素质和机能，取得最佳运动成绩，其包括以下几种训练方法：

① 分段训练法：指把整套动作分成若干部分，反复练习。主要解决好局部动作的节奏、局部技术等问题，为练习整套动作打好基础。

② 整套训练法：其目的是处理好全套动作的节奏、体力的分配、局部的安排等，达到动、静分明，快慢相间、刚柔相济、内容充实的良好效果。

③ 超套训练法：指一次上场演练完成一套以上数量的练习，其目的是增强学生的耐力，提高无氧代谢能力，培养顽强意志品质。

相关链接

长拳的健康价值

　　套路演练讲究形神合一，内外兼修，不仅强调动作外在的形，更加注重内在的调息。武术谚语中有"内练一口气，外练筋骨皮"之说，即内养性情，固气壮胆；外练筋骨，手足矫健。长拳运动历来以"长"与"健"并重，对外能有利关节、筋骨、体魄，对内能理脏腑、通经脉、调精神，使身心得到全面的锻炼。攻防的技击性是长拳运动的特点。现代套路运动的表现形式仍以体现攻防实战的动作为基本内容。通过长拳练习，不仅能强壮身心，还能锻炼防身自卫的能力。长拳不仅有健身和技击价值，而且富于浓郁的艺术色彩，其表现在运动中攻与防、虚与实、刚与柔、开与合、快与慢、动与静、起与伏等交替变化形成的强烈的动感、均衡的势态、恰当的节奏、和谐的韵律，使人百看不厌。例如，"大跃步前穿"，忽地凌跃而起，忽地又伏身而下，似长风出谷，若燕子抄水，妙不可言。其套路运动变化，讲究动如涛、静如岳、起如猿、轻如叶、重如铁、缓如鹰、快如风、落如鹊、立如鸡、站如松、转如轮，折如弓等充满着矫健、敏捷、洒脱、舒展而遒劲的美感，使人的情感在演练中受到陶冶，提高自身的修养和审美能力。总之，通过手、眼、身、法、步、精、气、力、功的练习达到"练气化神"的养生健身目的。

第四节　跆　拳　道

一、跆拳道的起源及发展

　　跆拳道起源于1500年的朝鲜半岛，是一项运用手脚进行搏击格斗的体育项目。跆拳道崇尚"以礼始，以礼终"的尚武精神，其贯穿了"礼仪、廉耻、忍耐、克己、百折不屈"的根本宗旨。

　　跆拳道，跆表示以脚踢，拳是以拳头击打，道是一种精巧的艺术方法，同时也是对练习者在道德修养方面的要求。

　　目前，世界上约有140多个国家的3 000多万人在进行跆拳道的训练。中国于1995年正式开展跆拳道运动。在2000年悉尼奥运会上，中国女子跆拳道选手陈中获得女子67 kg以上级比赛金牌。2004年雅典奥运会，中国女子跆拳道选手罗薇和陈中分别获得女子67 kg级和67 kg以上级金牌。

二、基本技术

（一）基本步型

跆拳道的基本步型有并步、开立步、准备势、马步、弓步、三七步、虚步。

（二）实战姿势及站位

1. 实战姿势

标准实战姿势：左脚在前叫左势，右脚在前叫右势。两脚前后开立与肩同宽，前脚尖45°斜向右前方，后脚跟抬起，膝关节微弯曲，重心在两脚之间，上体自然直立，双手握拳，拳心相对，两臂弯曲置于胸前，头部直立向前，目视正前方。

2. 实战站位

（1）开式站位：指和对方实战姿势相应的站位，包括左势对右势和右势对左势两种形式。

（2）闭式站位：指和对方实战姿势不相对应的站位，包括左势对左势和右势对右势两种站位。

（三）基本步法

跆拳道的基本步法有上步、后撤步、前滑步、后滑步、跳换步、前（后）垫步。

（四）基本腿法

1. 前踢（图6-4-1①～④）

动作方法：实战的基本姿势开始，右脚蹬地髋关节向左旋转，双手握拳置于体侧；同时，右腿以髋关节为轴屈膝上提。当大腿抬至水平或稍高时，关节向前送，向前顶，小腿以膝关节为轴快速向前上方踢出，力达腿尖，整条腿蹬直。踢击后迅速放松，右腿沿原路线弹回，将右脚放置在左脚前面仍成实战姿势。

动作要点：膝关节夹紧，小腿放松，要有弹性；小腿往前送，高踢时往上送；小腿回收与前踢的速度一样快。前踢亦可用于防守。将前踢发力部位由脚尖改换为脚跟时，前踢动作就变为前蹬动作，动作方法要点相同，只是脚的形状发生了变化。主要攻击部位有面部、下颌、腹部、裆部。

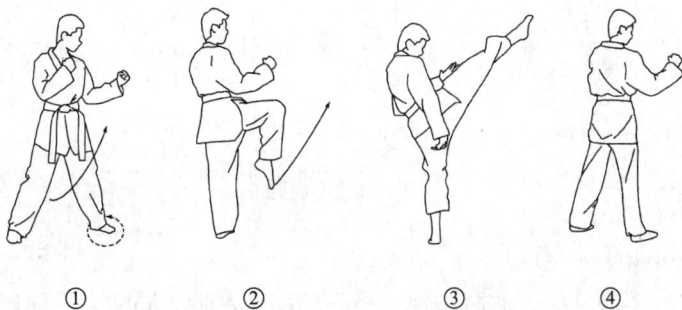

①　　　　　②　　　　　③　　　　　④

图6-4-1　前踢

2. 侧踢（图6-4-2①～⑤）

动作方法：实战的基本姿势开始，左脚蹬地，右腿以髋关节为轴屈膝提起，两手握拳置于体侧；随即，右脚以前脚掌为轴外旋180°，髋关节向右旋转，左腿以膝关节为轴向前蹬伸，右脚快速向右前上方直线踢出，力点在脚跟。发力后从起腿路线收腿，放松，重心落下（原处或向前均可），再次回到实战姿势。

动作要点：起腿时大小腿，膝关节夹紧；踢出发力时，头、肩、腰、髋、膝、腿和踝成一直线；大小腿直线踢出，原路线收回。侧踢动作的主要攻击部位有膝部、腹部、肋部、胸部和头面部。

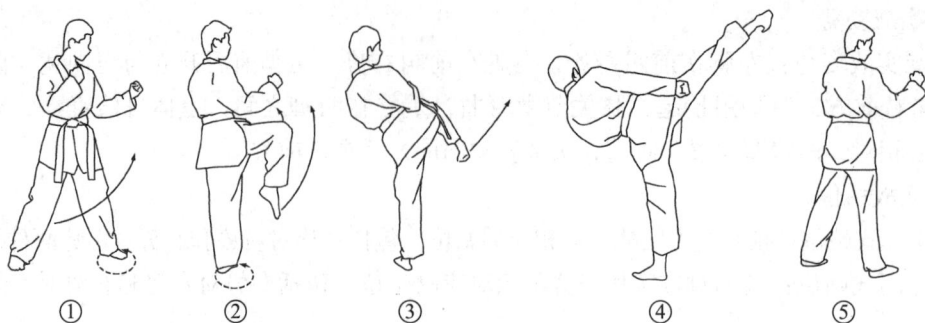

图 6-4-2　侧踢

3. 后踢（图 6-4-3①～⑤）

动作方法：实战姿势开始，转身后腿后撤背对对方。重心后移至左脚，右脚蹬地后屈膝提起，右脚贴近左大腿，两手握拳置于胸前；随即左脚蹬地伸直，右脚自左大腿内侧向后方直线踢出，力达脚跟。踢击后右脚沿原路线快速收回，成实战姿势。

动作要点：起腿后上体和大小腿折叠收紧；后踢时动作延伸要长，用力延伸；转身，提腿，出脚动作连续一次性完成，不能停顿；击打目标在正后偏右。后踢动作的主要攻击部位有膝部、腹部、裆部、胸部和头面部。

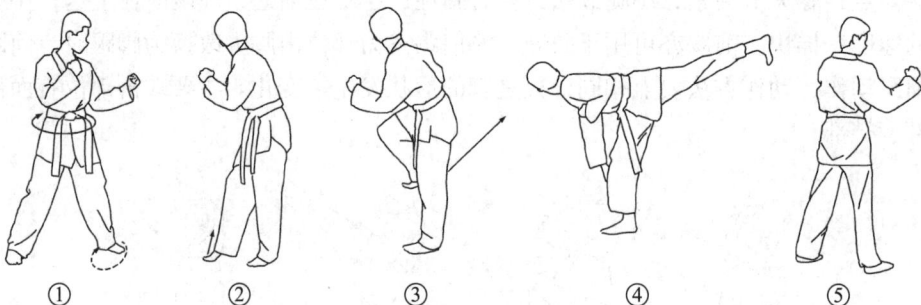

图 6-4-3　后踢

4. 下劈（图 6-4-4①～④）

动作方法：实战姿势开始，右脚蹬地，重心前移至左脚。同时，右腿以髋关节为轴屈膝上提，两手握拳置于胸前；随即充分送髋，上提膝关节至胸部，右小腿以膝关节为轴向上伸直，将右腿伸直举于体前，右脚过头。然后放松向下以右脚后跟（或脚掌）为力点劈击，一直到地面，成实战姿势。

动作要点：腿尽量往高，往头后举，要向上送髋，重心往高起；脚放松往前落，落地要有控制；起腿要快速、果断；踝关节要放松。劈腿的主要攻击部位有头顶、脸部和锁骨。

① ② ③ ④

图6-4-4 下劈

5. 后旋踢（图6-4-5①～④）

动作方法：实战姿势开始，两脚以两脚掌为轴均内旋约180°，身体随之右或左转约90°，两拳置于胸前。上体右或左转，与双腿拧成一定角度。右或左脚蹬地，将蹬地的力量与上体拧转的力量合在一起，右或左腿继续向右或左后旋摆鞭打，同时上体向右或左转，带动右或左腿弧形摆至身体右或左侧，右或左腿屈膝回收；右或左脚落到右或左后成实战姿势。

动作要点：转身旋转，踢腿连贯进行，一气呵成，中间没有停顿；击打点应在正前方，呈水平弧线；屈膝起腿的旋转速度要快；重心在原地旋转360°。后旋踢攻击的主要部位有面额和胸部。

① ② ③ ④

图6-4-5 后旋踢

6. 横踢（图6-4-6①～③）

动作方法：实战姿势开始，右脚蹬地，重心前移至左脚，右脚屈膝上提，两拳置于胸前；左脚前脚掌碾地内旋，髋关节左转，左膝内扣；随即左脚掌继续内旋至180°，右腿膝关节向前抬至水平状态，小腿快速向左前横向踢出；击打目标后迅速放松收回小腿。右腿落回原地成实战姿势。

动作要点：膝关节夹紧，向前提膝，尽量走直线；支撑脚外旋180°；髋关节往前顺，身体与大小腿成直线；严格注意击打的力点在正脚背；踝关节放松，击打的感觉是"面团""鞭梢"。横踢攻击的主要部位有头部、胸部、腹部和肋部。

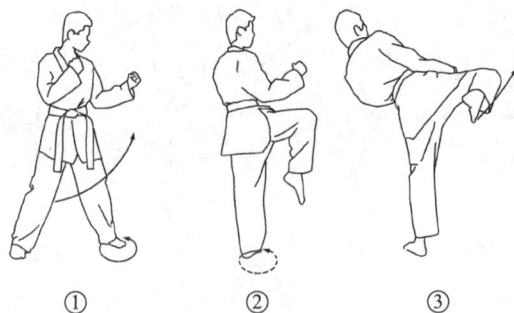

图6-4-6 横踢

专家提示

易犯错误及纠正

手脚不协调，出腿僵硬。

练习方法

多做展髋拧腰练习，同个动作反复练习。

三、基本战术

跆拳道战术的实质在于使运动员能在跆拳道比赛中依据各种可能发生的情况，运用自己平时训练中所练就的各项技能，最有效地发挥自己的优势去战胜对手。在运用战术的过程中，要树立正确的战术思想，体现以我为主、快速灵活的方针，要遵循跆拳道的技术发展变化规律，使战术训练有明确的目的性。

四、跆拳道竞赛规则简介

（一）跆拳道比赛场地、装备

跆拳道的比赛场地由一个10 m×10 m的垫子组成。比赛时，两名对抗的运动员要穿跆拳道道服，系腰带，还要戴上头盔，穿上护甲、护腿等护具。护甲要穿在道服外面，头盔的颜色要与护甲的颜色相一致。其他保护装备有穿在道服里面的护裆、护臂和护腿。

（二）跆拳道比赛级别设置（表6-4-1，表6-4-2）

表6-4-1 跆拳道比赛级别重量划分表

级别	男子	女子
Fin（鳍量级）	54 kg以下	47 kg以下

级别	男子	女子
Fly（蝇量级）	54～58 kg	47～51 kg
Bantam（雏量级）	58～62 kg	51～55 kg
Feather（羽量级）	62～67 kg	55～59 kg
Glight（轻量级）	67～72 kg	59～63 kg
Welter（次中量级）	72～78 kg	63～67 kg
Middle（中量级）	78～84 kg	67～72 kg
Heavy（重量级）	84 kg以上	72 kg以上

表6-4-2　奥运会跆拳道比赛级别重量划分表

男子	女子
58 kg以下级	49 kg以下级
68 kg以下级	57 kg以下级
80 kg以下级	67 kg以下级
80 kg以上级	67 kg以上级

（三）跆拳道竞赛规则简介

1. 行礼

比赛开始前，双方运动员互相敬礼以表示尊重。场上裁判发出"准备"和"开始"的口令后，比赛正式开始。

2. 比赛时间

跆拳道比赛分为3局，每局3 min，局间休息1 min。

3. 允许攻击的部位

跆拳道竞赛规则允许攻击的部位是头部和躯干。但禁止攻击对手的后脑部位和后背脊柱，禁止用拳击打头部。

4. 得分

在比赛中，用脚踢击对手躯干部位1次只能得1分，而用脚击打上对手头部则可以得2分；如果击倒对手，裁判员读秒后再加1分。

5. 警告和扣分

在比赛中，运动员故意倒地判罚1个警告。如果一方采用搂抱、推拉对手、消极逃避比赛，用肘、膝顶击对手，摔倒对手,故意用拳攻击对手面部等犯规动作则会被判罚警告或扣分。如果1名运动员累计被扣掉4分，则要被判"犯规败"。

6. 跆拳道比赛的获胜方式

跆拳道比赛的获胜方式包括击倒胜（KO胜）、主裁判终止比赛胜（RSC胜）、比分或优势胜（判定胜）、对方弃权胜（弃权胜）、对方失去资格胜（失格胜）、主裁判判罚犯规胜（犯规胜）。

五、跆拳道的练习方法

（一）慢速重复练习

慢速重复练习适用于初学者学习动作。在教练员讲解、示范后，一般不要立即快速练习，而要采用慢速的模仿练习，复杂动作还应分解练习。此时，不应过分追求动作的击打力量、速度，应仔细揣摩动作的发力点、路线和动作要领。一个动作要少次数、多组数练习，这样可以避免因动作错误而重复过多的练习次数，同时也可以避免使运动员感到枯燥。

（二）结合身法和步法练习

经过慢速重复性练习基本学会动作后，则根据实战的需要结合相应的身法和步法进行练习，使技术与实战紧密联系。例如，学生在练习横踢技术时，可以练习向前进一步后再进行横踢的练习，或是后撤一步再练习横踢，又或是先用身体晃动引动对方。这样可以使运动员避免枯燥地进行单纯步法练习，又可以较快地和实战结合起来。

（三）固定靶的练习

这是利用沙袋、大脚靶、多层护具等器材作为击打目标的练习。练习目的不同，方法亦不同。如要求提高动作速度和击打力度，练习者要在一定时间内快速完成某一动作；若只要求提高练习者的动作频率和耐力，则应规定时间和组、次数的要求。另外，按照比赛中常用的组合技术布置几组固定组合靶的练习，如3~5名同伴手持不同高度、不同放置角度的脚靶站立在一条直线上或不同方向上，由练习者依次踢靶。

复习与思考

1. 简述学习健体防身技能的意义。

2. 练好太极拳的总体要求有哪些?

3. 跆拳道的基本腿法有哪几种?

第七章　健美塑形技能

学习目标： 了解健美塑形运动的基本理论知识。熟悉健美运动、健美操等多种技术训练方法和形式。掌握其运动的基础理论和训练方法。培养学生的体育文化素养和吃苦耐劳精神。

　　情景导入： "坚持、坚持、再坚持。我们想成功，就要坚持到底！"这是一位伟大的运动员说的。他也是这样做的。良好的开端是通向成功的道路，同学们，让我们投身到全民健身的行列之中，通过科学的健身、健美等多种训练，让我们身形更健美，让我们身心更健康、更自信。

第一节　健 美 运 动

一、健美运动的起源与发展

　　健美运动起源于欧洲，后来在欧美国家盛行，至今有100多年的发展历史。"竞技健美"通常称为健美运动，从举重运动划分出来，发展成为一个独立的运动项目，现已成立国际健美联合会（IFBB，1946年成立）。我国于1985年11月正式加入国际健美联合会，成为第128个会员国，并于1986年10月正式成立中国举重协会健美运动委员会。

二、发展人体主要肌肉群的练习

　　（一）发展胸部肌肉

　　1. 斜板坐哑铃"飞鸟"（图7-1-1①）

　　背靠斜板凳坐（斜板30°~40°），两手握哑铃，手心向上。两臂经体侧向上斜举，反复作成"飞鸟"状，该练习主要是发展胸肌外上侧肌肉。

　　2. 杠铃卧推（图7-1-1②）

　　仰卧在斜推架或长凳上，两手宽握杠铃，两肘外展与身体成90°角，反复上下匀速推举。该动作主要发展胸大肌外侧肌肉，杠铃斜上推发展胸上侧肌，杠铃下推发展胸下侧肌。

　　3. 双杠臂屈伸（图7-1-1③）

　　两臂伸直，两手支撑在双杠上，上体尽力保持正直，成屈撑，推起。该动作主要发展胸大肌下沿肌肉。

　　4. 仰卧飞鸟（图7-1-1④）

　　仰卧在长凳上，两手握哑铃（掌心相对），两臂向上伸直与地面垂直，两膝自然分开，脚踏地面。然后两臂向两侧分开，肘稍屈到最低点，接着胸大肌用力收缩，将两臂由下向上内收至胸前伸直。

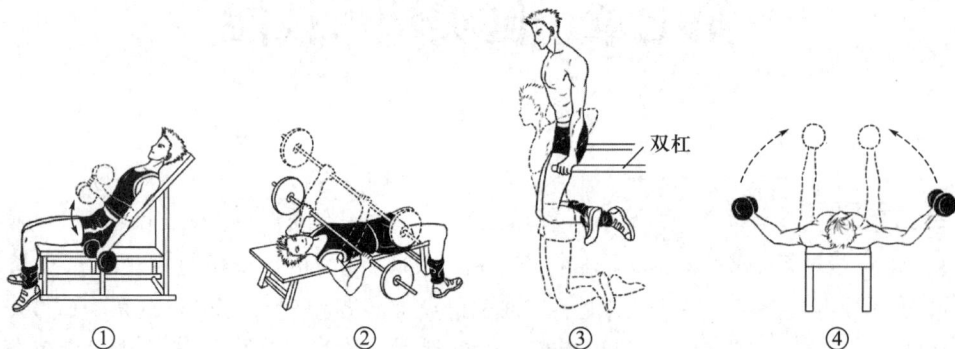

图 7–1–1　发展胸部肌肉

运动负荷和基本要求

　　每次训练可选择 2～3 个动作，每个动作可做 3～5 组，每组能做 8 次的负荷，该负荷动作超过 12 次时，再增加负荷。

　　（二）发展背部肌肉

　　1. 颈后推举杠铃（图 7–1–2①）

　　坐姿或站姿，宽握杠铃屈臂置于颈后。两臂用力上举成支撑。要求脊背挺直。此动作主要发展背阔肌和肩带后肌群。

　　2. 俯身负重挺身起（图 7–1–2②）

　　俯卧，两大腿撑在凳上，两脚固定在肋木上，两手持重物于头后，挺身起。该动作主要发展背长肌。

　　3. 杠铃负重肩绕环（图 7–1–2③）

　　两脚开立，与肩同宽，两手正握杠铃，握距稍宽于肩，两臂伸直不动，做肩绕环。该动作主要发展斜方肌和提肩胛肌。

　　4. 躬身杠铃单臂提拉（图 7–1–2④）

　　两脚开立，上体前倾，持铃臂体侧下垂，手握杠铃一端（也可用壶铃或哑铃），另一臂伸直支撑在方凳上。单臂提拉，肘关节尽力上提，上臂贴近体侧。该动作主要发展背阔肌。

　　5. 俯立提铃（图 7–1–2⑤）

　　两脚开立与肩同宽，膝关节稍屈，上体前倾与地面平行，两手直臂正握杠，两臂用力，两肘内夹，将杠铃提拉至胸腹部，稍停后缓慢放下，两臂伸直。该动作主要发展背阔肌。

6. 负重体前屈（图7–1–2⑥）

将杠铃横置于肩上，两脚开立，膝关节稍屈，两手握杠，抬头、挺胸、塌腰，上体缓慢下降至与地面平行，然后保持身体姿势，上体抬起成直立，腰背肌始终要收紧。该动作主要发展背长肌和背短肌。

图7–1–2　发展背部肌肉

相关链接

运动负荷和基本要求

开始时可做2~4个动作，每个动作可做3~4组，每组8~12次的负荷，属于不太容易增加重量的动作，如拉橡筋条等，重复12~15次。

（三）发展上肢肩带肌肉

1. 宽握推举杠铃（图7–1–3①）

提铃至胸，两脚开立与肩同宽，抬头挺胸，两臂用力向上推举杠铃至两臂伸直，稍停后将杠铃放回胸部，同时稍屈膝缓冲。该动作主要发展三角肌前束和中束。

2. 杠铃胸前弯举橡筋条前上拉（图7–1–3②）

两脚自然开立，两手反握杠铃直臂下垂，然后屈臂将杠铃弯举至胸前，缓慢放下，上体不要前后摆动。该动作主要发展肱二头肌和肱肌。

3. 坐式哑体侧推举（图7–1–3③）

坐在方凳上，两臂肩上屈，两手握哑铃，手心向前做哑铃推举，推举时要尽力挺胸塌腰。该练习主要发展三角肌中束。

4. 直臂侧平举并上举（图7–1–3④）

直立，两臂下垂持铃，然后直臂侧平举，稍停，再上举成直臂，在头上成支撑。该动作主要发展三角肌中束。

5. 躬身哑铃"飞鸟"（图7–1–3⑤）

开立，上体前屈，背与地面平行，两臂下垂，两手持哑铃，掌心相对，两臂侧平举，即为"飞鸟"。俯卧在斜板上也可以做哑铃飞鸟动作。该动作主要发展三角肌后束。

6. 杠铃体后提拉（图7–1–3⑥）

开立，两脚同肩宽，两臂体后伸直，两手正握杠铃，握距比肩窄，做杠铃体后提拉动作。提拉时杠铃要沿着身体尽力上提。该动作主要发展三角肌后束。

图7–1–3 发展上肢肩带肌肉

相关链接

运动负荷和基本要求

做动作时，要注意掌握好动作的节奏和正确的技术。训练时所选择的每个动作可做3~5组，每组做12~15次。

（四）发展下肢肌肉

1. 深蹲（图7-1-4①）

将杠铃置于肩上，两脚开立与肩同宽，挺胸收腹紧腰，身体立直。屈膝缓慢下蹲，至大小腿夹角小于90°后，稍停，再用力伸腿站立。

2. 杠铃骑跨蹲起（图7-1-4②）

两腿分开骑跨在杠铃的横杆上，屈膝下蹲，两臂在体前、后伸直，两手提铃，手心相对，上下蹲起。

3. 仰卧杠铃举腿（图7-1-4③）

仰卧在专门的杠铃托下，两腿弯曲，两脚蹬在杠铃的横杆下，蹬起杠铃，两臂在体侧支撑地面维持平衡。

4. 坐式负重腿屈伸（图7-1-4④）

坐在长凳的一端，两臂体侧伸直，两手抓住长凳边缘，两腿弯曲并拢，脚部负重，两小腿同时或交替屈伸，伸直时保持几秒钟。

5. 俯卧直腿负重弯举（图7-1-4⑤）

俯卧在长凳上，两脚负重，两腿做弯举动作，不弯举到头，下放时腿不要完全伸直，以较慢的速度来完成动作，始终保持肌肉的张力。

6. 站立负重提踵（图7-1-4⑥）

将杠铃置于肩上，两脚自然分开，身体直立，前脚掌下可垫木板或铃片。然后用力直膝提踵，稍停后缓慢放下，提立时稍快，落下稍慢。

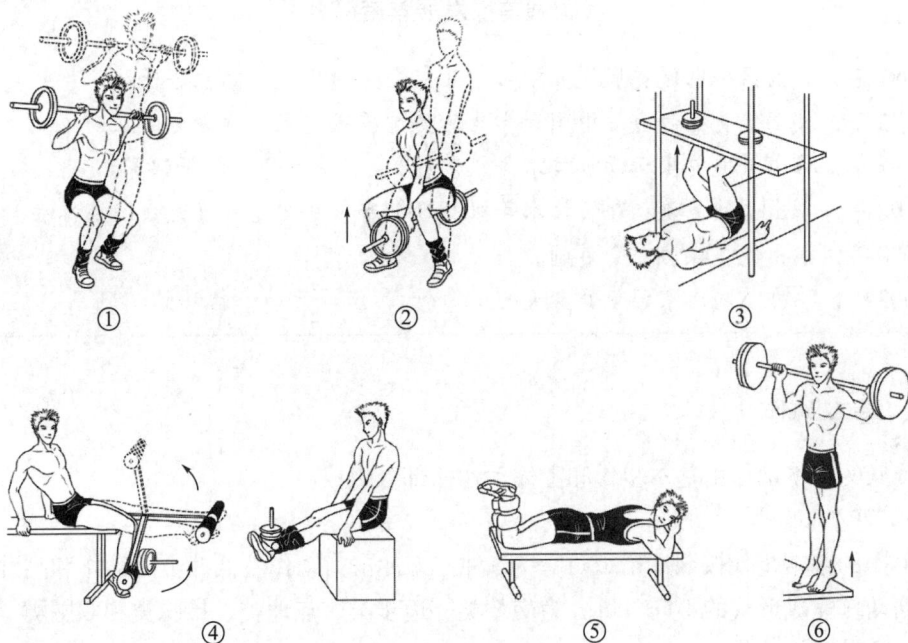

图7-1-4　发展下肢肌肉

相关链接

运动负荷和基本要求

每个动作一般可做3~5组，每组做8~12次。下蹲时的负荷量可以大些，但要注意安全，挺胸塌腰，身体不要前探。

第二节 健 美 操

一、健美操运动的起源与发展

20世纪60年代，现代健美操运动开始兴起，最早是美国太空总署所设计的体能练习。医学博士库伯乐设计了一些动作，并逐渐加上音乐伴奏和服装，形成具有独特体系的运动，并很快风靡世界。20世纪70年代，在美国迅速兴起，掀起热潮。

世界性的健美操热传到我国是在20世纪80年代初。我国健美操运动的发展受"简·方达健美操"的影响较大，并在不断发展过程中，逐渐形成了一套科学的健身、训练和竞赛体系。

相关链接

我国健美操发展年度简表

1987年，我国第一家健美操健身中心"北京利生健康城"向社会开放。

1992年，我国健美操协会、中国大学生体协健美操艺术体操分会成立。

1995年，推出《健美操运动员技术等级制度》，首次派队参加世锦赛。

1998年，推出《健美操指导员技术等级制度》和《全国健美操大众锻炼标准》。

2000年，推出健美操协会会员制。

2003年，举办首届北京国际健身大会。

二、基本动作

健美操的基本动作由基本步伐和上体动作两部分组成。

（一）基本步伐

健美操的基本步伐按照冲击力可分为3种：无冲击力动作、低冲击力动作和高冲击力动作。根据动作完成形式的不同，可分为交替类、迈步类、点地类、抬腿类和双腿类。下面主要介绍这几种基本步伐。

1. 交替类

交替类动作是指两脚始终作依次交替落地的动作。

（1）踏步

动作方法：大腿抬平，小腿自然下垂，在下落时，踝、膝、髋关节依次有弹性地缓冲。在落地时，由前脚掌过渡到全脚掌，两臂屈肘前后自然摆动，身体保持正直，抬头挺胸。

（2）走步

动作方法：迈步向前走时，脚跟先落，再到全脚掌，向后走时则相反。在落地时，膝、踝有弹性地缓冲。

（3）一字步

动作方法：一脚向前一步，另一脚向前并步，然后再依次还原。向前迈步时，先脚跟着地，过渡到全脚掌，前后均要有并腿过程，每一拍动作膝关节始终有弹性地缓冲（图7-2-1）。

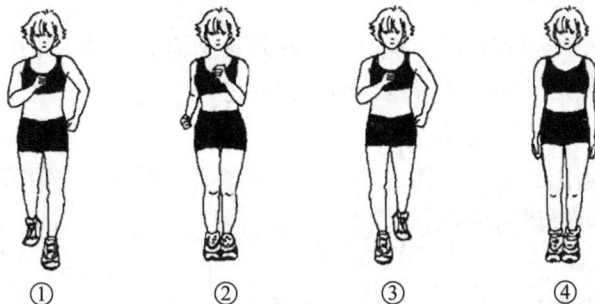

①　　　　　　②　　　　　　③　　　　　　④

图7-2-1　一字步

（4）V字步

动作方法：一脚向前侧方迈一步，另一脚随之向另一方迈一步，成两脚开立，屈膝，然后再依次退回原位。两腿膝、踝关节始终保持弹性状态，分开后成分腿半蹲，重心在两腿之间（图7-2-2）。

①　　　　　　②　　　　　　③　　　　　　④

图7-2-2　V字步

（5）漫步

动作方法：一脚向前迈出，屈膝，重心随之前移，另一脚步稍抬起，然后原地落下；或者向后撤一步，重心后移，另一脚稍抬起，然后原地落下。两脚始终保持交替落地，身体重心随动作前后移动，但始终保持在两脚之间（图7-2-3）。

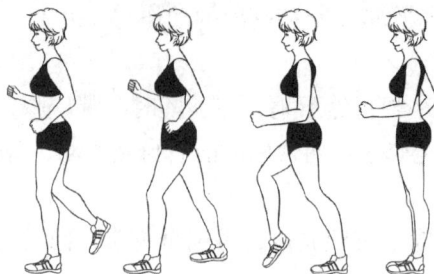

图7-2-3 漫步

（6）跑步

动作方法：两腿经过腾空，依次落地缓冲，两臂屈肘叉腰。落地屈膝缓冲，脚跟尽量落地。

2. 迈步类

迈步类动作是指一条腿先迈出一步，重心移到这条腿上，另一腿用脚跟、脚尖点地或吸腿、屈腿、踢腿等，然后反向迈步重复上面动作的过程。

（1）并步（侧并步为原始动作）

动作方法：一脚迈出，另一脚随之并拢，屈膝点地，再向反方向迈步。两膝始终保持弹动，动作幅度和力度可随风格而定。

（2）迈步点地

动作方法：一脚向侧迈一步，两腿经屈膝移重心，另一脚再向前、侧或后用脚尖或脚跟点地。两膝同时有弹性地屈伸，重心移动轨迹呈弧形，上体不要扭转。

（3）迈步吸腿

动作方法：一脚迈出一步，另一腿屈膝抬起，然后向反方向迈步。动作要经过屈膝半蹲，抬膝时，支撑腿稍屈膝（图7-2-4）。

（4）迈步后屈腿

动作方法：一脚迈出一步，另一腿后屈，然后向反方向迈步。要经过屈膝半蹲，支撑腿稍屈膝，后屈腿的脚跟靠近臀部（图7-2-5）。

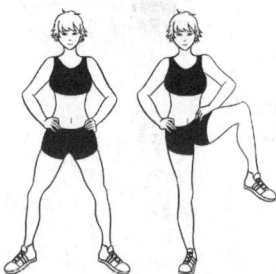

图7-2-4 迈步吸腿

① ②

图7-2-5 迈步后屈腿

（5）侧交叉步

动作方法：一脚向侧迈一步，另一脚在其后交叉，随之再向侧迈一步，另一脚并拢，屈膝点地。第一步要脚跟先落地，身体重心快速随着脚步而移动，保持膝踝关节的弹动（图7-2-6）。

图7-2-6　侧交叉步

3. 点地类

点地类动作是指一腿屈膝站立，另一腿伸出，用脚尖或脚跟点地后还原到并腿位置的动作。

（1）脚尖点地

动作方法：一腿稍屈膝站立，另一腿伸出，脚尖点地，然后还原到并腿姿势。支撑腿始终保持屈膝站立，并且随动作有弹性地屈伸（图7-2-7）。

（2）脚跟点地

动作方法：一腿稍屈膝站立，另一腿伸出，脚跟点地，然后还原到并腿姿势。支撑腿要始终保持屈膝站立，并且随动作有弹性地屈伸（图7-2-8）。

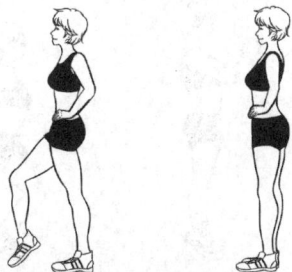

图7-2-7　脚尖点地

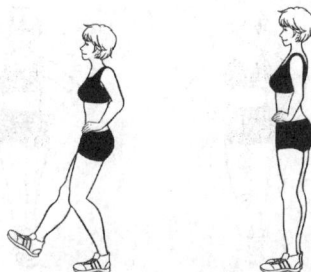

图7-2-8　脚跟点地

4. 抬腿类

抬腿类动作是指一脚站立，另一腿抬起的动作。

（1）吸腿

动作方法：一腿屈膝抬起，落下还原。支撑腿要保持屈膝弹动，大腿上抬过水平，小腿垂直于地面，脚面绷直，落地时，由脚尖过渡到脚跟。两腿交替进行。跳起时，脚离地，上体保持正直（图7-2-9）。

（2）摆腿

动作方法：一腿稍屈膝站立，另一腿稍抬起，向侧方向摆腿，然后还原。摆腿时要有控制，上体保持正直（图7-2-10）。

图7-2-9　吸腿

（3）踢腿

动作方法：一腿稍屈膝站立，另一腿抬起，然后还原。抬起腿不需要很高，但要有控制，保持上体正直（图7-2-11）。

图7-2-10 摆腿　　　　　　　　　　图7-2-11 踢腿

（4）弹踢腿（跳）

动作方法：一腿站立（跳起），另一腿先向后屈，然后向前下方弹踢，还原。弹踢时要有控制，两膝之间要靠拢，前弹时不要过分用力，膝关节、髋关节运动伸展要有控制（图7-2-12）。

5. 双腿类

双腿类动作是指双腿站立、身体重心在两腿之间的动作。

（1）并脚跳

动作方法：两腿并拢跳起，落地缓冲要有控制（图7-2-13）。

图7-2-12 弹踢腿　　　　　　　　　图7-2-13 并脚跳

（2）分腿跳

动作方法：分腿站立屈膝半蹲，向上跳起，分腿落地时，屈膝缓冲。屈膝半蹲时，大、小腿夹角不要小于90°，空中注意身体的控制（图7-2-14）。

（3）开合跳

动作方法：由并腿跳起，分腿落地，然后，再由分腿跳起，并腿落地。分腿屈膝蹲时，髋部、脚尖外开，膝关节沿脚尖方向屈，膝关节夹角不小于90°，脚跟落地，动作要起伏、连贯、有弹性（图7-2-15）。

图7-2-14 分腿跳

图7-2-15 开合跳

（4）半蹲

动作方法：两腿有控制地屈和伸，可分为并腿半蹲和分腿半蹲。分腿半蹲时，两腿左右分开稍大于肩（或与肩同宽），脚尖稍外开，屈膝关节角度不得小于90°，膝关节对准脚尖的方向，臀部向后45°方向下蹲，上体保持正直（图7-2-16）。

（5）弓步

动作方法：两腿前后分开，两脚平行站立，蹲下、起来。一腿后摆由脚尖过渡到前脚掌（脚后跟不需要着地），脚尖方向向前。半蹲时后腿膝关节向下，身体稍前倾，收腹立腰，重心始终在两脚之间（图7-2-17）。

图7-2-16 半蹲

图7-2-17 弓步

（二）上体动作

1. 健美操常用的几种手型

（1）合掌、五指伸直，相互并拢。大拇指末节收回，指关节贴于食指旁，手掌是小臂的延伸（图7-2-18①）。

（2）分掌五指伸直充分张开，手掌是小臂的延伸（图7-2-18②）。

（3）实拳：四指卷握，大拇指末关节压在食指弯曲部位（图7-2-18③）。

（4）虚拳：五指虚握，拇指贴着食指指尖（图7-2-18④）。

（5）屈指掌：手掌用力上翘，成立掌式，五指屈指并拢（图7-2-18⑤）。

（6）芭蕾舞手势：五指微屈，后三指并拢，稍内收，拇指内扣（图7-2-18⑥）。

（7）西班牙舞手势：五指用力，小指、无名指、中指自掌指关节处依次屈，拇指稍内扣（图7-2-18⑦）。

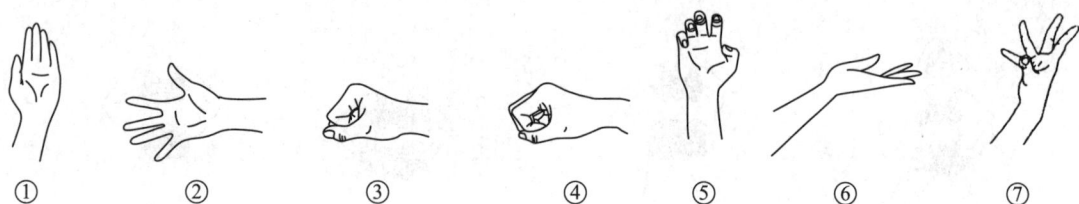

图 7-2-18　手型

2. 头颈动作

（1）屈：指头颈关节角度的弯曲。

（2）转：指头颈部绕身体垂直轴的转动，包括左转、右转。

（3）绕：指头以颈为轴心的弧形运动，包括左、右绕。

（4）绕环：指头以颈为轴心的圆形运动，包括左、右绕环。

3. 肩部动作

肩部动作包括提肩、沉肩、收肩、展肩、绕和绕环。

4. 手臂动作

（1）举：臂直向某方向抬起。

（2）屈：肘关节产生一定的弯曲角度，包括胸前平屈、肩侧屈、肩上侧屈、肩下侧屈、肩上前屈、头后屈。

（3）推：立掌，臂由肩部向前、上、侧推。

（4）绕和绕环：双臂或单臂向内、外、前、后作180°～360°的弧形运动为绕，圆周运动为绕环。

第三节　瑜伽与普拉提

一、瑜伽

（一）瑜伽的起源

瑜伽起源于印度，是古代印度哲学六大派中的一派。瑜伽是梵语词，意思是自我和原始动因的结合或一致，它凝聚了五千年前印度河流域的古印度文明，传承了尼罗河流域的古埃及文明的智慧哲学精髓。

（二）练习瑜伽的好处

现代瑜伽有着独特的塑身功效，讲究自然、平衡与协调，是一种安全、有效的塑身练习。瑜伽的神奇之处是赋予机体细胞年轻的状态，使之保持充沛和旺盛的精力。瑜伽练习能够帮助练习者保持健康的精神系统，使不够正常的神经系统恢复正常；促使内分泌系统产生有利的影响，保持身体健康；各种瑜伽姿势帮助人们伸展肌肉、灵活关节，使身体得到按摩和伸展。科学研究表明，瑜伽是很好的抗压运动，有权威机构经全面统计之后，罗列了十项练习瑜伽的功效，如：保持和促进系统发挥正常的功能；加强内分泌系统的功能；按摩和强化人体各部分器官，使其机能平衡；促进血液循环、新陈代谢；瑜伽呼吸法改善心灵机能，延长生命力；调整脊椎，增强柔韧性；减肥和保养皮肤；提升心理、精神能量，使情绪平和；排除体内毒素；减缓和消除各种慢性疾病等。

（三）瑜伽调息功法

1. 腹式呼吸

仰卧，手轻轻放在肚脐上；吸气时，把空气直吸向腹部；吸气正确，手随腹部抬起；吸气越深，腹部升起越高，随着腹部扩张，横膈膜就向下降。接着呼气，腹部向内朝脊柱方向收；凭着尽量收缩腹部的动作，把所有废气从肺部全部呼出来，这样做时，横膈膜就自然而然地升起。

2. 胸式呼吸

仰卧或伸直背坐着，深深吸气，但不要让腹部扩张；代替腹部扩张的是把空气直接吸入胸部区域。在胸式呼吸中，胸部区域扩张，腹部应保持平坦。然后，当吸气越深时，腹部向内朝脊柱方向收入；吸气时，肋骨是向外和向上扩张的，接着呼气，肋骨向下并向内收。

3. 完全呼吸

完全呼吸即把以上两种呼吸结合起来完成，这是一种自然的呼吸方式，略加练习后，这种呼吸方法就会在全部日常的练习和生活中自动地进行，并习以为常。瑜伽的这种完全呼吸有许多益处：由于增加氧气供应，血液得到了净化；肺部组织健壮，增强了抗病能力；胸腹活力和耐力均有增长，心灵也变得更清澈。

（四）瑜伽体位法

第一式：站立深呼吸（图7-3-1）

动作要点：保持站立姿势，双腿伸直，脊柱挺直，脚后跟及大脚趾并拢，十指交叉放在下颌上，吸气的时候采用喉部呼吸，肘部尽量打开，手背刚好触到脸颊的两侧，以最大限度吸气，然后头向后仰，手肘并拢，以最大限度呼气。

作用：扩大肺活量，增强循环，为下面的练习作准备。

第二式：风吹树式（图7-3-2）

动作要点：双脚并拢，双臂向上伸直，五指交叉，挺直脊柱，抬起脚跟，吸气。呼气时，身体向左侧弯曲到最大限度，脚跟不落。保持数秒。吸气，还原。呼气，再弯向右侧。

作用：消除腰、腹多余赘肉。经常向两侧弯曲脊椎，也能增强脊椎的弹性。

图7-3-1 站立深呼吸

图7-3-2 风吹树式

第三式：笨拙式（图7-3-3）

动作要点：站立，双脚打开与肩同宽，吸气向前提起手臂与地面平行，掌心向下，呼气，身体慢慢向下坐，直到大腿与地面平行，上半身尽量保持平直，保持均匀呼吸。

作用：强壮腿部、臀部肌肉，伸展髋关节，锻炼发展上臂，促进膝、踝关节血液循环，还可以去除下肢风湿病、关节炎、痛风等症，帮助治疗下腰痛及腰椎间盘突出。

第四式：树式（图7-3-4）

动作要点：站立，双脚合拢，曲右膝，右脚的足弓抵住左大腿根内侧，让左脚完全受力均匀，左脚的内侧用力下踩，脚趾放松不要抓地，随吸气双手从体侧向上合掌，手臂带动大臂随身体继续向上伸展，将右膝向右侧打开，左脚用力下踩，双手用力向上伸展，保持均匀的呼吸，反方向练习。

作用：加强腿部、背部、胸部肌肉力量。提高平衡感和专注能力，纠正不良体态，预防疝气。

图7-3-3　笨拙式　　　　　　　　　　　图7-3-4　树式

第五式：战士第三式（图7-3-5）

动作要点：按基本三角式站立，先做战士第一式，慢慢将重心移至右脚，将举起的双臂缓缓前移。慢慢将左腿抬起。伸直右膝，保持左腿、上身躯干、头、手臂在同一直线上，保持10 s。吸气，屈右膝，左脚尖回落到地面。换左侧做同样练习。

作用：提高身体的平衡能力。

第六式：站立分腿伸展式（图7-3-6）

动作要点：双腿分开大约肩宽的两倍，手臂向身体两侧水平打开，向下俯身，双手分别握住两侧的脚后跟，头向下，以额头触地，双腿保持伸展，保持10 s。

作用：伸展大腿后侧肌肉和跟腱的韧带。改善腹部脏器腺体的功能，以及便秘、坐骨神经痛，使脊柱更灵活。

图7-3-5　战士第三式　　　　　　　　　图7-3-6　站立分腿伸展式

第七式：三角式（图7-3-7）

动作要点：双腿分开大约为肩宽的两倍，左侧膝盖弯曲使得大腿与地面平行，同时上体向左侧弯曲，手指尖触大脚趾，掌心翻转向前。注意右腿伸直，右侧手臂向上，保持其与地面垂直，均匀呼吸，保持10 s。反方向再做1遍。

作用：有益于身体每块肌肉、关节、腺体、内脏健康。这是一个加强髋关节和侧腰部伸展和力量的最重要的姿势。可缩减腰围，强壮三头肌、斜方肌、胸大肌。

第八式：眼镜蛇式（图7-3-8）

动作要点：选择俯卧的姿势，下颌点地，双臂自然放于体侧，屈手肘，双手掌心向下，放于胸的两侧。吸气，慢慢抬高上体，尽量将上体与地面保持垂直，伸直双臂，视线看向上方，尽量抬高下颚。呼气，曲手肘，上体慢慢地还原初始姿势。

作用：使脊柱保持富有弹性的健康状态，改善各种背痛和比较轻微的脊柱损伤。该式对生殖器官也有好处，可调整月经失调及各种女性机能失调。强壮三角肌、斜方肌、肱二头肌。

图7-3-7 三角式

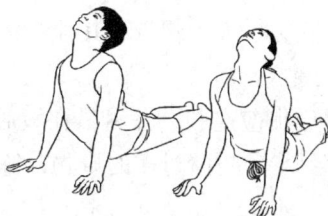

图7-3-8 眼镜蛇式

第九式：仰卧起坐动态伸背式（图7-3-9）

动作要点：双腿并拢向前伸展，双手放在身体两侧，掌心向下，吸气，慢慢向上伸展双臂，然后向下弯曲上体，用双手抓住大脚趾，使两腿保持伸直，膝盖下压，用双臂向脚部的方向牵拉身体，身体往前移动，移到不能移的位置，再稍稍放低身体，尝试用额头及胸部接触大腿。

作用：收紧腹部，伸拉腿部韧带和脊柱。

第十式：仰卧式（图7-3-10）

动作要点：身体平躺地面，全身笔直放松。两臂自然下垂，手掌自然放松。正常呼吸，双目闭合，整个身体无拘无束。

作用：使血液循环恢复正常，身体完全放松。接下来每个动作之后都要做这个姿势。

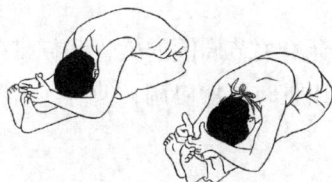

图7-3-9 仰卧起坐动态伸背式

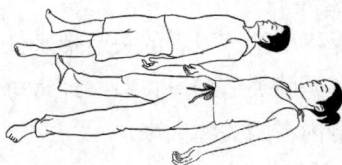

图7-3-10 仰卧式

（五）练习要略

1. 时间

（1）可以在进餐以外的所有时间进行瑜伽练习，最好在饭后的三四个小时为宜。

（2）清晨或者傍晚是不错的选择。

（3）傍晚时身体一般比早晨时灵活，瑜伽姿势会做得比较到位。

（4）傍晚时练习有助于消除一天的疲劳，恢复精力。

2. 地点

练习地点对于瑜伽格外重要。在都市里，应尽可能选择一个安静、干净、舒适和通风的房间来练习。

3. 铺地的垫子

应选择一张由天然材料做成的、薄厚合适的垫子，太软或太硬都不好，垫子一定要支撑好自己的脊柱。

4. 着装

由于瑜伽有大量扭曲和伸展躯干、四肢的动作，因此最好穿着宽松、赤足，并且在开始练习前，除去手表、腰带和其他饰物。

5. 饮食

练习瑜伽应空腹，并尽量在饭后三四个小时之后做练习。尽量避免进食一些过于油腻、辛辣和容易导致胃酸过多的事物；练习结束 30～40 min 后方可进食。

二、普拉提

（一）普拉提的来源

普拉提是由德国约瑟夫·休伯特斯·普拉提于 1926 年创立并推广的一种静力性运动健身体系。普拉提的训练方式遵循运用自身体重，多次数、小重量以及冥想的运动原则，训练时的呼吸方式为鼻吸口呼，是针对肌肉形态、关节等的一种训练，它的训练目的是通过改变人体肌肉功能从而改善人体脊柱腰椎等功能。

（二）普拉提的健身功能

1. 塑造健康柔软的背

普拉提可以给练习者的脊椎更多的支撑，给脊椎骨之间创造出更多的空间，不仅会让练习者看起来更加修长，同样可以有更多的灵活性。柔软的脊椎可以避免由退化引起的脊椎问题，可以帮助练习者在活动时更加的优雅和容易。

2. 塑造体形

普拉提不会给练习者的关节带来任何的压力，不会给关节周围的软骨和韧带带来任何的损伤，尤其是膝关节和肩关节。经常练习普拉提，会让肌肉更加协调，使练习者注意力拉回到对于自身内在的关注上来。

3. 物理治疗

针对人体某些功能障碍或病变，每周三次普拉提练习可以起到治疗效果。但是，必须持之以恒，这是关键所在。

4. 提高精神和活力

普拉提可以促进情感健康。平缓的、稳定的动作可以让心灵平静，缓解精神紧张。在拉长肌肉的同时，可以促进循环系统的运转，扫除紧张情绪。每一个动作都会感到平静、协调和有活力。

5. 提高平衡和协调性

随着年龄的增长，肌肉和神经感受器的灵敏性变差，普拉提通过稳定核心而扭转这种老化的过程，有助于保持身体稳定性，同时使脊椎更加的柔软和强壮。

6. 减少疼痛和僵硬

如果因为骨关节炎的疼痛而感到苦恼，可以通过普拉提来拉长身体从而减少痛苦，恰当的普拉提运动对于治疗关节炎至关重要，因为通过拉伸运动可以增加身体柔韧性，减少疼痛和疲劳。拉伸会让营养物质流向肌肉和肌腱，可以让肌肉健康，将受伤的可能性降到最低。普拉提还可以刺激关节润滑剂的产生，可以让腿、背、颈和肩膀的肌肉放松，缓解疼痛感和紧绷感。

（三）普拉提站姿及呼吸法

1. 普拉提站姿

脚踝相接，形成一个Ｖ字。普拉提站姿起始于盆部，收紧臀部，把大腿后侧互相贴紧，大腿骨从盆腔处向外转，双脚打开成Ｖ字。臀部和大腿收紧，小腿和双脚保持放松延伸。

2. 普拉提呼吸法

做普拉提运用横向呼吸法，能促成正确的动作模式，同时使肺部吸纳最大量的氧气。吸气时，胸腔骨的下部向横扩张，呼气时则下陷，这样呼吸，能协助运动的同时保持腹部一直收缩内曲。

呼吸时要注意：

（1）用鼻子吸气，用嘴呼气，讲究呼气的深度，尽可能地运用侧胸式的方法（吸气腹部收紧，肋骨向外扩张，呼气肋骨内收）。

（2）呼吸的速度不易太快，与动作的速度基本一致，不要憋气进行训练。

（3）运动时注意呼气，静止时注意吸气。这样可以缓解因肌肉用力，而给身体内部带来的压力。

（4）通过控制呼吸，把注意力集中在呼吸上，减少人对肌肉酸痛的敏感度。

（四）常见动作

1. 腿部环绕

身体平躺在垫子上，双臂放于体侧。先把一条腿向上举起，另一条腿伸直或者弯曲放在地上，腹部收紧，腰部贴紧地面。吸气的时候用向上举起的腿画圈，方向顺逆均可，呼气时则回到起点，并停止动作。这样一个方向做4～6次，然后换方向再做4～6次。

提示：过程中腿部环绕的幅度不要太大，并保持臀部、髋关节不动。

作用：这组动作锻炼了腿部肌肉，能让腿部保持优美的曲线，同时配合呼吸能合理调节内脏功能，让动作更灵活和协调。

2. 单腿动作

上体抬起，肩膀离地，左腿伸直，右腿弯曲。右腿外侧手抱住脚踝，内侧手抱膝，呼吸1次。换腿，重复动作。如此左右两侧各交换8～10次。

提示：整个过程中上体不要放松，上背部要离地。

作用：这组动作让身体更具有协调性，同时锻炼了身体上部的韧性和腹部肌肉、脊椎和骨骼的灵活度。

3. 双腿动作

上体抬起，双膝收到胸前，把身体团紧。然后双手抱膝，吸气，并伸展开身体。呼吸的同时把身体收回到团紧状态。重复6～10次。

提示：动作中上体保持不变，肩膀要离开地面，打开身体的时候双臂从前到上，收回时是从旁边收回，抱膝。

作用：这是一组伸张动作，类似游泳的动作，可以让身体和身体关节伸展开来，得到完全的放松。

4. 侧面动作

侧卧，让头、肩、髋在一条直线上。双腿稍向前收，左腿脚尖蹬地，脚后跟抬起，右腿抬起与髋同高，吸气右腿后展，夹臀，呼气时向前踢2次。换腿，重复。两侧各做6～8次。

提示：动作中肩膀要放松，上体不能松懈。

作用：可以强化上肢肌肉，包括胸肌、上背部肌肉及腹横肌，同时提高肌肉的柔韧性。

5. 全身动作

手和脚的位置固定不动，双腿弯曲，左腿在前，右腿在后。吸气时单臂支撑身体起来，这时，全身挺直成一条线，呼气时缓缓落下。换腿练习。各做4～5次。

提示：动作缓慢，控制有力。在完成时若有困难，可用肘关节支撑于地上。

作用：这是关于身体平衡性的锻炼，能让身体更硬朗。同时锻炼双腿各关节的灵活度。

（五）重点练习

1. 坐姿转体

（1）双腿屈膝并拢，双臂平行地面，静止吸气。

（2）吸气时收缩腹肌并将躯干转向一侧，加强侧腰及肋间肌的力量。

动作提示：尽量加大躯干后倾及扭转的幅度。

2. 单侧跪撑平衡练习

（1）左腿跪撑，右脚尖后侧点地，左臂平行地面打开，收紧腰腹背部肌肉，并保证体重均匀分布在左膝及右手掌上，静止吸气。

（2）呼气时右脚尖离地，至右腿平行地面位置停住。

动作提示：保持动作时自然呼吸。充分调动全身肌肉群，以保持平衡状态，尤其是腰、腹、背、臀的肌肉。此动作加强核心部位的稳固性及身体平衡性。

3. 臀腿收紧摆动

（1）左腿屈膝侧坐于垫上，右腿屈膝并收紧臀腿肌肉，使右腿内侧平行地面（膝盖勿沉向地面），双臂稍宽于肩膀，手掌撑地。

（2）右腿保持平行动作的前提下双臂打开，躯干向上立起，侧腰及臀、腿的紧张感加强。

（3）伸直右膝，右腿平行地面向前摆动。

（4）双腿直膝并拢，手掌体后撑地，交换动作方向。

动作提示：注意力集中于侧腰、臀上缘及大腿肌肉的紧张上，动作匀速，勿借助惯性。

4. 屈臂俯撑

双屈臂俯身撑地，收缩腰腹肌，将上半身撑离地面，双脚脚趾抓紧地面，大腿及臀部肌肉向中间夹紧，使身体呈"一"字，并尽量保持躯干稳定。

动作提示：肩胛骨内收，收紧背、腰、臀、腹肌肉，勿塌腰。

5. 身体侧撑

（1）左臂屈肘，双脚并拢或一前一后，收缩腰、腹肌将身体撑起，右臂向上伸缩同时扩展胸腔及髋关节，保持身体侧面垂直地面。

（2）抬起右腿，使身体呈"大"字，收紧核心部位。

动作提示：身体呈"大字"时，骨盆勿下塌。

6. 腰背肌强化训练

俯卧，双臂置于头两侧，两腿自然分开，静止吸气，呼气时在收缩背、腰、臀、腿的肌肉，伸直（肘、膝）关节的前提下四肢向上抬起，并保持片刻，做自然呼吸。

（六）普拉提的其他形式

1. 直立普拉提

这种锻炼改变了传统的垫上运动，整个运动过程是保持直立的姿势进行的。

两脚分开，与胯同宽，手臂伸直上举，手掌相对。右脚伸直，右腿上抬，与左脚成45°角。右脚沿顺时针方向画3个圆圈，这个过程胯部是平衡的，然后反向。完成后，右脚收回地面，并将右脚向右侧抬起，脚背弯曲，并沿顺逆两个方向画圆圈。左脚重复右脚动作。

作用：这种锻炼是健美腿部和臀部的好方法。同时直立进行动作能提高身体的平衡性和敏捷性。

2. 健身球普拉堤

这种锻炼始终都是在健身球上进行的。

跪在地板上，身体右侧靠在一个大健身球上。伸出左脚支撑身体，右腿仍跪在原地。右手搭在球上，左臂弯曲，左肘放于脑后，扶住颈部。侧弯腰，努力用左肘去触左胯，当无法再接近时返回，共做8~12次。然后换另一侧做。

作用：有益于塑造腹部、髋部、臀部及下腰部的肌肉，同时还可以建立良好的平衡性和协调性。

3. 弹力绳普拉提

这组动作的过程中需要一个弹力绳。

仰卧在地板上，双腿绷直，脚背弯曲。把弹力绳绕在脚上，双手抓住弹力绳的两端。深吸气，努力将肚脐贴向脊柱。深呼气，肱二头肌收缩，双手向胸部抬起，同时将脊背一点一点卷起。深吸气，然后在慢慢躺回地板的同时深呼气。深吸气，并将双手放下。以上动作重复5～10次。

作用：可以锻炼胸部、背部和手臂的肌肉柔韧性。

4. 小球普拉提

先准备一个直径为20～30 cm的软皮球。

仰卧在地板上，用两脚的踝部夹住球。双腿抬起，直至与地面垂直。双腿慢慢旋转，在空中画盘子大小的圆圈，顺时针和逆时针方向各转10次，手心向下，放于身体两侧。在转腿时保持背部的平直。

作用：对于塑造臀部、髋部和大腿外侧的曲线有一定作用。

（七）注意事项

做普拉提的动作一定要准确，所以要特别注意以下两个方面：

1. 正确的姿势

正确的姿势是为了保持腹部和背部集中适当的力量，让肌肉能够支持脊柱。

2. 良好的呼吸

良好的呼吸方式应该是以头脑、身体、精神来共同进行的，这样可以使练习者的肉体和心灵压力一扫而空。呼吸的时机必须正确，与通常的呼吸不同，普拉提运动在呼吸时要求在用力动作时吸气（这时腹部处于伸展状态），而在收紧腹部时呼气。

📚 **复习与思考**

1. 健美操的基本步伐有哪些？

2. 胸大肌的训练有哪些方式？

3. 普拉提和瑜伽的呼吸有什么区别？

第八章　户外休闲技能

学习目标：了解户外运动的定义和装备，熟悉进行户外运动时所要注意的事项，掌握利用户外运动进行身体锻炼的方法，培养学生团队精神、坚持、奉献、互助的健康心理品质，增强学生在工作当中的责任感及勇于迎接挑战的信心，激发创造性思维。

情景导入：户外运动是在自然环境中进行的，有着回归自然、返璞归真的特征。开展户外运动要有挑战自我极限的心理准备，要做好吃苦受累的准备，要保持积极健康的心态。户外运动是体验教育的重要组成部分，强调团队精神。

第一节　户外运动装备

户外运动的定义：户外运动是一组在自然环境中开展的带有探险或者体验探险性质的体育运动项目群。

户外运动目前主要分为四大块：空中项目、陆上项目、自然水域项目、组合项目。空中项目主要有：滑翔伞（有动力、无动力）、热气球、跳伞等。陆上项目主要有：徒步、野营、溯溪、登山、攀岩、攀冰、探洞、滑雪、山地自行车等。自然水域项目主要有：漂流、舟渡、潜水等。组合项目主要有：定向越野、野外生存、野外拓展、探险越野赛。

一、一般山地户外运动

（一）徒步

徒步指步行，根据穿越区域的不同，可以分为城郊、乡村、山地、江河等很多类型。

（二）野营

在野外搭营帐住宿，过去是军事或体育训练的一种项目，现在成了普通群众的休闲活动。野营一般需要生篝火，它既可以防止野兽的侵袭，也可以用来烧、烤、煮或加热野营食物，因此生火对于野营来说是很重要的。

（三）溯溪

溯溪是一项由峡谷溪流的下游向上游，克服地形上的各处障碍的一项探险活动。

二、极限山地户外运动

（一）登山

登山是指在特定要求下，运动员徒手或使用专门装备，从低海拔地形向高海拔山峰进行攀登的一项体育活动。登山运动可分为登山探险（也称高山探险）、竞技攀登（包括攀岩、攀冰等）和健身性登山。

（二）攀岩

攀岩运动也属于登山运动，攀登对象主要是岩石峭壁或人造岩墙。攀登时不用工具，仅靠手脚和身体的平衡向上运动，手和手臂要根据支点的不同，采用各种用力方法，如抓、握、挂、抠、撑、推、压等，所以对人的力量要求及身体的柔韧性要求都较高。攀岩时要系上安全带和保护绳，配备绳索等以免发生危险。

（三）攀冰

攀冰由攀岩运动发展而来，是攀登高山、雪山的必修科目，更是登山运动的基本技能之一。目前攀的冰主要是自然冰，分为冰瀑和冰挂两种。

攀冰是一项借助于装备、器械而进行的运动，要求装备质量高且经久耐用。攀冰这项曾经被视为专业运动员才能从事的极限运动，由于近年众多地方对冰瀑、冰壁的开发，以及攀冰装备的不断进步，已经变得容易入门，成为众多户外运动爱好者心仪的最新冬季时尚运动。它以独特的新酷装备、童话世界般的活动环境、刺激的身心感受，成了冰瀑上的芭蕾。

（四）探洞

在洞穴探险中要频繁使用单绳升降、攀岩、游泳、潜水、救援的技术，以进入洞穴深部。探洞的对象包括自然形成的和人工开凿的洞。日常中的探洞一般可以分为两种：即水洞探险和干洞探险。

三、户外运动的特征

户外运动与旅行或者旅游有本质的、明显的区别。户外运动的本质是体育运动，属性是带有探险或者体验探险的性质，特点是在自然环境中开展。

户外的特性决定了它是一项高风险的运动，它将会面对复杂甚至恶劣的环境，户外运动也没有一致的运动规律，情况复杂多变，团队成员之间的心态微妙，发生意外求救和救援都非常困难。正是因为如此，户外运动具备如下特征：

（一）户外运动有着回归自然、返璞归真的特征

这就要求我们对自然要有发自内心的热爱和亲近，才能深入感悟户外运动的乐趣。这种热爱不仅包括自然环境美妙温情的一面，也包括它残酷恶劣的一面。

（二）户外运动无一例外地具有不同程度的挑战性和探险性

参加者要有挑战自我极限的心理准备，要做好吃苦受累的准备，要保持积极健康的心态。

（三）户外运动强调团队精神

团队的力量远远大于个人的力量，尤其是在恶劣环境中。任何时候请记住：不要挑战自然，尤其是不要一个人挑战自然。

（四）户外运动是一门综合性的学问

户外运动不仅受地理环境的影响，还受到气候、植被、动物、天象、水文甚至地域文化等因素的影响，这就要求参与者不仅要做一个运动方面的好手，还应该是一个综合掌握各种知识的复合型人才。

（五）户外运动对体能有严苛的近于极限的全面要求

户外运动是一门专业性非常强的体育运动，有极为科学的运动方法和训练方式，对参加者在心理、生理和装备等方面都有着极高的专业要求。

（六）户外运动是体验教育的重要组成部分

户外运动通过组织和引导参加者在亲身实践中，自觉自然地学习地理天文、气候水文、运动医学、动物植物乃至人文历史等具体知识，同时也是将团队、坚持、奉献、互助等做人做事的基本道理内化为健康的心理品格，转化为良好的行为习惯的过程。

组织以上户外运动应该注意的几项原则：安全性、团队合作、准备充分、保障体系完善。

四、极限运动提倡的五个户外理念

（一）安全

户外不同于旅行，更不是旅游。户外运动是以自然环境为活动区域，带有探险性质或体验探险的运动。在自然环境恶劣的情况下，有时候甚至与死亡只有一线之隔。所以参与户外运动要尽量避开危险境况，不断积累户外运动基本知识，不断加强户外运动基础技能的训练，提高野外恶劣环境下的适应与生存能力。

（二）科学

人在自然的面前是渺小的，应科学掌握自然规律，科学地使用装备，科学地进行技术操作。

（三）理智

面对自然的诱惑或者困境，都要理智地对待，冷静地制订活动计划，理智地处理危机，甚至理智地面对死亡。

（四）团队

参加活动的人员，在具备良好的体能、稳定的心理素质、良好的道德水准的同时，必须还要具有乐于助人的团队精神。团队中形成一个友爱互助的氛围是非常重要的。团队中每个人都要明确自己扮演的角色和肩负的责任，努力发挥自己的优势，与队友进行优势互补，提高整体的战斗力。

（五）环保

参加者在自然环境中活动获得与自然心灵相通、感应交流的权利的同时，也得相应地履行保护大自然本来面貌的义务。

五、户外装备的类型

户外装备指的是参加各种探险旅游及户外活动时需要配置的一些设备（图8-1-1）。

1. 炊具与餐具

野外炊具一般指炉头和燃料（气罐），用于野外煮食烧水，携带非常方便。炉头分油炉和气炉两种，气炉搭配气罐较为常用。

2. 帐篷

一般分为三季帐、四季帐和高山帐。按使用人数也可分为单人、双人、三人、多人帐。

图8-1-1　户外装备

3. 背包

根据容量大小可以分为小型背包（30 L以下），中型背包（30~45 L）、大型背包（45~80 L）或更高。可以根据携带装备的多少选择相应的背包。

4. 睡袋

普通气候条件下可以用杜邦棉或其他棉质的睡袋，可以根据温标（睡袋保暖温度的指标）选择合适的睡袋。

5. 冲锋衣裤

冲锋衣泛指防水透气的功能性外套，区别于雨衣的地方是其透气性好，汗水容易挥发，保持身体的干爽与舒适。

6. 登山鞋

登山与野外行走时，登山鞋能够全方位对脚部提供良好的保护与缓冲，可以大大减缓疲劳。

7. 头灯

戴在头上的灯具，用于夜间活动、走夜路或营地活动，有解放双手的作用。

8. 水瓶/水袋

水瓶有著名的SIGG水瓶和太空杯等。而水袋是专业水具，用于在行走中直接饮水。

9. 通信设备

（1）手机（最常用的联系方式）。

（2）对讲机（团队活动中的常用装备）。

（3）GPS（全球定位系统，可以帮忙定位、定线路、防迷路）。

（4）求生哨（携带方便，也可作为团队联系方法之一）。

10. 其他

（1）登山杖（使用得好，可以节省20%左右的体力，还可作为独脚架）。

（2）洗漱包。

（3）个人卫生用品（牙刷、肥皂、毛巾、牙膏、手纸、爽足粉、耳塞、防晒霜、唇膏、发热贴、指甲钳、净水器药品、个人药品等）。

（4）背包雨罩（不仅可以防水，长途越野的话，是防尘的理想工具）。

（5）背包捆扎带（可用于背包外挂物件的固定，必要时可连接作保护绳）。

（6）地图（无论是长途还是短途，都用得着的工具，最好能使用等高线地图，可以有效节省不必要的体力支出）。

（7）小快挂（方便在背包上随便挂取小物件、毛巾、帽子、垃圾袋等）。

（8）指南针（野外辨别方向，或迷路后寻找方向的有用工具）。

（9）军刀（小到削苹果，大到砍树，都可以用）。

（10）户外手表（可以测海拔、气温、气压，带电子罗盘、计时和闹钟等功能）。

（11）头巾（既可擦汗，又可作围脖御寒）。

（12）防水袋（保护衣物、用品不湿，方便背包内的整理）。

（13）证件袋（贴身放重要的证件或钱财）。

（14）小型望远镜（增加视力所及范围）。

（15）针线包。

（16）笔记本（记录旅行的心情或账务）。

（17）备用电池及充电器。

（18）充气枕（长途坐车或飞机时的理想伴侣）。

（19）护膝（很重要，负重时保护膝关节）。

（20）药品（感冒药、消炎药、防晒霜、好得快、黄连素、止血绷带、创可贴、维生素药片、眼药水、红花油……根据个人的不同需要携带）。

（21）备用食品（压缩饼干、巧克力、牛肉干、葡萄干、能量棒……）。

第二节　健康长走运动

"长走"又称"远足运动""健康长走""健步走"等。该运动源于日本，风行欧美，被誉为最简单、最有效的健身方式。在日语里，所谓"长走"，即在长距离的行走过程中，不奔跑、不饮水、不进食、接受疲劳、饥渴的考验。

长走的约束条件非常苛刻，但长走过程中更多的是强调自觉自律，而不是靠裁判的监督。长走活动倡导团队精神，尤其是在 10 km 以后更需要大家相互支持和激励，才能走完全程。长走可以使人们的身体得到锻炼，意志得到磨炼，心灵得到净化，是不断地挑战自我、认识自我、超越自我的过程，是培养自觉、自律和团队精神的过程。

一、健康长走运动的益处

长走运动被誉为最简单、最有效的健身锻炼方法之一。研究表明，长走锻炼有五大益处：

（一）增进人体器官功能

据医学统计，长走会使血压降低，降低血液黏稠度，利于强健心肌，减少血栓的发生。

（二）强筋健骨

长走能运动全身骨骼系统，抻拉肌腱、活动关节，强健骨骼，减少骨质疏松。

（三）调节情绪

体育锻炼"强筋骨、强意志、调感情"。常年坚持长走运动，是对个人意志的磨炼。

（四）减轻病情

长走锻炼可以控制、缓解病痛。

（五）利于减肥

长时间走路可以消耗大量热量，促使体内脂肪分解向身体提供能量，从而达到减肥的目的。

二、健康长走运动的注意事项

长走运动，虽然是一种非常安全的运动健身项目，但是如果不能很好地把握其锻炼的方法和要领，同样也不能达到应有的健身效果，甚至可能产生一定的副作用。因此，如果选择长走锻炼身体，方法一定要正确。长走前的准备工作要细致。

（一）选一双合脚的软底运动鞋

如果是专门的跑鞋更好，这样可缓冲脚底的压力，防止不太运动的关节受到伤害。

（二）穿一套舒适的运动装

这样能让自己的心情和身体放松，从繁忙的工作生活中走出来。

（三）准备一壶清茶水

可在茶水中适当加些糖或盐，因为清茶能生津止渴，糖、盐可防止流汗过多而引起体内电解质平衡失调。

（四）选择一条合适的运动路线

路线可以是公园小径、学校操场、住所附近，甚至上下班的途经小路。在运动中人体耗氧量会增加，如空气不好，甚至有废气等污染物，反而会使运动效果适得其反。所以，长走路线最好人流量少、通风、空气好，离汽车越远越好。

（五）长走时间要恰当

长走锻炼的时间最好选择在每天太阳升起以后，下午3点也是最佳的锻炼时间。长走运动不能等同于平常的走路、散步或逛街，每周锻炼至少3次并且每次不能少于30 min。

走路太随意达不到健身目的，长走前一定要做一些准备活动，如轻轻压一压肌肉和韧带，做一些下蹲运动等，让自己的心脏和肌肉进入运动状态。健步走时步幅应略大，挺胸、收腹，目视前方，上半身略向前倾，双臂自然在身体两侧摆动，注意力集中，呼吸自然均匀，长走开始后不能随意停下，直到锻炼结束。

长走健身运动要循序渐进，运动强度应由小到大，运动时间由短到长。运动后别忘做一些放松运动。同样是走路，如果要"走"出健康来，在锻炼时要保证一定的频率、强度和持续时间。如果不了解自己的运动能力，开始时应尽量选择较低强度，若在训练后次日没有感到心慌、心悸、头痛、无力、心率加快等不适，可逐渐加大强度，否则，要减低强度。

第三节 登山运动

登山是指在特定要求下，运动员徒手或使用专门装备，从低海拔地形向高海拔山峰进行攀登的一项体育活动。登山运动可分为登山探险（也称高山探险）、竞技攀登（包括攀岩、攀冰等）和健身性登山。登山设备要适应登山运动的环境条件，在设计、选材、用料、制作上要尽量使其轻便、坚固、高效，并能一物多用。

登山运动始于 18 世纪 80 年代，1786 年 8 月 8 日法国医生巴卡罗与石匠巴尔玛结伴第一次登上阿尔卑斯山的最高峰勃朗峰（海拔 4 807 m），次年，由青年科学家德·索修尔率领的 19 人登山队再度登上勃朗峰，世界登山运动从此诞生。因登山运动首先从阿尔卑斯山开始，故也称为"阿尔卑斯运动"。

中国的登山运动始于 20 世纪 50 年代。1955 年出现第一批登山运动员，1956 年建立第一支登山队。1960 年和 1975 年中国登山队员先后两次从东北山脊登上珠穆朗玛峰，并于 1975 年将一个特制金属测绘觇标竖立在珠峰顶上，准确测出该峰的高度为 8 848.13 m，是国际登山史上首次对世界最高峰高程的确切测量。1964 年中国登山队登上一座从未有过人迹的 8 000 m 以上的希夏邦马峰。在多次登山活动中，登山运动员与科学工作者密切配合，进行了各种高山考察活动。

一、登山装备

登山设备要适应登山运动的环境条件，在设计、选材、用料、制作上要尽量使其轻便、坚固、高效，并能一物多用。运动员在高山上的活动，无论是技术的运用还是战术的实施，都是在特定的装备器材的辅助下进行的。高山装备大体分为御寒装备、露营装备、技术装备和保障装备。

（1）登山绳：主绳直径 9~11 mm，长度在 45 m 以上，常用长度为：45 m、50 m、60 m，承受力在 1 500 kg 以上。辅助绳直径 6~8 mm，承受力在 800 kg 左右。登山绳一般为尼龙制，有一定的弹性。在攀岩中两端分别与保护者和攀岩者相连。攀冰、登雪山时最好使用不吸水的干绳。

（2）岩石锥：打入岩石缝中，用于悬挂绳索，起保护作用。

（3）岩石钉：先用手钻在岩石上打洞，再将岩石钉放入，拧紧，用于悬挂绳索，起保护作用。

（4）安全带：用于攀岩、下降、攀冰、登山、探洞（纵）、爬绳、过草绳桥，由尼龙吊带制，由双腿带和腰带组合而成。

（5）上升器：陡峭地形上升或保护时和安全带、主绳配合使用。绳套、吊带常作为设保护点时使用。

（6）铁锁（主锁）：现代登山用铁锁多为铝合金制成，承受冲击力在 2 000 kg 以上。在攀岩、攀冰、登山及其他冒险中用途广泛。

（7）冰镐：是登冰雪坡地的重要工具之一，也可用于自我保护。

（8）冰锥：用于攀冰，在冰壁设置保护点用。

（9）冰爪：通过坚硬冰雪地形，捆扎在高山靴上的防滑器械，底面和前面有突出的尖齿，可在冰面上扎牢，起到防滑和攀岩作用。

（10）雪套：目的是防止风雪灌入高山靴内。

（11）雪杖：在较缓的地形中代替长冰镐，并兼探裂缝之用。

（12）头盔：防止雪块、冰块、石块等飞落而造成意外。

（13）雪鞋：积雪特别厚时，具有防止深陷的作用。

二、登山运动的好处

经常出外进行登山野营活动对人体有很大的好处，从医学角度来说，它对人的视力、心肺功能、四肢协调能力、体内多余脂肪的消耗、延缓人体衰老等五个方面有直接的益处。

（1）治疗近视有一个最简捷的办法，就是极力眺望远处，放松眼部肌肉。然而城市中由于工业污染及热岛效应等因素，空气中颗粒悬浮物较多，能见度较差。山野之中，尤其是在山巅之上，可以使目光放至无限远，解除眼部肌肉的疲劳。

（2）山中原始森林和草地的面积是远非城市中的绿地花草所能比拟的。因此在山间行走，对于改善肺通气量、增加肺活量、提高肺的功能很有益处，同时还能增强心脏的收缩能力。

（3）山间道路坎坷不平，穿行此间有益于改善人体的平衡功能，增强四肢的协调能力，尤其是行走在没有经过人为修饰的非台阶路段，可使人体肌纤维增粗、肌肉发达，增强肢体灵活度。

（4）人们日常体内的糖代谢属于有氧代谢，登山活动尤其是登高山，由于空气稀薄，人体内大部分转为无氧代谢，加之登山野营活动的运动量较大，山中野餐往往难以满足体内热量需求，因此，它能大量消耗人体内聚集的脂肪组织，尤其是腰腹部的脂肪组织。

（5）人体的正常代谢中会产生出一种叫自由基的有害物质，它能破坏人体细胞膜，溶解人体正常细胞，引起人体组织的衰老甚至变异。而氧气负离子可以有效结合自由基，使之排出体外。据有关数据表明，城市街道上氧气负离子的单位含量仅有100～300，而山区森林中可达数万。因此，在大山中行走野营完全可以有效排出有害自由基，有益于延缓衰老。

（6）登山运动可以放松人的心理压力，调节人体紧张情绪，改善生理和心理状态，恢复体力和精力，使人精力充沛地投入学习和工作。登山运动可以陶冶情操，保持健康的心态，充分发挥个体的积极性、创造性和主动性，从而提高自信心和价值观，使个性在融洽的氛围中获得健康、和谐的发展，另外还可以培养人的团结、协作及集体主义精神。

三、登山小常识

（1）凡攀登超过1 000 m的山，即需周密的计划（包括路程、食宿、天气、脚力、所带装备、预计时间等，切记不可存有侥幸心理，否则极有可能被困在半山腰。要有至少两套计划，并考虑到不可抗拒因素，如暴雨、酷晒、大雪、动物等）。

（2）登山需结伴而行，至少3人以上。

（3）登山要赶早不赶晚，否则赶路到中午可能会遇到暴晒；而高山气候变化多端，容易在下午下雨。早上天气较为稳定，适宜登山。

（4）在登山的前一天要休息好。

（5）出发前不可进食过多，以防肠胃出状况。

（6）出发前要订好酒店，以便住宿，使旅途更有目标性。

（7）看天气预报。

（8）有人可能会选择先坐车到山顶再走下来的方案，经验告诉我们"上山容易，下山难"，下山时小腿肌肉和膝关节两侧承受的负荷是上山时的数倍，且远不如上山越走越凉快，越来越有成就感。

（9）选择登山伴侣，不论男女，最好选择精壮、结实、独立且有一定团队意识的互相熟知的朋友（注：最好不要尝试全女性团队登山）。

四、登山安全规则

（1）不要跟随没有责任感及缺乏经验的领队。

（2）不要参加新手超过1/3以上的登山队伍去进行长距离或高难度的活动。

（3）除非事先准备充分和经验丰富，否则登山队伍的成员不得少于4人。

（4）行程、计划须缜密完整，并让每位队员及留守人员彻底了解。

（5）登山时应有充足的饮水和食物及完整的装备，并有备份以应对意外情况。

（6）平时多训练体能及技能，定期健康检查。

（7）平时多阅读专业书籍、资料，随时吸收新知识。

（8）对于每一座山峰，都不可掉以轻心，不做能力不及或知识不及之事。

（9）注意保持通信工具畅通，随时向留守人员或家人报告行踪，储备应急电量直至活动结束。

（10）活动前和进入山区后，随时注意气象数据及变化。

（11）随身携带个人资料。

（12）登山队伍不可拉得太长，经常保持前后呼应，下撤至少2人同行，避免单独行动。

（13）行进中应随时调整步伐及呼吸，不可忽快忽慢；喝水时不可狂饮，随时将水壶装满。

（14）登山时最好依循前人留下的路标辨别方向，或沿途标示记号；天黑后，切忌行走溪谷或陌生线路。

（15）迷路时应折回原路，或寻找避难处静待救援；除保持体力外，并安抚队员平稳情绪。

（16）登山期间，应重视身体的变化，适时休息；如不适或受伤，应及时告知同伴。

（17）登山应发扬团队精神，途中留意同伴情况，危险地段互相提醒或协助通过。

（18）了解登山中潜在的危险及应对措施，如有意外发生，应保持冷静，设法与警方或留守人员联系。

（19）小心用火，切勿乱丢烟蒂，避免引起山火。

（20）活动结束后进行总结。

五、登山技巧与注意事项

做好健身运动：如果攀登的山比较高或者平时较少参加登山运动，那么，在登山之前做一些热身运动是很有必要的。即利用10～20 min做一些肌肉伸展运动，尽量放松全身肌肉，这样攀登时会觉得轻松许多。

（一）增加弹跳动作

向上攀登时，在每一步中都有意增添一些弹跳动作，不仅省力，还会使人显得精神，充满活力。

（二）别总往高处看

登山时不要总往高处看，尤其是登山之初，因为双腿还没有习惯攀登动作，往上看往往使人产生一种疲惫感。一般来说，向上攀登时，目光保留在自己前方三五米处最好。如果山路比较陡峭，则可作"Z"字形攀登，这样比较省力。

（三）转移注意力

登山时千万不要总想着山有多高，爬上去还需多少时间之类的事情。不慌不忙，走走停停才能体会到爬山的乐趣，才不会错过美丽的风景。在疲惫时，可以多观赏一下周围的景色，也可唱唱歌，转移注意力，倦意会有所消减。

（四）下山要放松

下山一定要控制住自己的脚步，切不可冲得太快，这样很容易受伤。同时，注意放松膝关节部位的肌肉，绷得太紧会对腿部关节产生较大的压力，使肌肉疲劳。

第四节　户外拓展运动

户外拓展又叫体验式培训，意为一艘小船驶离平静的港湾，义无反顾地投向未知的旅程，去迎接一次次挑战，去战胜一个个困难。训练对象有海员、军人、学生、工商业人员等群体。户外拓展实际是指以自然环境为场地的，带有探险性质或体验探险性质的体育活动项目群。

一、户外拓展的起源

这种训练起源于第二次世界大战期间的英国。当时大西洋商务船队屡遭德国人袭击，许多年轻海员葬身海底。人们从生还者身上发现，他们并不一定都是体能最好的人，但却都是求生意志最顽强的人。于是汉思等人创办了"阿伯德威海上学校"，训练年轻海员在海上的生存能力和船触礁后的生存技巧。战争结束后，拓展训练的独特创意和训练方式逐渐被推广开来。

二、户外拓展的基本特点

（1）以自然环境为运动场地，有回归自然，返璞归真的特征。

（2）户外拓展无一例外地具有不同程度的挑战性和探险性。

（3）户外拓展尤其强调团队精神。

（4）户外拓展对身体、意志有全面的要求。

（5）户外拓展运动是一门综合性的学科。

三、户外拓展的意义和目的

拓展活动并非体育加娱乐，而是对正统教育的一次全面提炼和综合补充。通过训练课程能够有效地开发企业人员的潜能，提升和强化个人心理素质，激发团队精神，增强团队凝聚力，更为融洽地与群体合作，学习欣赏、关注和爱护自然。

（1）体验换位思考，树立相互配合、支持的团队合作意识。

（2）通过积极有效的合作，树立团队合力制胜的信念。

（3）发现团队问题，培养团队领导能力、改善团队管理方法。

（4）增强工作当中的责任感及勇于迎接挑战的信心，激发创造性思维。

（5）在大自然中放松精神，释放压力，调整心态。

（6）增强团队合作意识，改进协作方法和团队管理技能。

（7）改善团队成员的沟通，增进互相理解、信任和责任意识，提高团队认知度和亲和力。

（8）增强面对困难、挑战的勇气和信心，克服心理惰性，培养积极进取、勇于创新的工作态度。

（9）增强部门之间的沟通协作，树立全局观念、大局意识和互为客户的服务意识。

四、户外拓展的流程

第一步：体验。此乃过程的开端。参加者投入一项活动，并以观察、表达和行动的形式进行。这种初始的体验是整个过程的基础。

第二步：分享。有了体验以后，很重要的就是，参加者要与其他体验过或观察过相同活动的人分享他们的感受或观察结果。

第三步：交流。分享个人的感受只是第一步。循环的关键部分则是把这些分享的东西结合起来，与其他参加者探讨、交流以及反映自己的内在生活模式。

第四步：整合。按逻辑的程序，下一步是要从经历中总结出原则并归纳提取出精华。再用某种方式去整合，以帮助参加者进一步定义和认清体验中得出的结果。

第五步：应用。最后一步是策划如何将这些体验应用在工作及生活中。而应用本身也成为一种体验，有了新的体验，循环又开始了。因此参加者可以不断进步。

五、户外拓展训练项目

户外拓展项目是根据人的心理设计的，通过触动参与者的心理，起到培训的作用，在国内拓展项目已达上百种，户外拓展项目主要分为高空项目、半高空项目、场地项目、水上项目、自然环境利用的主题项目。常见的流行项目有：丛林绳桥、高空独木桥、荡木桥、信任背摔、高空抓杠、空中断桥、天梯、齐心协力、攀岩、七巧板、罐头鞋、模拟电网、逃生墙、空中抓杠、雷区取水、真人CS等。以下简单介绍几种：

（一）丛林绳桥

活动方式：换抓上方间隔1.2 m的绳索，通过钢索桥至桥另一端，再返回。

培训目的：如何调整自己的情绪，学会有效应对恐惧和压力，对个人来说，既是职业的要求，也是个人发展和成就的需要。丛林绳桥的训练可以有效地使受训人员体验恐惧，有效管理恐惧和压力，感受自身的心理成长，培养勇往直前的良好心理素质。通过训练还可以帮助提升其战胜困难的信心，挖掘自我的潜能，利用心理学原理，提高对恐惧的适应能力，形成良好的应对模式。

（二）高空独木桥

活动方式：依次从约8 m高、直径35 cm、长6 m的独木桥上通过。

活动目的：

（1）增强自我控制与决断能力，以适应不断变化的外部环境。

（2）克服心理压力，建立挑战困难的自信心与勇气。

（3）重新审视个人能力，不轻言失败，培养积极进取的心态。

（三）荡木桥

活动方式：该项目距离地面10 m左右，由7个荡木组成，连接荡木的是经过热镀锌处理的链条，然后由断件将其和横梁连接到一起，受训人员要求从荡木的一段走到另一端。

活动目的：锻炼一个人的意志及处事不惊的态度。

（四）信任背摔

活动方式：要求每位队员轮流站在1.7 m左右高的背摔台上，背对着大家，小组其他成员在其身后用双手做保护，接住倒下的学员。

活动目的：建立团队内部的信任感，理解信任和承诺的重要性和力量，锻炼心理素质，克服恐惧心理。

（五）空中断桥

活动方式：所有队员爬上8 m的高空后，从一侧迈到另一侧，再从另一侧迈回来，最后原路返回，要求队员完成两次跨越。

活动目的：磨炼人的意志，重新认识自我；培养人们战胜困难的勇气，树立自信；实践良好的决断能力和果敢的性格；体验战胜自我、超越自我的快乐。

（六）天梯

活动方式：两人一组，共同向上攀，参加者身体的一部分可能成为同伴攀登的阶梯，同时同伴的手臂也会成为自己攀登时借力的绳索。

活动目的：增强人际信任感；培养团队合作精神和协调能力；增强胆量，培养勇攀高峰的信心和解决问题的能力；培养克服困难的毅力；培养信任感。

（七）攀岩

活动方式：四肢并用，利用全身的力量攀登到顶部。

培训目的：锻炼坚持到底的决心和毅力；向自我能力挑战，超过自我，认识潜能开发的重要性，锻炼体能。

（八）模拟电网

活动方式：团队活动，活动中每名队员只能钻一个电网，不得重复，不得触及电网，不得发出声音，并寻求通过电网的最佳方法。

活动目的：培养团队行动前调查研究、认真计划的工作作风；培养相互关心和支持的团队精神；群策群力、合理分工、寻求简便有效的解决问题的方法。

（九）逃生墙

活动方式：团队活动，通过合理分工，采用各种有效手段，使全体学员翻过求生墙。

活动目的：培养团队意识和责任心；增进对团队力量的认识；激励个人对团队的奉献精神；培养团队在行动前群策群力的意识。

（十）空中抓杠

活动方式：站在圆形柱上，用力跳到空中，抓住横梁上的杠子。

活动目的：培养个人锁定目标，全力以赴的工作态度。挑战自我，实现自我突破。培养自我控制能力，提升情绪稳定性。

六、户外拓展的现实意义

现代社会是一个高度人际互动的社会，是一个团队英雄主义的时代。在这个生活节奏越来越快，分工越来越细，工作压力越来越大，人与人的情感交流越来越困难的竞争环境中，企业、组织和个人更需要团队。拓展训练糅合了高挑战及低挑战的元素，通过拓展训练，整合团队，发掘每个人的最大潜力，这就是拓展训练的真正意义！

以体验、分享为教学形式的拓展训练的出现，打破了传统的培训模式，它并不灌输某种知识或训练某种技巧，而是设定一个特殊的环境，让参加者直接参与整个教学过程。吸收国外先进的经验，在参与、训练中通过设计富有挑战性与思想性的户外活动，培养人们积极的生活态度与团队合作精神。教官充分调动学员的积极性，让学员投入到每个项目中，使学员体验、面对各种不同的环境及挑战，学习解决问题。通过看、听、行动、体验、分享、交流与总结相结合的"立体式"培训，以小组讨论、角色模仿、团体互动、脑力激荡等方式让学员切身地感受、体会和领悟。

七、户外拓展的突出特点

（一）投入为先

拓展训练的所有项目都以体能活动为引导，引发出认知活动、情感活动、意志活动和交往活动，有明确的操作过程，要求学员全身心投入才能获得最大价值。

（二）挑战自我

拓展训练的项目都具有一定的难度，主要表现在对心理素质的考验上，需要学员向自己的能力极限挑战，跨越"心理极限"。

（三）熔炼团队

体验团队的伟大力量，增强团队成员的责任心与参与意识，树立相互配合、相互支持的团队精神和群体合作意识。

（四）高峰体验

在克服困难、顺利完成训练项目要求以后，学员能够体会到发自内心的胜利感和自豪感，获得人生难得的高峰体验。

（五）自我教育

培训师只会在训练前把课程的内容、目的、要求以及必要的安全注意事项向学员讲清楚，活动中一般不进行讲述，也不参与讨论，充分尊重学员的主体地位和主观能动性。

通过素质拓展训练，参训者在如下方面有显著的提高：认识自身潜能，增强自信心，改善自身形象；克服心理惰性，磨炼战胜困难的毅力；启发想象力与创造力，提高解决问题的能力；认识群体的作用，增进对集体的参与意识与责任心；改善人际关系，学会更为融洽地与群体合作。

八、户外拓展的主要特色

（一）学员是主角

这一点是户外拓展与通常的培训比较大的不同之处，培训的整个过程中，学员一直是活动的重心，学员通过自己身体力行的活动来感受，并从中悟出道理。培训师的讲解都是基于所有学员回顾的基础上展开的，而不是单向的阐述。这样的学习方式充分保证了学员的投入程度。

（二）简单游戏蕴涵深刻道理

"背摔""断桥""天梯""电网"等素质拓展训练所采用的活动形式看上去都非常简单，但实际上这些项目中绝大多数都是经过几十年心理学、管理学、团队科学等方面论证，能够对个人心理素质和团队质量得到提升的项目，其科学性不言自明。

（三）参训者情感距离被迅速拉近

参加素质拓展训练的队员通常被分成若干个小组，每个小组通过培训师的调动充分融合，活动本身由于都面临着挑战，许多项目需要大家合作才能完成，参训者的情感距离迅速被拉近。

（四）培训师能文能武

拓展训练培训师一直被公认为现代社会的阳光职业，酷且博学。不但能在各种户外培训器械上大展身手，又能在回顾教室中侃侃而谈。

（五）培训效果与众不同

同常规针对技能的培训不同，素质拓展训练更多意义上是针对态度的培训。而对于企业而言，员工态度往往决定了其工作绩效，这就给予了拓展训练一个非常广阔的市场空间。从参训企业的普遍反馈来看，拓展训练对于改善团队质量具有非常明显的作用。

（六）不同于旅游

很多人把拓展训练当作一种旅游形式，这种认识是不准确的。旅游的目的往往是放松、开阔视野、增长见识和增进感情。而拓展训练的目标是提升个人和团队的素质。从手段上看，拓展训练通常强调远离喧嚣、投入山水，有时也会引入露营、徒步等训练手段，但这种做法的目的是为了给参训者营造一种更加投入参加培训的气氛，而不是单纯为了旅游。

（七）不同于体育

虽然素质拓展训练以户外活动为载体，但无论是训练目标，还是训练手段，都与体育存在着较大的差别。体育是以身体锻炼和竞技为核心目的的，而素质拓展训练并不强调身体能力的储备与提升。与之相反，经常会有身体条件并不好的队员成为一个团队主宰的事例发生。就训练手段而言，素质拓展训练通常以限时完成任务为标准，要求团队成员共同解决问题，而体育训练则主要以重复性强化训练为形式。

（八）不同于娱乐

虽然素质拓展训练具备极大的趣味性，但仍不同于娱乐。娱乐的一个突出特征是没有明显的目的，解决的是心理上的某种满足感。而素质拓展训练的某些项目恰恰是以克服心理障碍、完成心理挑战为目标的。其中更多的内容会侧重于团队建设，这与娱乐的差别是非常明显的。

复习与思考

1. 简述户外运动的定义。

2. 简述户外运动时注意的事项。

3. 简述户外拓展训练的流程。

4. 简述户外拓展训练的特点。

第九章 小型运动竞赛的组织与编排

学习目标： 了解小型运动会的组织和编排程序，熟悉淘汰赛和循环赛的编排方法，掌握体育组织与赛事编排的技巧和循环赛的记分方法，培养体育欣赏的兴趣。

情景导入： 在学校，除了规模较大、项目较多的综合性体育比赛（田径运动会等）以外，平时各院系间、年级间、班级间还经常开展学生喜爱的生动活泼、小型多样的体育比赛活动。高职学生不仅要积极参加各种体育比赛活动，而且还应具备组织小型体育比赛的知识和能力，掌握了此本领，既便于平时自行组织比赛活动，增强团结，促进友谊，还有助于走上工作岗位后参与组织本单位以及社会团体的比赛活动。

第一节 小型运动竞赛的组织工作

小型运动竞赛可由主办单位指定少数人负责组织。一般比赛只设竞赛组和秘书组。竞赛组负责报名、编排秩序册、聘请和培训裁判员、准备竞赛场地等工作；秘书组负责宣传教育、组织观众、发通知等工作。

组织一次小型运动竞赛要经过以下程序（图9-1-1）：

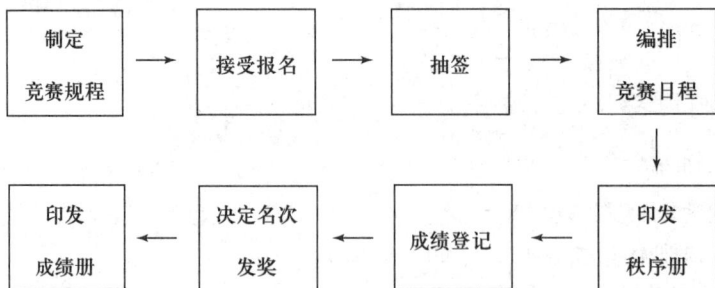

图9-1-1 小型运动竞赛程序

组织一次较完整的小型运动竞赛，要经过赛前准备、赛中组织、赛后总结等一系列具体而细致的运作过程。

一、赛前准备

充分做好各项准备工作，取得有关方面的支持与配合，是保证开展好比赛活动的前提。

比赛前期尤其要做好以下几项工作。

（一）制定竞赛规程

竞赛规程是竞赛的具体方案和组织领导者与参赛者共同遵循的竞赛依据，竞赛规程的内容可根据实际情况确定，一般包括竞赛名称，主（承）办单位，目的任务，参加办法（包括组队单位、分组方法、限报人数、每项限报人数等），比赛办法（包括比赛项目、采用的竞赛规则、录取名额、计分、奖励办法等），报名日期及地点，比赛日期及地点，特殊规定及注意事项等。

随同竞赛规程应附发报名表，一式两份，要求逐项填写，字迹清晰，在报名截止以前送交主办单位。

相关链接

篮球竞赛规程（示例）

1. 比赛名称：友谊赛。

2. 主办单位：学工处。

3. 目的任务：丰富课余生活，提高篮球水平，加强相互联谊。

4. 参加办法：以班为单位，男生报一队。

5. 比赛办法：采用最新篮球规则。第一阶段分4个大组进行分组单循环赛；第二阶段仍采用分组单循环赛，各组第1名决出1～4名，第2名决出5～8名。

6. 特殊规定：每一场的比赛时间，采用1～3节比赛时间包干制，第4节的最后5 min按照篮球竞赛规则规定的比赛时间执行。

7. 报名办法：11月15～25日报学工处。

8. 比赛时间：12月1～15日（课外活动时间）。

9. 比赛地点：本校篮球场。

10. 未尽事宜，另行通知。

（二）进行竞赛编排

竞赛编排工作是根据运动项目特点和规程规定的比赛方法进行的。

二、赛中组织

体育比赛从裁判员第一声哨响即已进入"赛中"阶段。这一阶段需要做的工作很多，如准备场地器材，组织观众，维持场地秩序，进行现场宣传鼓动，以及必要的医务防护措施等。另外，及时核对每场比赛结果和统计各队得分是重点工作之一。

三、赛后总结

在比赛结束，评出名次后，应及时公布比赛结果，奖励优胜和宣传涌现出的发扬高尚体育道德的事例，整理比赛成绩，总结经验，并报学院存档。

相关链接

小型运动竞赛的特点

1. 比赛项目少（一次只进行一项或两三项比赛），但内容广泛多样。

2. 群众性强，可以吸引较多人参加，而且可以进行班级内、年级间、各系间和校际间的比赛。

3. 比赛活动分布在平时的课外和节假日时间，即能丰富课余生活，又有助于调节紧张的学习节奏。

4. 比赛名目繁多。例如，每次比赛可以冠以"友谊杯"赛、邀请赛、对抗赛等名称。

5. 实效性强。通过比赛，能加强相互联谊，提高运动技术水平和能力，培养积极进取、勇敢顽强、服从裁判等优良品质、锻炼组织运动竞赛的能力和才干。

第二节 小型运动竞赛的比赛方法和编排方法

运动竞赛的方法很多，淘汰比赛法和循环比赛法是其基本的比赛方法，还可根据需要采用先循环后淘汰的混合比赛方法等。

一、淘汰比赛法

淘汰比赛法是通过比赛逐步淘汰失败者的一种简单的比赛方法，在参赛队（人）多而时间少的情况下采用。

淘汰比赛法分为单淘汰法和双淘汰法两种。

单淘汰法是参赛队（人）失败一次即失去继续比赛机会的方法，最后只取一名冠军，因此也称"冠军比赛法"；而双淘汰法，即第一次失败的队（人），还可在失败队（人）中再进行比赛，当第二次失败时才被淘汰（也称两败淘汰）。

单淘汰法的编排步骤：

（一）确定参赛队（人）号码位置数

应根据参赛队（人）数，选择2的乘方数为号码位置数。如果参赛队（人）数不是2的乘方数时，有两种选择办法。

（1）选择接近并较大于参赛队（人）数的2的乘方数，在这种情况下会出现轮空。

$$轮空数 = 号码位置数 - 参赛队（人）数$$

（2）选择接近并较小于参赛队（人）数的2的乘方数，在这种情况下会出现抢号，即有两个队排在同一号码位置上先进行比赛，胜者进入该号。

常用的号码位置数有：$2^2=4$，$2^3=8$，$2^4=16$，$2^5=32$等。

（二）计算比赛场数和轮数

（1）场数参赛队（人）数减1

例如，6队（人）参赛，需赛：6−1=5（场）；

16队（人）参赛，需赛：16−1=15（场）。

（2）轮数：所确定号码位置数（2的乘方数）其指数（自乘的次数）即为轮数。

$$轮数=2^n 中的 n$$

例如，6队（人）参加比赛=2^3为3轮；

16队（人）参加比赛=2^4为4轮。

（三）编排比赛秩序（图9-2-1）

如果6队（人）参加比赛，2号和7号应为轮空号码，有时也可以选6个号码位置，将轮空队直接排入第二轮。如果8队（人）参加比赛，则没有轮空队。秩序表排法如下：

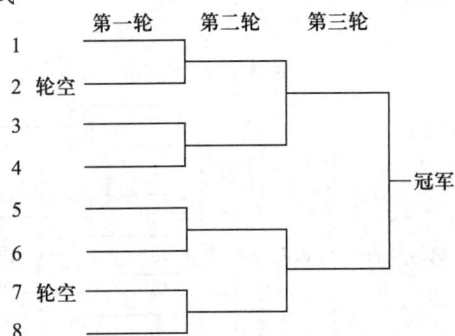
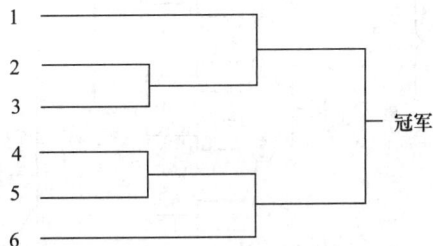

图9-2-1 单淘汰赛比赛秩序（6个队）

（四）计算轮空数

淘汰赛第一轮合适的位置数目应为2的乘方数。如果参赛队（人）不为2的乘方数（如5、6、7、9、10、12等），则在第一轮比赛中设置必要数量的轮空。

例如，6队（人）参加比赛，轮空队数：

$$8（即 2^3）-6=2 队（人）$$

编排秩序表时，应将事先计算好的轮空数平均分布在上下半区，并靠近于种子的号码，目的是使种子队（人）优先轮空。

（五）安排"种子"

为避免强队（或强手）过早相遇而被淘汰，一般先把强队（或强手）确定为"种子"，将其均匀地安排在若干相对等的区内，使他们在最后几轮中相遇。

"种子"数应为2的乘方数。"种子"的位置有规定的排法，一般按实力顺序安排，1号"种子"通常排在上半区的顶部，2号"种子"排在下半区底部；3、4号"种子"排在上半区的底部和下半区顶部；5、6号"种子"排在第二和第三四分之一区的顶部和底部；第7、8号"种子"排在第四和第一四分之一区的顶部和底部，以使同一区内"种子"相隔最远（图9-2-2）。

（六）抽签

1. 先抽种子运动员

1、2号种子有固定的号码位置，不用抽签，其他种子应分批抽签进入相应的位置，3、4号种子为一批，5、6、7、8号种子为一批。抽种子队时可直接进入号码位置"定位"。

2. 抽非种子运动员

非种子运动员的抽签，先分区后定位，即先抽应进的区，然后再抽入各区的号码位置。分区的目的是将同一单位的运动员分别抽到各个不同的区内，避免过早相遇。

3. 附加赛

单淘汰赛只能确定冠、亚军，因此，只有用附加赛的办法才可进一步排出前8名的顺序。进入前8名的队（人），胜者与胜者比赛，负者与负者比赛，胜者进入下一轮，负者再进行一场相应的名次赛。附加赛比赛秩序的排法如图9-2-3。

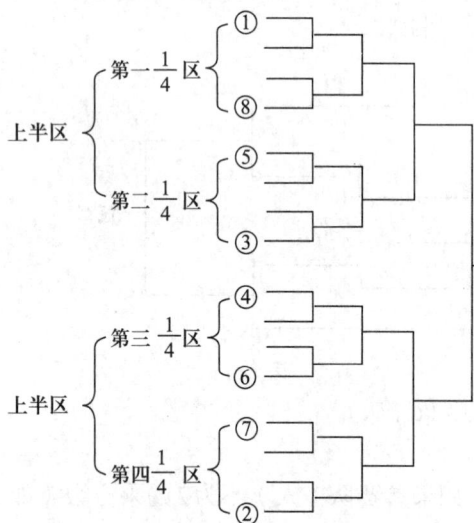

图9-2-2　种子选手分区

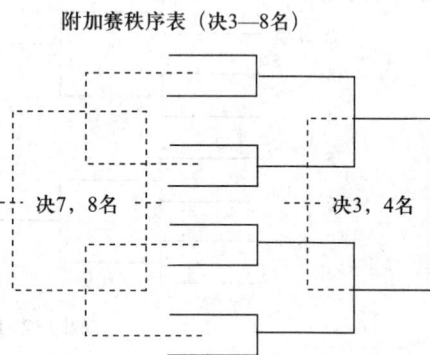

图9-2-3　附加赛比赛秩序

二、循环比赛法

循环比赛法分为单循环、双循环和分组循环等形式。下面介绍常用的两种编排方法。

（一）单循环法

所有参赛队（人）之间都要轮流比赛一次叫单循环法。参赛队（人）各赛一场（包括轮空）为"一轮"，循环比赛法每轮比赛场数是相等的。

单循环法的编排步骤：

1. 计算比赛场数和轮数

（1）场数：

$$\frac{队数 \times （队数-1）}{2}$$

例如，8队参赛，需赛：$\dfrac{8(8-1)}{2}$ =28（场）。

（2）轮数：

参赛队（人）数为双数时，则：轮数=队（人）数−1。

例如，8队参赛，则轮数为：8−1=7（轮）。

参赛队（人）数为单数时，则：轮数=队（人）数。

2. 编排比赛秩序

单循环比赛顺序的确定方法通常采用的是"逆时针轮转法"。

第一轮排法：把参赛队（人）平分为左右两部分，前一半队的号数由1号自上而下写在左边，后一半号数自下而上写在右边。然后用横线把相对的号数连接起来，即是各队第一轮的比赛秩序。

第二轮排法：1号位固定不变，其他每个号数按逆时针方向依次轮转一个位置，再用横线连接起来。依次类推，即可排出其余各轮比赛的顺序。

不论参赛队（人）数是双数还是单数，一律按照双数排表。如果是单数，则应在最后一个数的后面加"0"，使之成为双数。遇到0的队即是轮空（表9−2−1～表9−2−3）。

表9−2−1　双数队比赛排法（以6队参赛为例）

第一轮	第二轮	第三轮	第四轮	第五轮
1—6	1—5	1—4	1—3	1—2
2—5	6—4	5—3	4—2	3—6
3—4	2—3	6—2	5—6	4—5

表9−2−2　单数队比赛排法（以5队参赛为例）

第一轮	第二轮	第三轮	第四轮	第五轮
1—0	1—5	1—4	1—3	1—2
2—5	0—4	5—3	4—2	3—0
3—4	2—3	0—2	5—0	4—5

轮次排完后进行抽签，按签号填写队（人）名，然后把比赛秩序编成比赛日程表。

表9−2−3　比赛日程表（以6队参赛为例）

轮次	日期	时间	比赛队	比赛场地	裁判员
第一轮	四月八日	16:00	0701—0702	①	×××
			0703—0704	②	×××
			0705—0706	③	×××
第二轮	四月九日	16:00	0701—0704	③	×××
			0702—0706	②	×××
			0703—0705	①	×××
⋮	⋮	⋮	⋮	⋮	⋮

（二）分组循环法

在参赛队（人）较多的情况下，为了不过多增加比赛次数和延长比赛日期，又能正确排定各队的名次，一般采用分组循环赛的方法。在分组时多是采用"蛇形排列方法"，即以上届比赛的成绩名次进行分组，如16队（人）参赛可按下列方法分成4组，每组4队（人）（表9-2-4）。

表9-2-4 分组循环分组法（以4个组为例）

第一组	第二组	第三组	第四组
1	2	3	4
8	7	6	5
9	10	11	12
16	15	14	13

分组后，各组分别进行单循环赛，排出小组名次后，再按规程规定的办法进行下一阶段的比赛。通常是把比赛分为两个阶段：第一阶段为单循环赛；第二阶段是把第一阶段各小组相同名次（或几至几名）重新编排，进行决定名次的比赛。

分组循环排出名次的方法如下：

（1）各组同名次进行单循环比赛决出各队名次。如第一阶段分为4组，第二阶段比赛时，4个组第1名分为1组进行单循环赛决出1~4名；4个组第2名分为1组决出5~8名，以此类推。

（2）同名次交叉赛决出名次。如第一阶段分4组循环，决赛时，第一组的第1名与第三组的第1名、第二组的第1名与第四组的第1名分别比赛，然后胜队与胜队决第一、二名，负队与负队决第三、四名，以此类推。

第三节 小型运动竞赛的名次评定

由于项目不同，评定名次的方法也不完全相同，因此，在规程中必须有明确规定。

一、篮球比赛名次评定的方法

（1）各队胜1场得2分，负1场得1分，弃权1场为0分，按积分决定名次。

（2）如遇两队积分相等，两队相互比赛胜者列前。

（3）如遇3队（或3队以上）积分相等，按积分相等的队相互比赛的胜负场数多少决定名次；如再相等，则按他们之间比赛得失分率$\left(\text{即}\dfrac{\text{得分之和}}{\text{失分之和}}\right)$决定名次；如仍相等，则按他们在全组内所有比赛场次的得失分率决定名次。

二、排球比赛名次评定的方法

（1）各队胜1场得2分，负1场得1分，弃权1场为0分，按积分决定名次。

（2）如遇两队或两队以上积分相等，则采用以下办法决定名次：

$$\frac{A（胜局总数1）}{B（负局总数）}=C（值）\qquad C值高者名次列前$$

（3）如 C 值仍相等，则采用：

$$\frac{X（总得分数）}{Y（总失分数）}=Z（值）\qquad Z值高者名次列前$$

三、足球比赛名次评定的方法

（1）各队胜1场得3分，平1场得1分，负1场或弃权为0分，按积分决定名次。

（2）如遇两队或两队以上积分相等，按他们在同一循环赛中的净胜球数决定名次。

（3）如净胜球数仍相等，则按同一循环赛中进球总和决定名次。

（4）如进球总和仍相等，可抽签决定名次。

如在分组循环赛第二阶段踢成平局，可进行加时赛；如仍平，应以罚点球决定胜负。还可规定加时赛以"突然死亡法"决定胜负。

四、乒乓球比赛名次评定的方法

（1）循环赛按获胜次数决定名次。

（2）如遇两队（人）获胜次数相等，则按他们之间的胜负决定名次。

（3）如遇3队（或3队以上）获胜次数相等，则按他们之间的胜负比率 $\left(\dfrac{胜}{胜+负}\right)$ 决定名次。评定时，先按获胜次数排名；如次数相等，则按场数排名；再相等，则按局数排名；仍相等，则按分数排名。

五、羽毛球比赛名次评定的方法

（1）循环赛按获胜场（次）数决定名次。

（2）如遇两队（人）获胜场（次）数相等，则按他们之间的胜负决定名次。

（3）如遇3队（或3队以上）获胜场（次）数相等，则按以下办法决定名次：

① 按在该组比赛的净胜局数决定名次。

② 计算净胜局数后，如还剩两队（人）净胜局数相等，则以两者间比赛的胜者名次列前。

③ 计算净胜局数后，还剩3队（人）以上净胜局数相等，则以在该组比赛的净胜分数决

定名次。

④ 计算净胜分数后，如还剩两队（人）净胜分数相等，则以两者间比赛的胜者名次列前。

⑤ 如还有3队（人）以上净胜分数相等，则以抽签决定名次。

复习与思考

1. 组织小型运动竞赛的简单过程是什么？竞赛规程主要包括哪些内容？

2. 7队参加篮球比赛，采用单循环比赛方法，如何进行竞赛编排，试做一张比赛秩序表。

3. 15人参加羽毛球比赛，其中有4名"种子"队员。规程规定采用单淘汰比赛方法如何进行竞赛编排。试做一张比赛秩序表，并标示出"种子"队员的位置。

附录 国家学生体质健康标准（2014年修订）

一、说明

（一）《国家学生体质健康标准》（以下简称《标准》）是国家学校教育工作的基础性指导文件和教育质量基本标准，是评价学生综合素质、评估学校工作和衡量各地教育发展的重要依据，是《国家体育锻炼标准》在学校的具体实施，适用于全日制普通小学、初中、普通高中、中等职业学校、普通高等学校的学生。

（二）本标准的修订坚持健康第一，落实《国家中长期教育改革和发展规划纲要（2010—2020年）》《国务院办公厅转发教育部等部门关于进一步加强学校体育工作若干意见的通知》（国办发〔2012〕53号）和《教育部关于印发〈学生体质健康监测评价办法〉等三个文件的通知》（教体艺〔2014〕3号）有关要求，着重提高《标准》应用的信度、效度和区分度，着重强化其教育激励、反馈调整和引导锻炼的功能，着重提高其教育监测和绩效评价的支撑能力。

（三）本标准从身体形态、身体机能和身体素质等方面综合评定学生的体质健康水平，是促进学生体质健康发展、激励学生积极进行身体锻炼的教育手段，是国家学生发展核心素养体系和学业质量标准的重要组成部分，是学生体质健康的个体评价标准。

（四）本标准将适用对象划分为以下组别：小学、初中、高中按每个年级为1组，其中小学为6组、初中为3组、高中为3组。大学一、二年级为1组，三、四年级为1组。

（五）小学、初中、高中、大学各组别的测试指标均为必测指标。其中，身体形态类中的身高、体重，身体机能类中的肺活量，以及身体素质类中的50 m跑、坐位体前屈为各年级学生共性指标。

（六）本标准的学年总分由标准分与附加分之和构成，满分为120分。标准分由各单项指标得分与权重乘积之和组成，满分为100分。附加分根据实测成绩确定，即对成绩超过100分的加分指标进行加分，满分为20分；小学的加分指标为1 min跳绳，加分幅度为20分；初中、高中和大学的加分指标为男生引体向上和1 000 m跑，女生1 min仰卧起坐和800 m跑，各指标加分幅度均为10分。

（七）根据学生学年总分评定等级：90.0分及以上为优秀，80.0～89.9分为良好，60.0～79.9分为及格，59.9分及以下为不及格。

（八）每个学生每学年评定1次，记入《〈国家学生体质健康标准〉登记卡》（附表8）。

特殊学制的学校，在填写登记卡时可以按规定和需求相应地增减栏目。学生毕业时的成绩和等级，按毕业当年学年总分的50%与其他学年总分平均得分的50%之和进行评定。

（九）学生测试成绩评定达到良好及以上者，方可参加评优与评奖；成绩达到优秀者，方可获体育奖学分。测试成绩评定不及格者，在本学年度准予补测1次，补测仍不及格，则学年成绩评定为不及格。普通高中、中等职业学校和普通高等学校学生毕业时，《标准》测试的成绩达不到50分者按结业或肄业处理。

（十）学生因病或残疾可向学校提交暂缓或免予执行《标准》的申请，经医疗单位证明，体育教学部门核准，可暂缓或免予执行《标准》，并填写《免予执行〈国家学生体质健康标准〉申请表》（附表7），存入学生档案。确实丧失运动能力、被免予执行《标准》的残疾学生，仍可参加评优与评奖，毕业时《标准》成绩需注明免测。

（十一）各学校每学年开展覆盖本校各年级学生的《标准》测试工作，《标准》测试数据经当地教育行政部门按要求审核后，通过"中国学生体质健康网"上传至"国家学生体质健康标准数据管理系统"。测试和数据上传时间由教育行政部门确定。

（十二）本标准由教育部负责解释。

二、《国家学生体质健康标准》的测试项目、评价指标及运用

（一）单项指标与权重

测试对象	单项指标	权重/%
初中、高中、大学各年级	50 m跑	20
	坐位体前屈	10
	立定跳远	10
	引体向上（男）/1 min仰卧起坐（女）	10
	1 000 m跑（男）/800 m跑（女）	20

注：体重指数（BMI）＝体重（kg）/身高^2（m^2）。

（二）评分表（附表1~6）

附表1 大学男生身高标准体重评分表 （体重单位:kg）

等级	单项得分	最低BMI值/kg·m^{-2}	最高BMI值/kg·m^{-2}
正常	100	17.9	23.9
低体重	80	0	17.8
超重	80	24.0	27.9
肥胖	60	28.0	

附表2　大学女生身高标准体重评分表　　　　（体重单位:kg）

等级	单项得分	最低BMI值/kg·m⁻²	最高MBI值/kg·m⁻²
正常	100	17.2	23.9
低体重	80	0	17.1
超重	80	24.0	27.9
肥胖	60	28.0	

附表3　大学一、二年级男生其他单项评分表

等级	单项得分	肺活量/mL	50 m跑/s	坐位体前屈/cm	立定跳远/cm	引体向上/次	1000 m跑/min·s⁻¹
优秀	100	5040	6.7	24.9	273	19	3′17″
优秀	95	4920	6.8	23.1	268	18	3′22″
优秀	90	4800	6.9	21.3	263	17	3′27″
良好	85	4550	7.0	19.5	256	16	3′34″
良好	80	4300	7.1	17.7	248	15	3′42″
及格	78	4180	7.3	16.3	244		3′47″
及格	76	4060	7.5	14.9	240	14	3′52″
及格	74	3940	7.7	13.5	236		3′57″
及格	72	3820	7.9	12.1	232	13	4′02″
及格	70	3700	8.1	10.7	228		4′07″
及格	68	3580	8.3	9.3	224	12	4′12″
及格	66	3460	8.5	7.9	220		4′17″
及格	64	3340	8.7	6.5	216	11	4′22″
及格	62	3220	8.9	5.1	212		4′27″
及格	60	3100	9.1	3.7	208	10	4′32″
不及格	50	2940	9.3	2.7	203	9	4′52″
不及格	40	2780	9.5	1.7	198	8	5′12″
不及格	30	2620	9.7	0.7	193	7	5′32″
不及格	20	2460	9.9	−0.3	188	6	5′52″
不及格	10	2300	10.1	−1.3	183	5	6′12″

附表4　大学一、二年级女生其他单项评分表

等级	单项得分	肺活量/mL	50 m跑/s	坐位体前屈/cm	立定跳远/cm	仰卧起坐/次	800 m跑
优秀	100	3400	7.5	25.8	207	56	3′18″
优秀	95	3350	7.6	24.0	201	54	3′24″
优秀	90	3300	7.7	22.2	195	52	3′30″
良好	85	3150	8.0	20.6	188	49	3′37″
良好	80	3000	8.3	19.0	181	46	3′44″
及格	78	2900	8.5	17.7	178	44	3′49″
及格	76	2800	8.7	16.4	175	42	3′54″
及格	74	2700	8.9	15.1	172	40	3′59″
及格	72	2600	9.1	13.8	169	38	4′04″
及格	70	2500	9.3	12.5	166	36	4′09″
及格	68	2400	9.5	11.2	163	34	4′14″
及格	66	2300	9.7	9.9	160	32	4′19″
及格	64	2200	9.9	8.6	157	30	4′24″
及格	62	2100	10.1	7.3	154	28	4′29″
及格	60	2000	10.3	6	151	26	4′34″
不及格	50	1960	10.5	5.2	146	24	4′44″
不及格	40	1920	10.7	4.4	141	22	4′54″
不及格	30	1880	10.9	3.6	136	20	5′04″
不及格	20	1840	11.1	2.8	131	18	5′14″
不及格	10	1800	11.3	2	126	16	5′24″

附表5　大学三、四年级男生其他单项评分表

等级	单项得分	肺活量/mL	50 m跑/s	坐位体前屈/cm	立定跳远/cm	引体向上/次	1000 m跑
优秀	100	5140	6.6	25.1	275	20	3′15″
优秀	95	5020	6.7	23.3	270	19	3′20″
优秀	90	4900	6.8	21.5	265	18	3′25″
良好	85	4650	6.9	19.9	258	17	3′32″
良好	80	4400	7.0	18.2	250	16	3′40″
及格	78	4280	7.2	16.8	246		3′45″
及格	76	4160	7.4	15.4	242	15	3′50″
及格	74	4040	7.6	14	238		3′55″
及格	72	3920	7.8	12.6	234	14	4′00″
及格	70	3800	8.0	11.2	230		4′05″
及格	68	3680	8.2	9.8	226	13	4′10″
及格	66	3560	8.4	8.4	222		4′15″
及格	64	3440	8.6	7.0	218	12	4′20″
及格	62	3320	8.8	5.6	214		4′25″
及格	60	3200	9.0	4.2	210	11	4′30″
不及格	50	3030	9.2	3.2	205	10	4′50″
不及格	40	2860	9.4	2.2	200	9	5′10″
不及格	30	2690	9.6	1.2	195	8	5′30″
不及格	20	2520	9.8	0.2	190	7	5′50″
不及格	10	2350	10	−0.8	185	6	6′10″

附表6   大学三、四年级女生其他单项评分表

等级	单项得分	肺活量/mL	50 m跑/s	坐位体前屈/cm	立定跳远/cm	仰卧起坐/次	800 m跑
优秀	100	3450	7.4	26.3	208	57	3′16″
优秀	95	3400	7.5	24.4	202	55	3′22″
优秀	90	3350	7.6	22.4	196	53	3′28″
良好	85	3200	7.9	21	189	50	3′35″
良好	80	3050	8.2	19.5	182	47	3′42″
及格	78	2950	8.4	18.2	179	45	3′47″
及格	76	2850	8.6	16.9	176	43	3′52″
及格	74	2750	8.8	15.6	173	41	3′57″
及格	72	2650	9.0	14.3	170	39	4′02″
及格	70	2550	9.2	13.0	167	37	4′07″
及格	68	2450	9.4	11.7	164	35	4′12″
及格	66	2350	9.6	10.4	161	33	4′17″
及格	64	2250	9.8	9.1	158	31	4′22″
及格	62	2150	10.0	7.8	155	29	4′27″
及格	60	2050	10.2	6.5	152	27	4′32″
不及格	50	2010	10.4	5.7	147	25	4′42″
不及格	40	1970	10.6	4.9	142	23	4′52″
不及格	30	1930	10.8	4.1	137	21	5′02″
不及格	20	1890	11	3.3	132	19	5′12″
不及格	10	1850	11.2	2.5	127	17	5′22″

（三）免予执行《国家学生体质健康标准》申请表与《国家学生体质健康标准》登记卡（附表7~8）

附表7　免予执行《国家学生体质健康标准》申请表（样表）

姓名		性别		民族	
班号		学号		出生日期	
原因					
体育教师签字			家长签字		
学校 体育 部门 意见			签章（字）： 　　　　　　　　年　月　日		

注：高等学校的学生，"家长签字栏"由学生本人签字。

附表8　《国家学生体质健康标准》登记卡（大学样表）

学校＿＿＿＿＿＿＿

姓名				性别			学号		
院（系）				民族			出生日期		

单项指标	大一			大二			大三			大四			毕业成绩	
	成绩	得分	等级	成绩	得分	等级	成绩	得分	等级	成绩	得分	等级	得分	等级
体重指数（BMI）/kg·m^{-2}														
肺活量/ML														
50 m跑/s														
坐位体前屈/cm														
立定跳远/cm														
引体向上（男）/1 min仰卧起坐（女）（次）														
1000 m跑（男）/800 m跑（女）/min·s^{-1}														
标准分														

加分指标	成绩	附加分	成绩	附加分	成绩	附加分	成绩	附加分
引体向上（男）/1 min仰卧起坐（女）（次）								
1000 m跑（男）/800 m跑（女）/min·s^{-1}								
学年总分								
等级评定								
体育教师签字								
辅导员签字								

注：高等职业学校、高等专科学校参照本样表执行。

学校签章：　　　　年　月　日

参考文献

［1］张选惠.民族传统体育概论［M］.北京：人民体育出版社，2008.

［2］李建新.新编大学体育［M］.杭州：浙江大学出版社，2009.

［3］刘清黎.体育与健康［M］.北京：高等教育出版社，2002.

［4］王瑞元.运动生理学［M］.北京：人民体育出版社，2002.

［5］张明科.大学体育教程［M］.呼和浩特：内蒙古大学出版社，2003.

［6］胡振浩，张溪，等.职业体能训练［M］.北京：高等教育出版社，2008.

［7］刘建和.乒乓球教学与训练［M］.北京：人民体育出版社，2004.

［8］郭七正.中国花毽［M］.北京：中国社会出版社，2010.

［9］张楠，康宁.毽球［M］.长春：吉林出版集团有限责任公司，2008.

［10］马振洪.跟专家练篮球［M］.北京：北京体育大学出版社，2011.

［11］高鹗，李峨恒.现代篮球训练理论与实践［M］.北京：人民体育出版社，1993.

［12］篮球编写组.篮球［M］.北京：高等教育出版社，1989.

［13］伦斯特伦，徐国栋.网球［M］.北京：人民体育出版社，2006.

［14］李唤春，聂锐新.网球技战术理论与实践［M］.昆明：云南科技出版社，2003.

［15］吕志华，左琳.网球十日通［M］.北京：京华出版社，2005.

［16］顾伟农.网球运动入门［M］.广州：广东科技出版社，2003.

［17］王建军，王立红.网球教与学轻松上手快速入门［M］.西安：太白文艺出版社，2005.

［18］全国体育学院教材委员会.田径运动教程［M］.北京：人民体育出版社，2003.

［19］孙庆杰.田径［M］.北京：高等教育出版社，2001.

［20］田径教材编写组.田径［M］.北京：高等教育出版社，1994.

［21］全国体育院校教材委员会.体育学院普修通用田径教材［M］.北京：人民体育出版社，1991.

［22］邓树勋.运动生理学［M］.北京：高等教育出版社，2010.

［23］全国体育学院教材委员会.群众体育学［M］.北京：人民体育出版社，1989.

［24］侯玉璐.排球［M］.广州：华南理工大学出版社，2009.

［25］全国体育院校教材.排球［M］.北京：人民体育出版社，1993.

［26］全国体育院校教材委员会.排球（体育院校函授教材）［M］.北京：人民体育出版社，1998.

［27］秦丹妮.大学体育［M］.北京：高等教育出版社，2013.

［28］王崇喜.球类运动——足球［M］.北京：高等教育出版社，2005.

［29］麻雪田.现代足球运动高级教程［M］.北京：高等教育出版社，2002.

［30］林建成.羽毛球技、战术训练与运用［M］.北京：人民体育出版社，2009.

［31］杨敏丽.羽毛球教学与训练［M］.北京：北京体育大学出版社，2012.

［32］乌尔里希·菲舍尔，乌韦·沃尔夫.羽毛球教学［M］.北京：北京体育大学出版社，2005.

［33］周贤彪，方丽华，刘六五.体育与健康教程［M］.武汉：湖北科学技术出版社，2008.

［34］范素萍，姜明.体育与健康［M］.北京:科学出版社，2006.

［35］李金芬，周红伟.拓展训练［M］.北京：中国水利水电出版社，2010.

［36］史明娜，张五平.强者游戏：户外运动［M］.北京：中国出版集团，2010.

［37］厉丽玉.户外运动与拓展训练［M］.杭州：浙江大学出版社，2012.

［38］常会丽.学生素质拓展理论与实践［M］.北京：中国戏剧出版社，2013.

［39］叶勇，刘六五.大学体育与健康［M］.长春：东北师范大学出版社，2012.

［40］方丽华，潘明辉，王颖.大学生体育与健康［M］.武汉：武汉大学出版社，2011.

［41］陈瑜，徐广华.体育与健康教程［M］.长春：吉林大学出版社，2010.

［42］李莹.气排球［M］.北京：中国人民大学出版社，2018.

［43］黎禾.大众气排球［M］.北京：北京体育大学出版社，2016.

［44］曲凯音，周美晶.和谐文化构建中的少数民族文化发展［J］.重庆社会科学，2008（2）.

［45］王军.大学体育对奥运文化传承应起到的作用［J］.青岛职业技术学院学报，2008（2）.

［46］罗学芳，王琳.高校体育教学与运动技能形成规律探析——中国武术初级剑教法研究［J］.内蒙古农业大学学报（社会科学版），2005（1）.

［47］李农.高师田径运动与全民健身计划［J］.沈阳体育学院学报，2000（2）.

［48］孙庆杰.高师体育系必修田径课健身内容体系构建的研究与实践［J］.体育学刊，1996（4）.

［49］幸世宇.高校开展气排球教学的可行性研究［J］.中外企业家，2020（3）.

［50］陈晓枫.我国气排球运动推广研究［J］.当代体育科技，2019，9（32）.

［51］蔡育凡.浅谈气排球在高校体育教学中的应用［J］.内江科技，2019，40（9）.